Etalage
(148)

48,

D1719021

Kommunale Unternehmen

Eigenbetriebe – Kapitalgesellschaften – Zweckverbände

Von

Ulrich Cronauge

Hauptreferent beim Deutschen
Städte- und Gemeindebund

ERICH SCHMIDT VERLAG

Die Deutsche Bibliothek – CIP-Einheitsaufnahme

Cronauge, Ulrich:
Kommunale Unternehmen : Eigenbetriebe –
Kapitalgesellschaften – Zweckverbände / von Ulrich Cronauge.
– Berlin : Erich Schmidt, 1992
  (Finanzwesen der Gemeinden ; Bd. 3)
  ISBN 3-503-03308-4
NE: GT

ISBN 3 503 03308 4

Dieses Buch ist auf säurefreiem Papier gedruckt
und entspricht den Frankfurter Forderungen zur Verwendung
alterungsbeständiger Papiere für die Buchherstellung.

Druck: Regensberg, Münster

Vorwort

Kommunale Unternehmen sind wesentliche Instrumente der Städte, Gemeinden und Kreise zur Erledigung der vielfältigen Aufgaben der Daseinsvorsorge und der Kommunalwirtschaft. Dieser Bereich der sog. mittelbaren Kommunalverwaltung hat in den vergangenen Jahren in der kommunalen Praxis zunehmend an Bedeutung erlangt. Die Organisationsformen sind unterschiedlich ausgestaltet, die richtige Wahl häufig schwierig; zur Verfügung stehen vornehmlich Eigenbetriebe, Kapitalgesellschaften (GmbH und AG) und – im Rahmen der interkommunalen Zusammenarbeit – Zweckverbände, darüber hinaus aber im Einzelfall etwa auch BGB-Gesellschaften, Vereine, Anstalten und Wasser- und Bodenverbände.

Auch und gerade in den fünf neuen Bundesländern kommt diesen verselbständigten Verwaltungseinheiten bei dem Aufbau einer leistungsfähigen kommunalen Selbstverwaltung eine besondere Bedeutung zu. Die Entflechtung der früheren bezirklichen Energiekombinate und der WABs, die Neustrukturierung des ÖPNV und die zweckmäßige Ausgestaltung breitgefächerter Einrichtungen des Bildungs-, Gesundheits- und Sozialwesens sowie der Kultur verlangen von jeder Kommune Aussagen zur Wahl der richtigen Organisationsform.

Die vorliegende Darstellung will den Entscheidungsträgern in Gemeindevertretungen, Kreistagen und Verwaltungen in leicht verständlicher, übersichtlicher und praxisorientierter Form Hilfen für die Entscheidungsfindung „vor Ort" zur Verfügung stellen. Das Buch wendet sich damit zwar in erster Linie an die Kommunalverwaltungen in den neuen Bundesländern, versucht jedoch darüber hinaus durch die Art der Darstellung allen an dieser Problemstellung Interessierten eine Fundgrube zu bieten.

Nach einem allgemeinen Überblick über Bedeutung und Stellenwert kommunaler Unternehmen innerhalb der kommunalen Selbstverwaltung sowie den vielfältigen Organisationsformen dieses Bereichs mittelbarer Kommunalverwaltung bildet die Darstellung der für die Kommunen besonders gewichtigen Organisationsformen Eigenbetrieb, Kapitalgesellschaft (GmbH und AG) und Zweckverband einen besonderen Schwerpunkt. Exemplarisch werden dann die Handlungs- und Gestaltungsmöglichkeiten einer Gemeinde in den kommunalerseits besonders gewichtigen Bereichen der Energie- und Wasserversorgung – ausgehend von der konkreten Problemsituation in den neuen Bundesländern – dargestellt. Einschlägige Mustersatzungen (Eigenbetrieb, Zweckverband) und

Musterverträge (Gesellschafts-, Betriebsführungs- und Konzessionsvertrag) erleichtern schließlich der Kommune den Schritt von der Theorie zur Praxis.

Da im Zeitpunkt der Drucklegung in den neuen Bundesländern noch keine neuen Kommunalverfassungen verabschiedet waren, wird insoweit die übergangsweise fortgeltende Kommunalverfassung der ehemaligen DDR vom 17. 5. 1990 zugrunde gelegt. Im Interesse der Übersichtlichkeit, Lesbarkeit und besseren Verständlichkeit wurde – von Ausnahmen abgesehen – auf Zitate im Text verzichtet; das verwendete Schrifttum ist zusammengefaßt in dem Literaturverzeichnis aufgeführt.

Essen, im Januar 1992   Der Verfasser

Inhaltsverzeichnis

Abkürzungsverzeichnis

	sigkeit von Konzessionsabgaben	ÖPNV	Öffentlicher Personennahverkehr
Kap.	Kapitel	OHG	Offene Handelsgesellscha.
KapSt	Kapitalertragsteuer	OVG	Oberverwaltungsgericht
KAV	Konzessionsabgabenverordnung	Pr.	Preußen, preußisch
		RP	Rheinland-Pfalz
KG	Kommanditgesellschaft	S.	Seite
KGST	Kommunale Gemeinschaftsstelle für Verwaltungsvereinfachung	Saarl.	Saarland
		SH	Schleswig-Holstein
		SGK	Sozialdemokratische Gem schaft für Kommunalpolit
KomZG	Gesetz über die kommunale Zusammenarbeit	sog.	sogenannt
KrO	Kreisordnung	StGB	Städte- und Gemeindebun
KStG	Körperschaftsteuergesetz	StGR	Städte- und Gemeinderat
KStR	Körperschaftsteuerrichtlinien	STuG	Stadt und Gemeinde
KStZ	Kommunale Steuer-Zeitschrift	StT	Der Städtetag
		THG	Treuhandgesetz
KSVG	Kommunales Selbstverwaltungsgesetz	UStG	Umsatzsteuergesetz
		UStR	Umsatzsteuerrichtlinien
KV	Kommunalverfassung	UWG	Gesetz gegen unlauteren Wettbewerb
KVG	Kommunalvermögensgesetz	VKU	Verband kommunaler Unt nehmen
Mitt.	Mitteilungen des Nordrhein-Westfälischen Städte- und Gemeindebundes		
NWStGB		VG	Verwaltungsgericht
		VR	Verwaltungsrundschau
m. w. N.	mit weiteren Nachweisen	VwGO	Verwaltungsgerichtsordnu
Nds.	Niedersachsen	VwVfG	Verwaltungsverfahrensges
NJW	Neue Juristische Wochenschrift	WVG	Wasserverbandsgesetz
		z. B.	zum Beispiel
Nr.	Nummer	Ziff.	Ziffer
NST-N	Niedersächsischer Städtetag	ZG	Zweckverbandsgesetz Niedersachsen
NW	Nordrhein-Westfalen		
NWG	Niedersächsisches Wassergesetz	ZKF	Zeitschrift für Kommunalf nanzen

KAPITEL I
Kommunale Selbstverwaltung und kommunale Unternehmen

1. Unmittelbare und mittelbare Kommunalverwaltung

Stadtwerke zur Versorgung der Bevölkerung mit den leitungsgebundenen **1** Energieträgern Strom, Gas und Fernwärme sowie mit Wasser, öffentliche Nahverkehrsbetriebe, Kongreß-, Mehrzweck-, Stadthallen- und Parkhausgesellschaften, Wohnungsbauunternehmen, Flughäfen und Hafenbetriebe, Wirtschaftsförderungsgesellschaften, Frei- und Hallenbäder, Theater, Opern, Museen und Bibliotheken, Abwassereigenbetriebe, Freizeitzentren, Abfallbeseitungs- und Abfallwirtschaftsgesellschaften, Schlacht- und Viehhöfe, Krankenhäuser und Sparkassen – die Aufzählung der vielfältigen Aufgaben der Kommunen und insbesondere der von Ihnen zur Aufgabenerledigung gewählten Organisationsformen könnte nahezu beliebig fortgesetzt werden. Eine enumerative und zugleich abschließende Aufzählung des kommunalen Aufgabenbestandes ist nicht möglich; vielmehr verändert sich der Bestand der öffentlichen Aufgaben mit den sich wandelnden gesellschaftlichen und politischen Auffassungen über den Umfang und die Notwendigkeit der kommunalen Tätigkeit. Ein besonders anschauliches Beispiel bietet insoweit der Umweltschutz mit seinen vielschichtigen Teilaspekten, wie z. B. Wasserwirtschaft und Gewässerschutz, Abfallbeseitigung, Naturschutz und Landschaftspflege, Lärmbekämpfung, Reinhaltung der Luft, Bodenschutz (Altlastenproblematik) sowie Energieeinsparung und rationelle Energienutzung. Der Umweltschutz hat sich erst im Verlauf des letzten Jahrzehnts zu einer neuen kommunalen Schwerpunktaufgabe herausgebildet.

Der Begriff der Vielfalt kennzeichnet aber nicht nur den kommunalen Auf- **2** gabenbestand, sondern auch die von den Städten, Gemeinden und Kreisen zur Erledigung und Bewältigung ihrer Aufgabenfülle im Einzelfall gewählten Rechts- und Gestaltungsformen. Die Suche nach der möglichst optimalen Organisationseinheit unter Berücksichtigung und Zusammenführung recht unterschiedlicher Entscheidungsmerkmale, wie z. B. effizientes Management, Flexibilität in der Personalwirtschaft, Verbesserung des Haushalts- und Rechnungswesens, Ausschöpfung steuerrechtlicher Vorteile sowie die Eignung für die interkommunale Zusammenarbeit, haben vor Ort eine Arten- und Formenvielfalt produziert, die sich für den in der Kommunalpolitik Verantwortung tragenden und letztendlich zur Entscheidung in seiner Kommune berufenen Haupt- und Ehrenamtler zuweilen als bereits recht unübersichtlich erweist.

3   Wenn heute der Bürger von der Kommunalverwaltung spricht, so mag er immer noch in erster Linie an Dezernate, Ämter und Amtswalter, mithin an den Bereich der unmittelbaren Kommunalverwaltung, der Ämterverwaltung, denken. Auf diesen Bereich des Rathauses schlechthin konzentriert sich sicherlich nicht nur das Interesse der Öffentlichkeit, sondern auch dasjenige der Kommunalpolitiker. Tatsächlich umgibt diese herkömmliche Ämterverwaltung zwischenzeitlich in zahlreichen Städten und Gemeinden eine Reihe mehr oder weniger verselbständigter Einrichtungen, Unternehmen und Betriebe, die ebenfalls kommunale Aufgaben erfüllen und kommunale Dienstleistungen anbieten. Die Kommune hat sich insoweit wohl zu dem größten Dienstleistungszentrum entwickelt, das zugleich – entsprechend dem ordnungspolitischen Grundkonzept der sozialen Marktwirtschaft in der Bundesrepublik Deutschland für die private Wirtschaft – versucht, unter Ausschöpfung dezentraler Macht- und Marktstrukturen eine leistungsfähige kommunale Angebotspalette sicherzustellen.

4   Das Spektrum derartiger besonderer Rechts- und Gestaltungsformen ist vielfältig, der Grad der Verselbständigung und damit auch zugleich die Planungs-, Steuerungs- und Kontrollmöglichkeit von Rat und Verwaltung durchaus unterschiedlich. Über Art, Anzahl und Umfang dieser verselbständigten mittelbaren Kommunalverwaltung gibt es zwar keine umfassende Statistik; immerhin hat die Kommunale Gemeinschaftsstelle für Verwaltungsvereinfachung (KGSt) – eine Einrichtung von Kommunen aller Größenordnungen, die diese in Fragen der Organisation berät und unterstützt – im Rahmen einer bereits im Jahre 1985 durchgeführten Untersuchung „Alternative Rechtsformen für die Erledigung kommunaler Aufgaben" ermittelt, daß im Bereich größerer Städte bis zu 46 % aller Ausgaben, Investitionen und Arbeitsplätze auf verselbständigte Einrichtungen der Kommunen entfallen können.

5   Zielsetzung des vorliegenden Handbuches ist es, einen praxisorientierten und damit „vor Ort" in Kommunalpolitik und -verwaltung handhabbaren Überblick über diesen Bereich der mittelbaren Kommunalverwaltung zu vermitteln, die wichtigsten Rechtsformen kommunaler Unternehmen einschließlich rechtlicher Betätigungsgrenzen darzustellen sowie – exemplarisch für die kommunale Praxis und ausgehend von der konkreten Problemsituation in den neuen Bundesländern – den Handlungsrahmen für die Verselbständigung einiger klassischer Bereiche wirtschaftlicher Betätigung aufzuzeigen. Einschlägige Mustersatzungen (Eigenbetrieb, Zweckverband) und Musterverträge (Gesellschafts-, Betriebsführungs- und Konzessionsvertrag) erleichtern schließlich der Kommune den Schritt von der Theorie zur Praxis.

18

2. Kommunale Selbstverwaltung

2.1 Begriff der Selbstverwaltung

Selbstverwaltung bedeutet die selbstverantwortliche Wahrnehmung und Erfül- **6**
lung eigener öffentlicher Angelegenheiten durch eigene Organe im eigenen Namen und auf eigene Kosten. Nicht der Staat selbst, sondern eine ausgegliederte
und damit verselbständigte Organisation, regelmäßig eine juristische Person des
öffentlichen Rechts, nimmt einen bestimmten Aufgabenbestand als eigene Angelegenheiten wahr; als **juristische Person des öffentlichen Rechts** kommt
insoweit überwiegend eine mitgliedschaftlich verfaßte und durch den Willen
ihrer Mitglieder bestimmte Körperschaft des öffentlichen Rechts in Betracht,
darüber hinaus auch eine (rechtsfähige) Anstalt sowie eine (rechtsfähige) Stiftung.

Eine juristische Person des öffentlichen Rechts ist demzufolge eine rechtsfä- **7**
hige organisierte Vereinigung natürlicher oder auch juristischer Personen (**Körperschaft**), eine Organisation zur fremdnutzigen Verwaltung einer Vermögensmasse (**Stiftung**) oder zur Führung eines Betriebes (**Anstalt**), die als selbständiges Rechtssubjekt – vergleichbar einer natürlichen Person – Rechtsfähigkeit
genießt; die juristische Person des öffentlichen Rechts ist somit selbst Träger
von Rechten und Pflichten und besitzt damit die Fähigkeit, als „Organisation"
unmittelbar am Rechtsleben teilhaben zu können.

Selbstverwaltung ist also immer **mittelbare Staatsverwaltung,** darüber hin- **8**
aus zudem dezentralisierte Staatsverwaltung. Die verselbständigte Organisation
unterliegt – im Unterschied zur unmittelbaren Staatsverwaltung – nicht einer
totalen Zweckmäßigkeitsaufsicht, sondern regelmäßig nur einer Rechtsaufsicht,
allenfalls einer gesetzlich begrenzten Zweckmäßigkeitsaufsicht.

Selbstverwaltungsträger sind keineswegs ausschließlich Kommunen, sondern **9**
sehr unterschiedliche Organisationseinheiten im Bereich der Wirtschaft (z. B.
Industrie- und Handelskammern, Handwerkskammern), der selbständigen Berufe (z. B. Ärzte- und Rechtsanwaltskammern), der Sozialversicherung (z. B.
die Bundesversicherungsanstalt für Angestellte) sowie der Wissenschaft und
Forschung (z. B. Universitäten und Fachhochschulen).

2.2 Kommunale Selbstverwaltung im Staatsaufbau

Nach dem Grundgesetz (GG), der Verfassung der Bundesrepublik Deutsch- **10**
land, gliedert sich der Bundesstaat in Bund und Länder, die Gliederung ist also
zweistufig (BVerfGE 44, 351, 364). Dabei sind die Gemeinden – wie sich aus
Art. 28 GG entnehmen läßt – Teil der Länder.

Demzufolge ist **kommunale Selbstverwaltung** einerseits Teil der Staatsver- **11** waltung; sie nimmt Aufgaben wahr, die staatliche Aufgaben sind, ist den staatlichen Gesetzen unterworfen und unterliegt der staatlichen Aufsicht. Sie wird deshalb auch als mittelbare Staatsverwaltung, in diesem Falle Landesverwaltung, bezeichnet.

12 Andererseits ist die Rechtsstellung der kommunalen Selbstverwaltungskörperschaften, der Gemeinden und Gemeindeverbände, durch die in Art. 28 Abs. 2 GG normierte Garantie der kommunalen Selbstverwaltung verfassungsrechtlich besonders abgesichert. Kommunen sind demnach eigenverantwortliche Träger der öffentlichen Verwaltung in ihrem Gebiet, die das Wohl der Einwohner in freier Selbstverwaltung durch ihre von der Bürgerschaft gewählten Organe fördern.

13 Die Einbindung der kommunalen Selbstverwaltung in das Gesamtgefüge des Staates läßt sich folgendermaßen verdeutlichen:

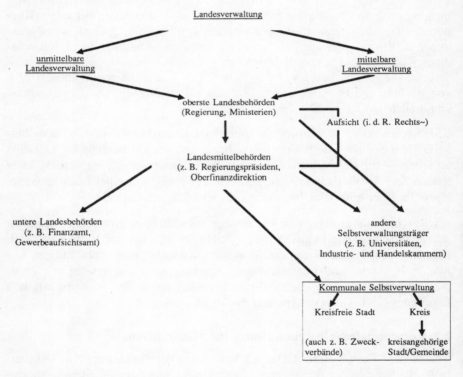

14 Die Übersicht verdeutlicht, daß auf der unteren Verwaltungsebene zwar einige staatliche Sonderbehörden tätig sind, die Mehrzahl der Aufgaben der Verwaltung jedoch von den Trägern der kommunalen Selbstverwaltung, insbesondere den Gemeinden, wahrgenommen wird.

2.3 Bedeutung und Stellenwert kommunaler Selbstverwaltung

Bedeutung und Stellenwert der kommunalen Selbstverwaltung in der Bundes- **15** republik Deutschland und damit im politischen System unseres Staates sind nur auf dem Hintergrund der vom Grundgesetz getroffenen grundlegenden Wertentscheidungen zur Verfassung dieses Staates erklärbar und erkennbar. Nach der zentralen Verfassungsnorm des Art. 20 GG ist die Bundesrepublik Deutschland ein demokratischer, sozialer und föderal ausgestalteter Rechtsstaat. Wesentliches Element aller dieser Strukturmerkmale und damit letztendlich die Basis unseres Staatsaufbaus ist die kommunale Selbstverwaltung (vgl. auch § 1 Abs. 1 des Gesetzes über die Selbstverwaltung der Gemeinden und Landkreise in der DDR-Kommunalverfassung/KVDDR vom 17. 5.1990, GBl. S. 255 ff.: „Die Gemeinde ist Grundlage und Glied des demokratischen Staates"):

Kommunale Selbstverwaltung ist zunächst die **Elementarschule der Demo- 16 kratie.** Der bedeutende politische Denker Alexis de Tocqeville hat in seiner nach wie vor aktuellen Analyse der Demokratie in Amerika vor 1 1/2 Jahrhunderten geschrieben: „Die Gemeindeeinrichtungen sind für die Freiheit, was die Volksschulen für die Wissenschaften sind; sie machen sie dem Volk zugänglich; sie wecken in ihm den Geschmack an ihrem freiheitlichen Gebrauch und gewöhnen es daran. Ohne Gemeindeeinrichtungen kann sich ein Volk eine freie Regierung geben, aber den Geist der Freiheit besitzt es nicht." Die Gemeinde ist eine Bürgergemeinschaft, in der vorrangig von den gemeinsam übereinstimmenden Interessen aller bzw. der Mehrheit der Mitglieder des kommunalen Gemeinwesens auszugehen ist und nicht die Belange einzelner oder einzelner Gruppen im Vordergrund stehen. Durch bürgerschaftliche Selbstverwaltung soll das gesellschaftliche Zusammenleben der Gemeindemitglieder gefördert und die Rahmenbedingungen für das Wohl eines jeden Gemeindeeinwohners geschaffen werden. Selbstverwaltung verlangt verantwortungsbewußtes und gemeinschaftliches Denken und Handeln, das auf der Initiative, der Kreativität des Einzelnen aufbaut und dieses zur Voraussetzung hat; Sachnähe und Bürgernähe machen eine Selbstbestimmung der Bevölkerung vor Ort möglich, auf diese Weise wird „lokale Kompetenz" in die Politik eingebracht.

Zudem ist kommunale Selbstverwaltung **praktiziertes Sozialstaatsprinzip. 17** Die Kommunalverwaltung ist das größte und am besten funktionierende Dienstleistungsunternehmen für die Bürger in der Bundesrepublik Deutschland. Gem. § 1 Abs. 2 KVDDR fördert die Gemeinde das Wohl und das gesellschaftliche Zusammenleben ihrer Einwohner. Gemeinde ist demnach eben nicht nur eine Verwaltungsform, sondern darüber hinaus eine Form des Zusammenlebens der örtlichen Gemeinschaft. In aller Regel werden gerade auf der kommunalen Ebene die Bürger nicht „drangsaliert", sondern die Verwaltung steht ihnen leistend und helfend gegenüber.

21

18   Kommunale Selbstverwaltung ist in hohem Maße Ausdruck und **Bestandteil des föderativen Staatsaufbaus.** Die öffentliche Aufgabenerfüllung und Verwaltung vollzieht sich auf zwei staatlichen Ebenen, nämlich der Bundes- und der Länderebene einschließlich der kommunalen Selbstverwaltung. Das Bundesverfassungsgericht hat in seiner bekannten Rastede-Entscheidung vom 23. 11. 1988 (BVerfGE 79, 126, 159), eine der wichtigsten Entscheidungen für die kommunale und auch – speziell – die gemeindliche Selbstverwaltung der letzten Jahrzehnte, hierzu folgendes ausgeführt: „Mit dieser Stärkung der dezentralen Verwaltungsebene wollte der Verfassungsgeber auf die gegenläufigen zentralistischen Tendenzen während des nationalsozialistischen Regimes antworten. Er tat dies im Zutrauen in die Gemeinden, im Sinne eines „Aufbaus der Demokratie von unten nach oben" Keimzelle der Demokratie und am ehesten diktaturresistent zu sein. In diesem Sinn hat das Bundesverfassungsgericht ausgesprochen, daß Kommunalverfassungsrecht und -wirklichkeit seit dem Zusammenbruch des nationalsozialistischen Regimes von der Tendenz bestimmt sind, unter Zurückdrängung des bürokratisch autoritativen Elements dem Gedanken des Selbstbestimmungsrechts der Gemeindebürger wieder erhöhte Geltung zu verschaffen.

19   Die historische Parallele dieser Ausführungen des Bundesverfassungsgerichts zur Entwicklung in der ehemaligen DDR in den beiden zurückliegenden Jahren ist in jeder Hinsicht bemerkenswert!

20   Schließlich ist kommunale Selbstverwaltung **ausformuliertes Rechtsstaatsprinzip.** Wesentliche Leitentscheidung eines Rechtsstaates ist die Festschreibung des Gewaltenteilungsprinzips, also die Verteilung und damit auch Ausbalancierung und Hemmung der staatlichen Gewalt auf unterschiedliche Träger, nämlich die Legislative, Exekutive und Judikative. Neben diese horizontale Gewaltenteilung tritt die vertikale Gewaltenteilung als Kompetenzverteilung und Abgrenzung zwischen Bund, Ländern und Kommunen. Insoweit ist kommunale Selbstverwaltung auch ein wichtiger Ansatz, um Machtkonzentration und -mißbrauch entgegenzuwirken.

2.4 Garantie der kommunalen Selbstverwaltung

21   Die Rechtsstellung der kommunalen Selbstverwaltungskörperschaften, Gemeinden und Gemeindeverbände, ist durch die Garantie der kommunalen Selbstverwaltung verfassungsrechtlich besonders abgesichert. Die für die kommunale Selbstverwaltung zentrale verfassungsrechtliche Norm des Art. 28 Abs. 2 GG umschreibt Inhalt und Umfang der **Selbstverwaltungsgarantie** wie folgt:

22   „Den Gemeinden muß das Recht gewährleistet sein, alle Angelegenheiten der örtlichen Gemeinschaft im Rahmen der Gesetze in eigener Verantwortung zu regeln. Auch die Gemeindeverbände haben im Rahmen ihres gesetzlichen Aufgabenbereiches nach Maßgabe der Gesetze das Recht der Selbstverwaltung." Die grundgesetzliche Absicherung der kommunalen Selbstverwaltung bedeutet für die Kommunen zweierlei:

Art. 28 Abs. 2 GG enthält zunächst eine sog. **institutionelle Garantie** der 23 kommunalen Selbstverwaltung, d. h. die Gewährleistung, daß es überhaupt Gemeinden gibt. Damit ist allerdings nicht zugleich eine Bestandsgarantie zugunsten einer einzelnen bestimmten Kommune gegen Auflösung oder Neugliederung verbunden; eine kommunale Gebietsreform aus besonderen Gründen des öffentlichen Wohls ist folglich durchaus möglich.

Art. 28 Abs. 2 GG garantiert darüber hinaus den Kommunen einen **bestimm-** 24 **ten Aufgabenbestand.** Wesentlich ist insoweit, daß der Umfang dieser Aufgabengarantie allerdings für Gemeinden (Abs. 2 Satz 1) und Gemeindeverbände, vornehmlich Kreise (Abs. 2 Satz 2), unterschiedlich ausgestaltet ist.

Für die Gemeinden erstreckt sich die gemeindliche Selbstverwaltungskompe- 25 tenz auf alle Angelegenheiten der örtlichen Gemeinschaft (sog. **Grundsatz der Allzuständigkeit** oder der „Universalität" des gemeindlichen Wirkungskreises): Angelegenheiten der örtlichen Gemeinschaft in diesem Sinne sind nach der Rechtsprechung des Bundesverfassungsgerichts diejenigen Bedürfnisse und Interessen, die in der örtlichen Gemeinschaft wurzeln oder auf sie einen spezifischen Bezug haben, die also den Gemeindeeinwohnern gerade als solchen gemeinsam sind, indem sie das Zusammenleben und -wohnen der Menschen in der Gemeinde betreffen; auf die Verwaltungskraft einer Gemeinde kommt es hierfür nicht an (BVerfGE 79, 126, 151, sog. „Rastede"-Entscheidung).

Die Gewährleistung des gemeindlichen Aufgabenbestandes besteht allerdings 26 gem. § 28 Abs. 2 GG nur **„im Rahmen der Gesetze".** Aufgrund dieses Gesetzesvorbehaltes ist der Gesetzgeber befugt, näher zu bestimmen, welche Aufgaben als Angelegenheiten der örtlichen Gemeinschaft anzusehen und auf welche Art und Weise diese im Einzelfall zu erledigen sind (BVerfGE 79, 152).

Die Eingriffsbefugnis des Gesetzgebers gilt jedoch keineswegs unbegrenzt; 27 vielmehr begrenzt die Gewichtigkeit des gemeindlichen Selbstverwaltungsrechts andererseits etwaige Eingriffe. Dies bedeutet:

Zunächst setzt der **Kernbereich der Selbstverwaltungsgarantie** dem Gesetz- 28 geber eine Grenze; hiernach darf der Wesensgehalt der gemeindlichen Selbstverwaltung nicht ausgehöhlt werden (BVerfGE 79, 151). Darüber hinaus enthält Art. 28 Abs. 2 Satz 1 GG auch außerhalb des Kernbereichs der Garantie ein verfassungsrechtliches Aufgabenverteilungsprinzip hinsichtlich der Angelegenheiten der örtlichen Gemeinschaft zugunsten der Gemeinden, das der zuständigkeitsverteilende Gesetzgeber zu berücksichtigen hat (BVerfGE 79, 151).

29   Im Unterschied zu der umfassenden gemeindlichen Zuständigkeit zur Erledigung aller Angelegenheiten der örtlichen Gemeinschaft erstreckt sich die Kompetenz der Kreise gem. Art. 28 Abs. 2 Satz 2 GG auf diejenigen Aufgaben, die ihnen ausdrücklich durch Gesetz übertragen sind. Zugespitzt formuliert bedeutet dies:

30   Für die Gemeinden gilt der Grundsatz der **Universalität,** also der Allzuständigkeit, für die Kreise hingegen der Grundsatz der **Spezialität,** also der Zuständigkeit kraft spezialgesetzlicher Zuweisung.

31   Gemeinden haben die Befugnis, alle Angelegenheiten der örtlichen Gemeinschaft zu regeln und damit zugleich ein allgemeines Aufgabenfindungsrecht. Es besteht damit eine **Zuständigkeitsvermutung** für die Gemeinden, andererseits eine **Subsidiarität der Kreiszuständigkeit.** Das verfassungsrechtliche Aufgabenverteilungsprinzip hinsichtlich der Angelegenheiten der örtlichen Gemeinschaft zugunsten der Gemeinden gilt damit nicht nur gegenüber dem Staat, sondern auch zugunsten kreisangehöriger Gemeinden gegenüber den Kreisen (BVerfGE 79, 151).

32   Trotz dieses im Grunde eindeutigen verfassungsrechtlichen Aufgabenverteilungsprinzips zugunsten der Gemeinden bereitet die Abgrenzung zwischen der Zuständigkeit der Gemeinde und des Kreises in der kommunalen Praxis durchaus zuweilen Probleme. Das Bundesverfassungsgericht (BVerfGE 79, 151) hat insoweit festgestellt, daß der Gesetzgeber den Gemeinden eine Aufgabe mit relevantem örtlichen Charakter nur aus Gründen des Gemeininteresses, vor allem also etwa dann entziehen kann, wenn anders die ordnungsgemäße Aufgabenerfüllung nicht sicherzustellen wäre, und wenn die den Aufgabenentzug tragenden Gründe gegenüber dem verfassungsrechtlichen Aufgabenverteilungsprinzip des Art. 28 Abs. 2 Satz 1 GG überwiegen. Damit scheidet das bloße Ziel der Verwaltungsvereinfachung oder der Zuständigkeitskonzentration – etwa im Interesse der Übersichtlichkeit der öffentlichen Verwaltung – als Rechtfertigung eines gemeindlichen Aufgabenentzugs aus. Auch Gründe der Wirtschaftlichkeit und Sparsamkeit der öffentlichen Verwaltung insgesamt rechtfertigen eine „Hochzonung" auf die Kreisebene nicht schon aus sich heraus, sondern erst dann, wenn ein Belassen der Aufgabe bei den Gemeinden zu einem unverhältnismäßigen Kostenanstieg führen würde (BVerfGE 79, 151). Eine zentralistisch organisierte Verwaltung könnte in vielerlei Hinsicht rationeller und billiger arbeiten; die Verfassung setzt diesen ökonomischen Erwägungen jedoch den politisch-demokratischen Gesichtspunkt der Teilnahme der örtlichen Bürgerschaft an der Erledigung ihrer öffentlichen Aufgaben entgegen und gibt ihm den Vorzug (BVerfGE 79, 151).

2.5 Insbesondere: Organisationshoheit und Daseinsvorsorge

Zu dem verfassungsrechtlich besonders geschützten Kernbereich der gemeind- **33** lichen Selbstverwaltungsgarantie zählen zwei Aspekte, die für die Thematik der vorliegenden Untersuchung von besonderer Bedeutung sind:

Die Gemeinden genießen **Organisationshoheit**, d. h. sie haben das Recht, **34** ihre eigene innere Verwaltungsorganisation unter Berücksichtigung örtlicher Zweckmäßigkeitserwägungen zu regeln. Die Gemeinden können also die Erfüllung und den Vollzug der von ihnen wahrzunehmenden Aufgaben bestimmten, von ihnen eingerichteten Organisationseinheiten übertragen. Nach Auffassung des OVG Lüneburg (Urteil vom 21. 2. 1984, DNG 1984, S. 270) ist z. B. aus dem Fehlen von Vorschriften für den nichtwirtschaftlichen Bereich im Rahmen der jeweiligen Kommunalverfassung nicht die Unzulässigkeit der Privatrechtsform zu folgern; vielmehr eröffnet dieses Schweigen des Gesetzes den Kommunen aufgrund ihrer umfassenden Organisationshoheit nach Art. 28 Abs. 2 GG das Wahlrecht, nichtwirtschaftliche Einrichtungen entweder im Gemeindehaushalt oder in Privatrechtsform zu führen.

Zum Wesensgehalt der gemeindlichen Selbstverwaltung zählt daneben das **35** gemeindliche Recht zur Schaffung und Unterhaltung von Einrichtungen zum Wohle der Einwohner im Rahmen der Daseinsvorsorge. Dieser Bereich der sog. **Daseinsvorsorge**, nach Forsthoff (a.a.O., S. 263–266) „Alles, was von seiten der Verwaltung geschieht, um die Allgemeinheit oder nach objektiven Merkmalen bestimmte Personenkreise in den Genuß nützlicher Leistungen zu versehen", stellt seit jeher ein Schwergewicht kommunaler Betätigung dar. Bereits unter der Geltung der preußischen Städteordnung von 1808 hat das preußische OVG (PrOVGE 2, 186, 189; 12, 155, 158) mit der Allzuständigkeit der Gemeinden vor allem die Vorstellung verbunden, daß eine Gemeinde all das in ihre Wirksamkeit einbeziehen durfte, „was die Wohlfahrt des Ganzen, die materiellen Interessen und die geistige Entwicklung der einzelnen fördert", ohne hierfür eines speziellen Kompetenztitels zu bedürfen.

Die gemeindliche Daseinsvorsorge, die Verwaltung der gemeindlichen öffent- **36** lichen Einrichtungen sowie die Gemeindewirtschaft, also auch die Teilhabe der Gemeinden am Wirtschaftsleben, prägen somit seit jeher das Wesen der kommunalen Sebstverwaltung; vor allem sie bestimmen das Maß politisch aktueller Selbstverwaltungspotenz und zählen daher zum funktionellen Kern der gemeindlichen Selbstverwaltung.

Aus der Garantie der kommunalen Selbstverwaltung gem. Art. 28 Abs. 2 GG **37** ergibt sich demzufolge für die Gemeinden das Recht, Einrichtungen zum Wohl der Einwohner in einer von der Gemeinde jeweils selbstgewählten Unternehmensform zu unterrichten und zu unterhalten. Die Selbstverwaltungsgarantie ist folglich unmittelbare Legitimationsgrundlage für die Errichtung und Unterhaltung kommunaler Unternehmen zur Erfüllung der den Gebietskörperschaften zugewiesenen Aufgaben.

3. Kommunale Unternehmen

3.1 Begriff des kommunalen Unternehmens

38 Die Bestimmung des Begriffs „**Kommunales Unternehmen**" bereitet durchaus Schwierigkeiten, da kein Rückgriff auf eine gesetzliche Definition der für diese Untersuchung maßgeblichen Ausgangsgröße „Unternehmen" möglich ist. Immerhin bieten allerdings die Vorschriften über die wirtschaftliche Betätigung und privatrechtliche Beteiligung der Gemeinden in den jeweiligen Gemeindeordnungen der Bundesländer insoweit einen Ansatzpunkt, als in diesen gemeindeverfassungsrechtlichen Regelungen die Bezeichnung „Unternehmen" als Rechtsbegriff Verwendung findet (§ 102 Abs. 1 GO BaWü, Art. 89 Abs. 1 GO Bay, § 121 Abs. 1 GO Hess, § 108 Abs. 1 GO Nds, § 88 Abs. 1 GO NW, § 85 Abs. 1 GO RP, § 106 Abs. 1 KSVG Saarl, § 101 Abs. 1 GO SH, § 57 Abs. 1 KVDDR).

39 Die Vorschriften über die wirtschaftliche Betätigung und privatrechtliche Beteiligung der Gemeinden sind eingebettet in den GO-Teil der Gemeindewirtschaft. Innerhalb dieses Teils werden in dem 1. Abschnitt die allgemeinen Grundsätze der gemeindlichen Haushaltswirtschaft dargelegt, während im 2. und 3. Abschnitt spezielle Regelungen für Sondervermögen und eben die wirtschaftliche Betätigung und privatrechtliche Beteiligung getroffen werden. Diese systematische Stellung läßt den Rückschluß zu, daß Unternehmen nicht in die allgemeine unmittelbare Kommunalverwaltung eingebettet, sondern vielmehr als organisatorisch verselbständigte Untergliederungen außerhalb derselben angeordnet sind.

40 Hinzu kommt, daß die gemeinderechtlichen Vorschriften über die wirtschaftliche Betätigung und privatrechtliche Beteiligung schwerpunktmäßig organisatorische und finanzwirtschaftliche Fragestellungen mit der Zielsetzung regeln, auch für derartige verselbständigte Verwaltungseinheiten möglichst weitgehend die analoge Anwendung der für die unmittelbare Kommunalverwaltung geltenden Grundsätze der Haushaltswirtschaft sicherzustellen.

41 Unter Berücksichtigung dieser Ausgangsgrößen läßt sich als ein **kommunales Unternehmen** eine aus der unmittelbaren Kommunalverwaltung ausgegliederte, verselbständigte Verwaltungseinheit von gewisser organisatorischer Festigkeit und Dauer zur Erfüllung einzelner bestimmter öffentlicher Zwecke definieren. Entscheidend für den Unternehmensbegriff ist demzufolge insbesondere eine feststellbare tatsächliche und inhaltliche organisatorische Verselbständigung innerhalb der Gesamtverwaltung des kommunalen Trägers sowie die Erbringung und Erfüllung eines eigenständigen Verwaltungszwecks.

3.2 Ausgrenzung nicht verselbständigter kommunaler Organisationsformen

Auszugrenzen aus dem weiteren Gang der Untersuchungen sind demzufolge **42** diejenigen Organisations- und Gestaltungsformen einer Gemeinde, die dem vorstehend entwickelten Begriff des Unternehmens nicht gerecht werden. Betroffen ist damit insoweit der nicht verselbständigte kommunale Bereich, mithin die bereits Eingangs skizzierte Kommunalverwaltung im unmittelbaren Sinn.

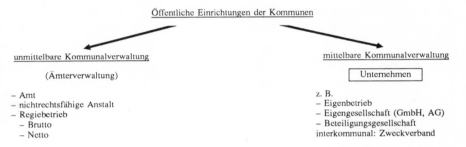

Unternehmen = mittelbare Kommunalverwaltung und unmittelbare Kommu- **43** nalverwaltung sind als Organisationspfade Unterfälle eines zentralen Begriffs im einschlägigen Regelwerk jeder GO und KrO, nämlich der öffentlichen Einrichtung einer Kommune. Der **Begriff der öffentlichen Einrichtung** ist folglich die allgemeinste, organisatorisch in keiner Weise verfestigte Umschreibung aller Leistungsangebote der Kommune im Bereich der Daseinsvorsorge für die Bevölkerung.

Die Gemeinden schaffen innerhalb der Grenzen ihrer Leistungsfähigkeit die **44** für die wirtschaftliche, soziale und kulturelle Betreuung ihrer Einwohner erforderlichen öffentlichen Einrichtungen. Alle Einwohner einer Gemeinde sind im Rahmen des geltenden Rechts berechtigt, die öffentlichen Einrichtungen der Gemeinde zu benutzen und verpflichtet, die Lasten zu tragen, die sich aus ihrer Zugehörigkeit zu der Gemeinde ergeben. Dieser in § 18 Abs. 1 GO NW (vgl. auch §§ 10 Abs. 2 Satz 2 GO BaWü, 16 Abs. 1 Satz 2 KrO; Art. 21 Abs. 1 Satz 1 GO Bay, 15 Abs. 1 Satz 1 KrO; §§ 20 Abs. 1 GO Hess, 17 Abs. 1 KrO; §§ 22 Abs. 1 GO Nds, 17 Abs. 2 NLO; § 16 Abs. 2 KrO NW; §§ 14 Abs. 2 GO RP, 10 Abs. 2 KrO; §§ 19 Abs. 1, 152 Abs. 1 KSVG Saarl; § 18 Abs. 1 GO SH; §§ 14 Abs. 1, 81 KVDDR) normierte Grundsatz umfaßt das gesamte Leistungsspektrum der Kommune. Dabei entzieht sich der Begriff der öffentlichen Einrichtung im Grunde einer systematischen Einordnung, da er von Rechtsprechung und Literatur hinsichtlich sehr unterschiedlicher Gestaltungen, wie z. B.

Versorgungs- und Verkehrsbetriebe, Entsorgungseinrichtungen, Sparkassen, Leihhäuser, Feuerwehren, Schulen, Schwimmbäder, Schlachthöfe, Sportplätze, Schwimmbäder, Stadthallen, Theater, Museen, Bibliotheken, Friedhöfe, Altersheime, Krankenhäuser, Obdachlosenunterkünfte, Rathausbalkone, Festwiesen, Anschlagtafeln und Amtsblätter in Anspruch genommen wird.

45   Unter dem Begriff der öffentlichen Einrichtungen sind demnach eine Vielzahl kommunaler Anlagen, Gegenstände und Leistungseinheiten sehr unterschiedlicher Struktur und Zweckbestimmung zusammenzufassen, deren gemeinsames Ziel es ist, möglichst umfassend und optimal die Voraussetzungen für die Daseinsvorsorge der Einwohner einer Kommune zu schaffen und zu gewährleisten. Der Begriff der öffentlichen Einrichtung ist mithin der zentrale Oberbegriff, der sowohl die kommunalen Unternehmen als mittelbare Kommunalverwaltung als auch die Ämterverwaltung als den Bereich der unmittelbaren Kommunalverwaltung umfaßt.

46   Soweit die unmittelbare Kommunalverwaltung in Frage steht, sind somit nachfolgende Organisationsformen auszugrenzen, die nicht das Erfordernis einer Verselbständigung erfüllen. Nachstehende Gestaltungsformen genügen folglich nicht dem Unternehmensbegriff und sind als Bestandteil der unmittelbaren Kommunalverwaltung bei der weiteren Untersuchung zu vernachlässigen:

3.2.1 Amt und nichtrechtsfähige Anstalt

47   Der Begriff des Amtes steht ebenso wie derjenige des Dezernates oder der Abteilung für eine unmittelbare Aufgabenerfüllung durch die Behörde „Bürgermeister" im Falle einer Gemeinde (in Nds. und NW Gemeindedirektor) oder „Landrat bzw. Landratsamt" im Falle eines Kreises (in Nds. und NW Oberkreisdirektor).

48   Angesprochen ist damit die Kommunalverwaltung im engeren Sinne, die Verwaltungsbehörde. **Dezernat** und **Amt** sind folglich Untergliederungen innerhalb dieser Verwaltungsbehörde, ebenso wie z. B. Ministerien in Abteilungen und Unterabteilungen gegliedert sind.

49   Unternehmensqualität kommt ebenso wenig einer **nicht rechtsfähigen öffentlichen Anstalt** einer Kommune zu. Betroffen sind insoweit etwa ein Schwimmbad oder eine Schule.

50   Eine **Anstalt** ist ein organisatorisch verselbständigter Personal- und Sachbestand, den ein Träger öffentlicher Verwaltung zur Erfüllung eines bestimmten Verwaltungszweckes errichtet und der den Anstaltsbenutzern zur Verfügung steht. In Abgrenzung zur Körperschaft hat die Anstalt keine ihren Willen entscheidend bildenden Mitglieder; Anstalten haben vielmehr Benutzer, die Willensbildung erfolgt hingegen durch den Träger, der die Anstalt einrichtet.

Anstalten können entweder **rechtsfähig** oder aber **nichtrechtsfähig** sein. **51**
Rechtsfähigkeit bedeutet insoweit, daß nicht nur der Mensch als natürliche Person Rechtssubjekt und damit Träger von Rechten und Pflichten sein kann (vgl. § 1 BGB); auch andere Rechtssubjekte können vielmehr von der Rechtsordnung „künstlich" geschaffen und als „juristische Personen" bezeichnet werden. Auch eine juristische Person genießt Rechtsfähigkeit, d. h. sie ist der natürlichen Person „Mensch" rechtlich gleichgestellt. Rechtsfähige Anstalten und damit Träger von Rechten und Pflichten sind beispielsweise die Deutsche Bundesbank, die Rundfunkanstalten oder – auf kommunaler Ebene – insbesondere die Sparkassen. Auf kommunaler Ebene nimmt dabei die Sparkasse als rechtsfähige Anstalt eine Sonderstellung ein. Den meisten Anstalten auf kommunaler Ebene kommt hingegen keine Rechtsfähigkeit zu, sie sind lediglich organisatorisch verselbständigt. Als bloßes Zuordnungssubjekt organisatorischer Rechtssätze, die weder Aussagen über eine gesonderte Buchführung und Kalkulation noch über die Vertretung beinhalten, sind somit nichtrechtsfähige Anstalten im Ergebnis rechtlich Bestandteil der unmittelbaren Kommunalverwaltung.

3.2.2 Regiebetrieb

Der **Regiebetrieb** ist weder rechtlich, noch leitungs- und haushaltsmäßig ver- **52** selbständigt, sondern wird vielmehr als Abteilung der Kommunalverwaltung geführt. Die Haushaltsführung richtet sich nach den Vorschriften für das kommunale Haushalts-, Kassen- und Rechnungswesen, die Personalwirtschaft ist in den allgemeinen Stellenplan eingebunden.

Beispiele für Regiebetriebe finden sich insbesondere im Bereich der sog. kom- **53** munalen Hilfsbetriebe, die den Eigenbedarf der Verwaltung abdecken (z. B. Bauhof, Reparaturbetriebe, Friedhofsgärtnerei).

Auch die **kostenrechnenden Einrichtungen** einer Kommune werden regel- **54** mäßig als organisatorisch unselbständiger Regiebetrieb **(Bruttoregiebetrieb)** geführt. Kostenrechnende Einrichtungen sind solche öffentliche Einrichtungen, die die Kommunen gegen Entrichtung einer Benutzungsgebühr auf der Grundlage des jeweiligen kommunalen Abgabenrechts oder gegen Zahlung eines vergleichbaren entsprechenden privatrechtlichen Entgelts den Benutzern zur Verfügung stellen.

Wesensmerkmal einer kommunalen kostenrechnenden Einrichtung (frühere **55** Bezeichnung: Gebührenhaushalt) ist somit, daß sie ganz oder teilweise aus Entgelten finanziert wird. Für diese Einrichtungen müssen – soweit vertretbar und geboten – Entgelte erhoben werden, ein Aspekt, der im übrigen auch im Rahmen der kommunalen Grundsätze der Einnahmebeschaffung dadurch zum Ausdruck gebracht wird, daß die Erhebung spezieller Entgelte für die von der Kommune erbrachten Leistungen in der Rangfolge kommunaler Einnahmen – vor

Steuern und sonstigen Einnahmen – an erster Stelle steht (**Grundsatz der speziellen Entgeltlichkeit**, vgl. z. B. § 63 Abs. 2 Ziff. 1 GO NW; anders hingegen § 35 Abs. 2 KVDDR). Allerdings dürfen die Entgelte die ansatzfähigen betriebswirtschaftlichen Kosten insgesamt grundsätzlich nicht überschreiten (**Kostenüberschreitungsverbot** und somit zugleich das Verbot der Gewinnerzielung), das Gesamtgebühren- bzw. Entgeltaufkommen soll die Kosten der betreffenden Einrichtung oder Anlage jedenfalls in der Regel decken (**Kostendeckungsgebot**). Beispiele für kostenrechnende Einrichtungen einer Kommune sind insbesondere die Abwasserbeseitigung, die Abfallentsorgung, Friedhöfe und Bestattungseinrichtungen sowie Vieh- und Schlachthöfe.

56 Zu den finanz- und betriebswirtschaftlichen Grundlagen der Gebührenhaushalte und zur Betriebsabrechnung einzelner Gebührenhaushalte vgl. die einschlägigen Gutachten der KGSt, z. B. KGSt-Bericht Nr. 11/1982 „Nutzen und Einsatzbereiche der Kostenrechnung", Nr. 20/1982 „Systematische Grundlagen der Kostenrechnung" = Teile I.1 und II.2 des KGSt-Gutachtens „Kostenrechnung in der Kommunalverwaltung".

57 Auch der Gebührenhaushalt eines derartigen Regiebetriebs in der Form der kostenrechnenden Einrichtung ist unselbständiger Bestandteil des allgemeinen Verwaltungshaushaltes. Die Veranschlagung im kommunalen Haushalt führt damit zur Anwendung des haushaltsrechlichen **Gesamtdeckungsprinzips**, so daß die erzielten Erlöse nicht der konkreten Verwaltungsaufgabe verbleiben, sondern für jedweden Zweck im Rahmen des Haushalts eingesetzt werden können. Dies hat einerseits den Vorteil, daß eine größere Flexibilität in der Gesamtfinanzierung der kommunalen Aufgaben erzielt wird, da z. B. die Erlöse aus dem Abwasser- bzw. Abfallbereich für andere kommunale Zwecke einsetzbar sind und in dieser Höhe kein Kredit aufgenommen werden muß. Eine aufgesplitterte „Töpfchenwirtschaft" für Einzelmaßnahmen wird verhindert. Nachteilig ist andererseits allerdings, daß die chronisch angespannte Finanzsituation der Kommunen den endgültigen Verbrauch der erzielten Erlöse nahelegt, so daß die Finanzmittel später für Ersatzinvestitionen in dem jeweiligen Aufgabenbereich fehlen und alsdann über Kredite finanziert werden müssen.

58 Mit Rücksicht auf die unmittelbare Einbindung in die kommunale Organisation haben Rat und Verwaltung der Gemeinde auf den Regiebetrieb eine umfassende Einwirkungsmöglichkeit. Kritiker weisen allerdings darauf hin, daß z. B. gerade im Entsorgungsbereich angesichts des dort aus ökologischen Gründen bestehenden erheblichen Investitionsbedarfs und des erforderlichen Fachwissens eine Überforderung der Ratsmitglieder nicht auszuschließen ist und insoweit über unternehmerische Organisationsformen verstärkt nachgedacht werden müsse.

59 Die Bildung sog. „Nettoregiebetriebe" mit eigener Rechnung und lediglich der Einbindung des Endergebnisses in den kommunalen Haushalt ist kommunalrechtlich nicht vorgesehen. Lediglich das Land Niedersachsen läßt für nichtwirtschaftliche Einrichtungen ein quasi Sondervermögen zu; dabei handelt es sich um die Anwendung aus dem Eigenbetriebsrecht übernommener Vorschriften über die Wirtschaftsführung und das Rechnungswesen (**sog. Nettoregiebetrieb**).

3.3. Exkurs: Betrieb gewerblicher Art

Der Begriff „**Betrieb gewerblicher Art**" ist keine Organisationsform für **60** kommunale Einrichtungen im Sinne des Kommunalverfassungsrechts, sondern eine ausschließlich steuerrechtliche Konstruktion. **Dieser steuerrechtliche Begriff** steht nicht etwa neben den Begriffen Regiebetrieb oder Eigenbetrieb, da selbst eine Abteilung eines Amtes innerhalb der unmittelbaren Kommunalverwaltung einen Betrieb gewerblicher Art darstellen kann. Andererseits sind die organisationsrechtlichen Begriffe des Regiebetriebs und Eigenbetriebs für die steuerrechtliche Beurteilung einer Einrichtung unmaßgeblich; entscheidend ist vielmehr, welche Tätigkeit durch die Organisationsform ausgeübt wird, ob insbesondere eine – nicht steuerpflichtige – hoheitliche Tätigkeit oder aber eine – steuerpflichtige – wirtschaftliche Tätigkeit vorliegt, die sich von derjenigen eines privatgewerblichen Unternehmens nicht wesentlich unterscheidet.

Da folglich der „Betrieb gewerblicher Art" als ausschließlich steuerrechtlicher **61** Tatbestand und Anknüpfungspunkt für eine steuerpflichtige Tätigkeit der Kommune außerhalb der vorliegend darzustellenden Organisations- und Gestaltungsformen einer Kommune im Rahmen des Kommunalverfassungsrechts angesiedelt ist, andererseits dieser Begriff – weil allein tätigkeitsbezogen und organisationsunabhängig – sowohl im Falle der unmittelbaren Kommunalverwaltung als auch im Falle der Wahrnehmung kommunaler Aufgaben durch verselbständigte Unternehmen praktische Bedeutung erlangen kann, sind die Grundzüge des „Betriebs gewerblicher Art" an dieser Stelle – als gesonderter Exkurs – darzulegen.

Selbstverständlich kann bei der Wahl einer bestimmten Organisationsform für **62** eine kommunale Einrichtung das Motiv, Steuern zu sparen, mitentscheidend sein. Steuerliche Aspekte werden daher bei den einzelnen Organisationsformen kommunaler Unternehmen anzusprechen sein.

Steuerliche Vorteile kann die Kommune allerdings nur dort erlangen, wo sie **63** überhaupt eine steuerpflichtige Tätigkeit ausübt: Dies ist nur dann der Fall, wenn die Tätigkeit der öffentlichen Hand entweder in der Rechtsform juristischer Personen des privaten Rechts (GmbH, AG) ausgeführt wird (vgl. § 1 Abs. 1 Nr. 1–4 KStG) oder aber falls im Einzelfall bei den öffentlich-rechtlichen Organisationsformen Amt, nichtrechtsfähige Anstalt, Eigenbetrieb und Regiebetrieb die Voraussetzungen eines sog. Betriebes gewerblicher Art zu bejahen sind. Die Betriebe gewerblicher Art von juristischen Personen des öffentlichen Rechts und damit solche einer Kommune sind z. B. gem. § 1 Abs. 1 Ziff. 6 KStG unbeschränkt körperschaftsteuerpflichtig. Hintergrund dieser Besteuerung des Betriebes gewerblicher Art ist die Gleichstellung solcher Tätigkeiten der Kommune mit Unternehmen der privaten Wirtschaft. Die Kommune unterscheidet sich durch ihre wirtschaftliche Tätigkeit insoweit grundsätzlich nicht von einem privaten gewerblichen Unternehmen, so daß auch eine steuerliche Gleichbehandlung geboten ist.

64 Entscheidend für die Annahme eines **steuerpflichtigen Betriebes gewerblicher Art** ist die Abgrenzung zum **nicht steuerpflichtigen Hoheitsbetrieb:**

65 Nach der Legaldefinition des § 4 Abs. 1 KStG sind Betriebe gewerblicher Art von juristischen Personen des öffentlichen Rechts alle Einrichtungen, die einer nachhaltigen wirtschaftlichen Tätigkeit zur Erzielung von Einnahmen außerhalb der Land- und Forstwirtschaft dienen und die sich innerhalb der Gesamtbetätigung der juristischen Person wirtschaftlich herausheben. Die Absicht, Gewinn zu erzielen, und die Beteiligung am allgemeinen wirtschaftlichen Verkehr sind nicht erforderlich. Eine hoheitliche Tätigkeit (Hoheitsbereich, Hoheitsbetrieb) ist demgegenüber eine Tätigkeit, die der öffentlich-rechtlichen Körperschaft Kommune eigentümlich und vorbehalten ist (Abschn. 5 Abs. 13 und 14 KStR). Die KStR enthalten in Abschn. 5 Abs. 14 KStR Beispielsfälle, wann dies gegeben ist. Zu den Hoheitsbetrieben gehören danach z. B. Schlachthöfe, Friedhöfe, Anstalten zur Müllbeseitigung und Müllverbrennung, zur Straßenreinigung und zur Abführung von Abwässern und Abfällen.

65 Die Bejahung eines Betriebes gewerblicher Art setzt demzufolge in jedem Einzelfall das Vorliegen der fünf nachfolgenden Kriterien voraus:

– Einrichtung

– nachhaltige Tätigkeit,

– wirtschaftliche Tätigkeit,

– Einnahmeerzielung,

– wirtschaftliche Heraushebung (vgl. hierzu: Abschn. 5 Abs. 5 KStR, wonach eine wirtschaftliche Heraushebung dann vorliegt, wenn der Jahresumsatz des Betriebes 60.000 DM nachhaltig übersteigt, wobei für die Beurteilung dieser Nachhaltigkeit ein Dreijahreszeitraum von den Finanzämtern als maßgeblich zugrunde gelegt wird.)

67 Sofern die vorbezeichneten Voraussetzungen eines Betriebes gewerblicher Art zu bejahen sind, unterliegt die Kommune als Steuersubjekt unbeschränkt der Körperschaftsteuer (§ 1 Abs. 1 Nr. 6 KStG) und auch der Umsatzsteuer (§ 2

Abs. 3 Satz 1 UStG). Der Körperschaftsteuersatz beträgt insoweit für den Betrieb gewerblicher Art 46 % des körperschaftsteuerpflichtigen Einkommens (§ 23 Abs. 2 Satz 1 KStG); bei Kapitalgesellschaften der Kommune (GmbH, AG) beträgt der Körperschaftsteuersatz hingegen 50 %, im Ausschüttungsfall einschließlich der Kapitalertragsteuer 44 %.

Was hingegen eine etwaige Gewerbesteuer- und Vermögensteuerpflichtigkeit **68** betrifft, so erfolgt insoweit die Steuerfestsetzung unmittelbar für den Betrieb. Dabei ist der Betrieb gewerblicher Art nicht per se gewerbesteuerpflichtig, sondern nur dann, falls im Einzelfall ein Gewerbebetrieb vorliegt (vgl. hierzu: §§ 1, 2 GewStDV und die Abschnitte 8, 13, 15 und 20 GewStR sowie Abschn. 105 VStG).

Besondere Bedeutung kommt aus kommunaler Sicht der **Zusammenfassung 69 von Betrieben gewerblicher Art** zu. Eine dertige Zusammenfassung mehrerer Betriebe zu einem einheitlichen Betrieb kann nicht nur mit organisatorischen Vorteilen verbunden sein, etwa im Hinblick auf eine optimale und wirksame Aufgabenerledigung und der Herausarbeitung möglicher Synergieeffekte; unter steuerlichen Gesichtspunkten kann darüber hinaus die Zusammenfassung mehrerer Betriebe gewerblicher Art vor allem dann für die Kommune von besonderer Bedeutung sein, wenn Betriebe, die jeweils für sich Gewinne oder Verluste erwirtschaften, zusammengefaßt werden. Körperschaftsteuerrechtliche Folge ist die Saldierung der Gewinne und Verluste und damit ein Ergebnisausgleich, der für die Kommune ganz erhebliche finanzielle Vorteile bieten kann.

Die Praxis der Finanzverwaltung hat in Verbindung mit der Rechtsprechung **70** der Finanzgerichte für die steuerlich wirksame Zusammenfassung von mehreren Betrieben gewerblicher Art folgende Grundsätze herausgearbeitet (vgl. hierzu: Abschn. 5 Abs. 8 ff. KStR):

– Die Zusammenfassung von Betrieben gewerblicher Art mit Hoheitsbetrieben **71** ist steuerrechtlich nicht zulässig.

– Die Zusammenfassung mehrerer gleichartiger Betriebe gewerblicher Art ist **72** zulässig.

– Darüber hinaus können Betriebe gewerblicher Art nur zusammengefaßt wer- **73** den, wenn zwischen diesen Betrieben nach dem Gesamtbild der tatsächlichen Verhältnisse objektiv eine enge wechselseitige technisch-wirtschaftliche Verflechtung besteht. Dieser Prüfung bedarf es nicht, wenn Versorgungsbetriebe, Verkehrsbetriebe, Hafenbetriebe und Flughafenbetriebe einer Gemeinde zusammengefaßt werden. Dies bedeutet:

Insbesondere Versorgungs- und Verkehrsbetriebe können ohne weiteres, **74** d. h. ohne weitere Prüfung, steuerlich wirksam zusammengefaßt werden (Abschn. 5 Abs. 9 KStR). Dabei sind Verkehrsbetriebe in diesem Sinne auch von einer Gemeinde betriebene Einrichtungen des ruhenden Verkehrs (z. B. öffentliche Tiefgaragen und Parkhäuser; vgl. Abschn. 5 Abs. 9 i. v. m. Abs. 21 KStR; BFH, Urteil vom 8. 11. 1989, BStBl. 1990 II S. 242).

75 – Die Zusammenfassung von Betrieben gewerblicher Art in Kapitalgesellschaften ist grundsätzlich anzuerkennen.

76 – Aus kommunaler Sicht besonders bedeutsam ist die Zusammenfassung – regelmäßig mit Gewinn arbeitender – städtischer Versorgungsbetriebe und – regelmäßig verlustbehafteter städtischer Badebetriebe. Die BFH-Rechtsprechung (Urteile vom 17. 10. 1984 – I R 181/81 – und vom 22. 10. 1984 – III R 117/81 -) hat in einem solchen Falle die steuerrechtlich notwendige wechselseitige technisch-wirtschaftliche Verflechtung dann bejaht, falls im Einzelfall eine gemeinsame Nutzung von Einrichtungen durch die verschiedenen Betriebe vorliegt, die über ein reines Lieferverhältnis hinausgeht:

77 Diese Voraussetzung kann zunächst im Falle der Verflechtung eines Hallen-/Freibades mit der Wasserversorgung erfüllt sein. Wird z. B. durch die Füllung der Bäder eine durchgehende Bewegung im Wasserrohrnetz erzeugt, damit eine gleichmäßige Belastung des Wasserversorgungsnetzes erreicht und somit im Ergebnis die Korrosion der Rohre und auch die Keimbildung im Wasser verhindert, liegt die notwendige enge wechselseitige technisch-wirtschaftliche Verflechtung zwischen Stadtwerk und Badebetrieb vor. Im Streitfall mit der Finanzverwaltung ist ein diesbezüglicher Nachweis notfalls durch ein Sachverständigengutachten zu erbringen. Eine andere Verflechtungsalternative läge dann vor, falls das Badebecken eine Ausgleichsfunktion zur Brandschutzvorsorge erfüllt.

78 Ein anderes, in der kommunalen Praxis gewichtiges Fallbeispiel ist die Verflechtung und damit der technisch-wirtschaftliche Verbund zwischen Hallen-/Freibad und der gemeindlichen Stromversorgung durch die Einrichtung eines Blockheizkraftwerks im Hallen-/Freibad. Das Blockheizkraftwerk versorgt einerseits das Hallen-/Freibad mit Heizwärme, speist andererseits den überschüssigen Strom in das kommunale Stromverteilungsnetz ein, deckt damit die Stromspitzen ab und reduziert die elektrischen Leistungsbezugskosten. Die Zwischenschaltung des gemeinsam genutzten Blockheizkraftwerkes stellt somit im Ergebnis eine enge wechselseitige technisch-wirtschaftliche Verflechtung zwischen Bad und Stromversorgung her. Auch diese Voraussetzung ist im Streitfall durch ein technisches Gutachten zu belegen.

79 Eine vergleichbare Fallgestaltung läge z. B. auch dann vor, falls etwa die steuerrechtlich wirksame Zusammenfassung einer Stadthalle mit dem Stadtwerk durch die Errichtung eines Blockheizkraftwerkes angestrebt wird. Auch

in diesem Falle dürfte der notwendige technisch-wirtschaftliche Verbund zu bejahen sein.

3.4 Geschichtliche Entwicklung kommunaler Unternehmen

Die grundlegenden Strukturen des Kommunalrechts, insbesondere die Her- **80** ausstellung des Rechtes auf Selbstverwaltung, gehen maßgeblich auf die Reformen des Freiherrn vom Stein, insbesondere die Steinsche Städteordnung des Jahres 1808 sowie die sog. revidierte Städteordnung des Jahres 1831, zurück. Ausschließliches Organisationsschema zur kommunalen Aufgabenerfüllung war dabei bis weit in das 20. Jahrhundert hinein die herkömmliche Ämterverwaltung. Dies galt z. B. auch für die Versorgung der Bevölkerung und Wirtschaft mit Elektrizität, Gas und Wasser, die als kommunale Einrichtung im Verlaufe des 19. Jahrhunderts neu errichtet oder in kommunale Trägerschaft überführt und als Abteilung der unmittelbaren allgemeinen Kommunalverwaltung ohne Selbständigkeit und ohne eigene Vermögensrechnung geführt wurde.

Erst in der Weimarer Zeit kam es zur Herausbildung heute noch typischer **81** Rechtsformen. So wurden die Sparkassen durch die Notverordnungen vom 5. 8. und 6. 10. 1931 als rechtsfähige Anstalten des öffentlichen Rechts verselbständigt. Im Bereich der Versorgungswirtschaft verselbständigte als erste Stadt in Deutschland Dresden 1928 die Strom-, Gas- und Wasserversorgung durch Schaffung eines Sondervermögens und einer eigenen Organisation. Das Dresdner Modell wurde damit zum praktischen Vorläufer der Eigenbetriebsverordnung (EigVO) vom 21. 11. 1938. Zuvor hatte bereits die Deutsche Gemeindeordnung (DGO) aus dem Jahre 1935, die das Gemeinderecht im Reichsgebiet vereinheitlichte, für die nun „Eigenbetriebe" genannten Gemeindeunternehmen eine besondere unternehmerische Rechtsform zur Verfügung gestellt, wobei die Aufstellung einer Betriebssatzung, die Einrichtung eines Beirates sowie eine besondere Rechnungslegung und die Erwirtschaftung eines angemessenen Ertrages vorgesehen waren.

Nach dem 2. Weltkrieg gab es lange Zeit keine neuen gesetzgeberischen Maß- **82** nahmen. In der 1. Hälfte der 50er Jahre wurden dann die Bestimmungen der DGO über Eigenbetriebe und Beteiligungen an Kapitalgesellschaften durch die Vorschriften über die wirtschaftliche Betätigung der Kommunen in den Kommunalverfassungen der einzelnen Bundesländer abgelöst, inhaltlich allerdings im Kern erhalten und – von unterschiedlichen Nuancierungen abgesehen – lediglich fortentwickelt. Auch die EigVO 1938 blieb nach 1945 zunächst im Bundesgebiet in Kraft. Als erstes Land hat Nordrhein-Westfalen im Jahre 1953 eine neue EigVO erlassen. Andere Bundesländer folgten alsdann, wobei auch insoweit inhaltlich die wesentlichen Grundstrukturen der EigVO 1938 beibehalten wurden.

83   In der kommunalen Praxis begann in den letzten Jahrzehnten der Aufschwung der Gesellschaftsformen des Handelsrechts, insbesondere der Gesellschaft mit beschränkter Haftung (GmbH) und der Aktiengesellschaft (AG). Zahlreiche wirtschaftliche Unternehmen der Kommunen, insbesondere Versorgungs- und Verkehrsbetriebe, wurden vom Eigenbetrieb in eine Rechtsform des privaten Rechts überführt bzw. – bei Neugründungen – in dieser Rechtsform errichtet. Diese Entwicklung belegt die nachfolgende Übersicht über die Veränderungen der Rechtsformen bei den Mitgliedern des Verbandes Kommunaler Unternehmen (VKU), Köln, dem Zusammenschluss kommunaler Elektrizitäts-, Gas-, Fernwärme- und Wasserversorgungsunternehmen in der Bundesrepublik Deutschland:

Jahr	org. Untern.	Eigenbetr.	AG	GmbH	Zweckverb.
1952	505	477 (94,5 %)	9 (1,8 %)	16 (3,1 %)	3 (0,6 %)
1975	646	460 (71,2 %)	42 (6,5 %)	112 (17,3 %)	32 (5,0 %)
1990	673	381 (56,6 %)	40 (6,0 %)	214 (31,8 %)	38 (5,6 %)

84   Hintergrund dieser Veränderungen waren vornehmlich unterschiedliche betriebswirtschaftliche, organisatorische und steuerrechtliche Rahmenbedingungen zwischen dem Eigenbetrieb und den Kapitalgesellschaften.

85   Die Umgründungswelle ist allerdings in den einzelnen Bundesländern durchaus unterschiedlich verlaufen. Während in Nordrhein-Westfalen und in Niedersachsen der Anteil der Eigenbetriebe an den im VKU organisierten Unternehmen auf deutlich unter 50 % gesunken ist, beläuft sich deren Anteil etwa in Bayern immer noch auf 87,5 %. Die nachfolgende VKU-Tabelle gibt insoweit einen Überblick über die Mitgliedsunternehmen nach Rechtsformen in den einzelnen Bundesländern.

Mitgliedsunternehmen nach Rechtsformen und Landesgruppen bzw. Bundesländern							
Länder	Eigen-betrieb	AG	GmbH	Zweck-, Wasser- und Bodenverbände	Kooperative Mitglieder	Korrespondierende Mitglieder	insges.
Baden-Württemberg	60	5	27	6	1	0	99
Bayern	106	3	11	1	0	0	121
Berlin	2	0	0	0	0	0	2
Brandenburg	0	0	2	0	0	4	6
Bremen	0	1	1	0	0	0	2
Hessen	34	5	21	6	1	0	67
Mecklenburg-Vorpommern	0	1	1	0	0	2	4
Niedersachsen	30	6	42	8	0	0	86
Nordrhein-Westfalen	67	14	94	11	2	0	188
Rheinland-Pfalz	35	3	9	4	0	0	51
Saarland	6	2	6	2	0	0	16
Sachsen	1	1	2	0	0	11	15

Mitgliedsunternehmen nach Rechtsformen und Landesgruppen bzw. Bundesländern

Länder	Eigen-betrieb	AG	GmbH	Zweck-, Wasser-und Bodenverbände	Kooperative Mitglieder	Korrespondierende Mitglieder	insges.
Übertrag	341	41	216	38	4	17	657
Sachsen-Anhalt	1	0	5	0	0	4	10
Schleswig-Holstein/ Hamburg	39	1	6	1	0	0	47
Thüringen	0	0	3	1	0	11	15
insgesamt	381	42	230	40	4	32	729

Quelle: Kommunale Versorgungswirtschaft 1990/91, Verband kommunaler Unternehmen
e. V., Köln
Stand: 1. 7. 1991

Hinzuweisen ist allerdings darauf, daß nicht alle kommunalen Versorgungs- **86** unternehmen Mitglied im VKU sind; dies gilt z. B. für eine größere Zahl kleinerer und mittlerer Wasserversorgungsunternehmen, die überwiegend als Eigenbetriebe geführt werden.

In jüngerer Vergangenheit zeichnet sich nunmehr eine Tendenz ab, auch solche **87** Einrichtungen aus der unmittelbaren Kommunalverwaltung auszugliedern und als Eigenbetrieb oder auch in einer Rechtsform des privaten Rechts zu betreiben, die bislang als sog. Hoheitsbetriebe typischerweise in die gemeindliche Organisation und auch den Gemeindehaushalt integriert waren. Dies gilt in erster Linie für die kommunalen Aufgabenfelder der Abwasserbeseitigung und Abfallbeseitigung bzw. -wirtschaft, aber auch für Stadthallen, Parkhäuser, Sportstätten, Volkshochschulen sowie für die Wirtschaftsförderung und Stadtentwicklung. Einen aktuellen Schub bringt insoweit die Verpackungsverordnung des Bundes vom 12. 6. 1991 und insbesondere deren Umsetzung durch die Einführung des sog. „Dualen Systems" im Bereich der Abfallwirtschaft, das – neben der fortbestehenden öffentlichen Abfallentsorgung – auch eine private gewerbliche Verwertung von Wertstoffen unterstützen will. In diesem Zusammenhang wird kommunalerseits verschiedentlich darüber nachgedacht, ob nicht die Ausgliederung der Abfallwirtschaft aus der unmittelbaren Kommunalverwaltung mit Rücksicht darauf erstrebenswert erscheint, daß nur durch eine organisatorische Öffnung die Kapitalbeteiligung privater Entsorgungsfirmen und damit die Bildung eines gemischtwirtschaftlichen Unternehmens ermöglicht werden kann.

In den neuen Bundesländern bestand bis zum Ende des 2. Weltkrieges eine **88** den alten Ländern der Bundesrepublik Deutschland entsprechende Organisationsstruktur auf der kommunalen Ebene. Die richtungweisende Organisationsentscheidung der Stadt Dresden („Dresdner Modell") ist bereits herausgestellt worden. Interessant ist in diesem Zusammenhang die Feststellung, daß gerade die kommunale Versorgungswirtschaft auf dem Gebiet der ehemaligen DDR eine besondere Blüte erlebte. Ca. 150 Stadtwerke stellten dort die Versorgung der Bevölkerung mit Strom, Gas und Wasser sicher, wobei sich 90,4 % dieser kommunalen Versorgungsbetriebe in mittleren und kleineren Städten unter 100.000 Einwohnern befanden.

89 Bereits im Jahre 1948 wurden dann in der ehemaligen DDR das kommunale Vermögen an wirtschaftlichen Einrichtungen sowie die Beteiligungen und Anteilsrechte an wirtschaftlichen Unternehmen als Folge der Kommunalwirtschaftsverordnung vom 24. 11. 1948 im Zuge einer grundlegenden Neuordnung der kommunalen Wirtschaft in Volkseigentum überführt. Diese Überführung wurde innerhalb von 4 Jahren, mithin bis zum Jahre 1952, vollständig abgeschlossen.

90 Im Rahmen des grundlegenden und historisch beispiellosen Umbaus der früheren Kommandowirtschaft der DDR hin zu der in den alten Bundesländern bestehenden Ordnung der sozialen Marktwirtschaft stellt sich nunmehr die Aufgabe, den Gesamtbestand des volkseigenen Vermögens zu entflechten und zugleich darüber zu befinden, welche Betriebseinheiten privatisiert werden und welche in öffentlicher Trägerschaft verbleiben sollen. Soweit mit Rücksicht auf die in Frage stehende Aufgabenstellung eine zukünftige öffentliche Trägerschaft in Frage kommt, ist darüber hinaus zu befinden, welcher Ebene im föderativen Aufbau der Bundesrepublik Deutschland die Betriebe zuzuweisen sind.

91 Soweit die Überführung volkseigenen Vermögens und volkseigener Betriebe und Unternehmen in das Eigentum der Kommunen in Frage steht, hatte bereits die frühere DDR mit dem Gesetz über die Selbstverwaltung der Gemeinden und Landkreise in der DDR (**Kommunalverfassung** – KVDDR) vom 17. 5. 1990 (GBl. I S. 255), dem Gesetz zur Privatisierung und Reorganisation des volkseigenen Vermögens (**Treuhandgesetz** – THG) vom 17. 6. 1990 (GBl. I S. 300) sowie dem Gesetz über das Vermögen der Gemeinden, Städte und Landkreise (**Kommunalvermögensgesetz** – KVG) vom 6. 7. 1990 (GBl. I S. 660) ein aus gemeindlicher Sicht geschlossenes und durchaus tragfähiges System für diese gewaltige Aufgabenstellung zur Verfügung gestellt:

92 In § 2 Abs. 2 KVDDR werden die wesentlichen gemeindlichen Selbstverwaltungsaufgaben namentlich benannt. Nach § 1 Abs. 1 Satz 3 THG ist volkseigenes Vermögen, das kommunalen Aufgaben und kommunalen Dienstleistungen dient, durch Gesetz den Gemeinden und Städten zu übertragen. Schließlich bestimmt § 1 KVG, volkseigenes Vermögen, das kommunalen Aufgaben und kommunalen Dienstleistungen dient, den Gemeinden und Städten kostenlos zu übertragen.

93 Der Vertrag zwischen der Bundesrepublik Deutschland und der Deutschen Demokratischen Republik über die Herstellung der Einheit Deutschlands (**Einigungsvertrag**) vom 31. 8. 1990 (BGBl. II S. 885), der mit dem Beitritt der DDR zur Bundesrepublik Deutschland zum 3. 10. 1990 seine volle Wirksamkeit entfaltet hat, läßt – mit Ausnahme einer, allerdings im Ergebnis sehr weitreichenden Ergänzung des § 4 Abs. 2 KVG für die Versorgung mit leitungsgebundenen Energien (Beschränkung des kommunalen Anteils an den bestehenden Kapitalgesellschaften auf höchstens 49 %) – grundsätzlich die dargestellten Rechtspositionen der Städte, Gemeinden und Kreise unberührt. Die Abwicklung der Eigentumsübertragungen auf die Kommunen obliegt im wesentlichen der Treuhandanstalt in Berlin.

4. Rechtsgrundlagen kommunaler Unternehmen

4.1 Bundesrecht

Neben der bereits ausführlich dargestellten grundgesetzlich gewährleisteten **94** Selbstverwaltungsgarantie der Kommunen sind Vorgaben des Bundesrechts vornehmlich bei der Wahl privatrechtlicher Organisationsformen durch die Kommunen einschlägig.

Von besonderer Bedeutung sind insoweit: **95**

Gesetz betreffend die Gesellschaften mit beschränkter Haftung vom 20. 4. 1892 i. d. F. der Bekanntmachung vom 20. 5. 1898 für die GmbH (BGBl. III 4123-1),

Aktiengesetz vom 6. 9. 1965 für die AG (BGBl. I S. 1089),

Gesetz über die Mitbestimmung der Arbeitnehmer vom 4. 5. 1976 (BGBl. I S.1153) sowie

Betriebsverfassungsgesetz vom 15. 1. 1972 (BGBl. I S. 13 in der Bekanntmachung der Neufassung vom 23. 12. 1988, BGBl. 1989 I S. 1, mit Berichtigung der Neufassung vom 26. 4. 1989, BGBl. I S. 902) im Hinblick auf möglicherweise zu beachtende Mitbestimmungserfordernisse.

Außer GmbH und AG sind in der kommunalen Praxis anderweitige privat- **96** rechtliche Organisationsformen eher von untergeordneter Bedeutung. Im Einzelfall können insbesondere rechtliche Vorgaben aus dem Bürgerlichen Gesetzbuch vom 18. 8. 1896 für die Bildung eines Vereins (§§ 21–79 BGB) oder einer Gesellschaft des bürgerlichen Rechts (§§ 705–740 BGB), aus dem Handelsgesetzbuch vom 10. 5. 1897 für die Gründung einer Offenen Handelsgesellschaft (§§ 105–160 HGB) oder einer Kommanditgesellschaft (§§ 161–177 HGB) zu berücksichtigen sein.

4.2 Landesrecht

4.2.1 *Kommunalverfassungsrecht*

Im Mittelpunkt des einschlägigen Landesrechts stehen vor allen Dingen die **97** jeweiligen Kommunalverfassungen, also die Gemeinde- und Kreis- bzw. Landkreisordnungen der einzelnen Bundesländer. Da die neuen Länder bislang noch keine eigenen Kommunalverfassungen erlassen haben, gilt die Kommunalverfassung der ehemaligen DDR als Landesrecht weiter.

98   Folgende Landeskommunalverfassungen sind einschlägig:

Baden-Württemberg: Gemeindeordnung vom 25. 7. 1955 i. d. F. vom 3. 10. 1983; Landkreisordnung vom 10. 10. 1955 i. d. F. vom 19. 6. 1987

Bayern: Gemeindeordnung vom 25. 1. 1952 i. d. F. der Bekanntmachung vom 11. 9. 1989; Landkreisordnung vom 16. 2. 1952 i. d. F. der Bekanntmachung vom 11. 9. 1989

Brandenburg: Kommunalverfassung der ehemaligen DDR vom 17. 5. 1990

Hessen: Gemeindeordnung vom 25. 2. 1952 i. d. F. vom 1. 4. 1981; Landkreisordnung vom 25. 2. 1952 i. d. F. vom 1. 4. 1981

Mecklenburg-Vorpommern: Kommunalverfassung der ehemaligen DDR vom 17. 5. 1990

Niedersachsen: Gemeindeordnung vom 4. 3. 1955 i. d. F. vom 22. 6. 1982; Landkreisordnung vom 31. 3. 1958 i. d. F. vom 22. 6. 1982

Nordrhein-Westfalen: Gemeindeordnung vom 28. 10. 1952 i. d. F. der Bekanntmachung vom 13. 8. 1984; Kreisordnung vom 21. 7. 1953 i. d. F. der Bekanntmachung vom 13. 8. 1984

Rheinland-Pfalz: Gemeindeordnung vom 14. 12. 1973, zuletzt geändert durch Gesetz vom 22. 7. 1988; Landkreisordnung vom 14. 12. 1973

Saarland: Gemeindeordnung – Kommunalselbstverwaltungsgesetz – vom 15. 1. 1964 i. d. F. der Bekanntmachung vom 18. 4. 1989; Landkreisordnung – Kommunalselbstverwaltungsgesetz – vom 15. 1. 1964 i. d. F. der Bekanntmachung vom 18. 4. 1989

Sachsen: Kommunalverfassung der ehemaligen DDR vom 17. 5. 1990

Sachsen-Anhalt: Kommunalverfassung der ehemaligen DDR vom 17. 5. 1990

Schleswig-Holstein: Gemeindeordnung vom 24. 1. 1950 i. d. F. der Bekanntmachung vom 2. 4. 1990

Thüringen: Kommunalverfassung der ehemaligen DDR vom 17. 5. 1990

99   Normative Ansatzpunkte bieten die Kommunalverfassungen der Bundesländer für die Betätigung der Kommunen durch kommunale Unternehmen im wesentlichen auf drei Regelungsebenen:

- die grundlegende Festlegung der Verbandskompetenz,

- das Recht der öffentlichen Einrichtungen sowie

- die Vorschriften über die wirtschaftliche Betätigung und privatwirtschaftliche Beteiligung.

Was zunächst die Kompetenzziehung, insbesondere auch die Frage der **Ab-** **100** **grenzung zwischen Gemeinde- und Kreiszuständigkeit** betrifft, so legen die Gemeindeordnungen der Bundesländer den Wirkungskreis der Gemeinden regelmäßig dadurch fest, daß ihnen als wesentliche Aufgabe die Förderung des Wohles ihrer Einwohner übertragen wird und sie insoweit zu ausschließlichen und eigenverantwortlichen Trägern der öffentlichen Verwaltung in ihrem Gebiet bestimmt werden (vgl. z. B. §§ 1 Abs. 1, 2 GO NW, § 2 Abs. 1 KVDDR). Andererseits wird den Kreisen die Wahrnehmung der auf ihr Gebiet begrenzten überörtlichen Angelegenheiten als freiwillige Selbstverwaltungsaufgabe zugewiesen (vgl. z. B. § 2 Abs. 1 KrO NW, § 72 KVDDR).

Die generalklauselartigen und ausfüllungsbedürtigen Begriffe „örtlich" und **101** „überörtlich" ermöglichen nicht in allen Fällen eine eindeutige Grenzziehung. Immerhin geht das Bundesverfassungsgericht in der bereits mehrfach zitierten Rastede-Entscheidung von der Subsidiarität der Kreiszuständigkeit aus (BVerfGE 79, 151). Die Bewältigung der Angelegenheiten der örtlichen Gemeinschaft durch die Gemeinde genießt somit Vorrang; der Entzug einer Aufgabe mit örtlichem Charakter durch den Gesetzgeber ist nur aus Gründen des Gemeininteresses zugunsten des Kreises denkbar.

Im Unterschied zu den Kommunalverfassungen der alten Bundesländer, die **102** – wie auch bereits das GG – auf eine detaillierte Aufzählung des gemeindlichen Aufgabenkatalogs und damit eine Präzisierung des Begriffs „alle Angelegenheiten der örtlichen Gemeinschaft" verzichten, beschreitet die in den neuen Bundesländern weiterhin Gültigkeit beanspruchende KVDDR einen andersartigen Weg und erreicht dadurch eine sicherlich exaktere Abgrenzung zwischen Gemeinde- und Kreisaufgabe. Ungeachtet aller Abgrenzungsprobleme unternimmt die KVDDR in § 2 Abs. 2 nämlich den Versuch, die Hauptfelder der gemeindlichen Selbstverwaltungsaufgaben zu benennen sowie wesentliche kommunalpolitische Zielvorstellungen abzustecken:

Danach gehören zu den Selbstverwaltungsaufgaben vor allem die harmonische **103** Gestaltung der Gemeindeentwicklung einschließlich der Standortentscheidungen unter Beachtung der Umweltverträglichkeit und des Denkmalschutzes, die Bauleitplanung, die Förderung von Wirtschaft und Gewerbe, die Gewährleistung des öffentlichen Verkehrs, die Versorgung mit Energie und Wasser, die schadlose Abwasserableitung und -behandlung sowie Entsorgung des Siedlungsmülls, die Verbesserung der Wohnungsbedingungen der Einwohner durch den sozialen Wohnungsbau und die Förderung des privaten und genossenschaftlichen Bauens sowie eine sozialgerechte Verteilung der Wohnungen, die gesundheitliche und soziale Betreuung, die Sicherung und Förderung eines breiten öffentlichen Angebotes an Bildungs- und Kinderbetreuungseinrichtungen, die Entwicklung der Freizeit- und Erholungsbedingungen sowie des kulturellen Lebens, der Schutz der natürlichen Umwelt und die Aufrechterhaltung der öffentlichen Reinlichkeit.

104   Auch diese Aufzählung, die sicherlich sowohl für den Bürger als auch für die in den neuen Bundesländern in der Kommunalpolitik Verantwortung Tragenden Umfang und Vielfalt der Selbstverwaltungsaufgaben verdeutlicht, erhebt keineswegs den Anspruch auf Vollständigkeit, wie die Formulierung „vor allem" zeigt. Es handelt sich mithin auch insoweit lediglich um eine beispielhafte Aufzählung der Angelegenheiten der örtlichen Gemeinschaft, wenngleich diese Aufzählung sicherlich die wesentlichen gemeindlichen Betätigungsfelder zusammenträgt.

105   Versucht man die Beantwortung der Frage, wann eine Gemeinde- oder Kreiszuständigkeit im Einzelfall vorliegt, auf dem Hintergrund der in den Kreisordnungen gebräuchlichen Kompetenzumschreibung **„überörtlich",** so ist von der in der kommunalrechtlichen Literatur herausgebildeten Dreiteilung der Kreisaufgaben auszugehen (vgl. Erichsen, S. 121 m.w.N.): Überörtliche Aufgaben sind demnach übergemeindliche, ergänzende und ausgleichende Aufgaben.

106   **Übergemeindlich** sind Aufgaben, die notwendigerweise über den Verwaltungsraum einer kreisangehörigen Gemeinde hinausreichen und auf die gemeinsamen Bedürfnisse der Kreisbewohner notwendigerweise insgesamt bezogen sind. Beispiele übergemeindlicher Aufgaben sind die Sicherstellung des kreisweiten öffentlichen Nahverkehrs (ÖPNV) oder die Überwachung der Luftverschmutzung.

107   **Ergänzende Aufgaben** sind solche, die die Leistungsfähigkeit einer Gemeinde übersteigen. Eine derartige Feststellung ist nur im Einzelfall möglich. Beispiele können insoweit etwa die Unterhaltung bestimmter Jugendeinrichtungen oder die Errichtung eines Krankenhauses sein.

108   **Ausgleichsaufgaben** liegen schließlich dann vor, wenn der Kreis einzelne Gemeinden bei der Erfüllung gemeindlicher Aufgaben personell oder finanziell unterstützt. Dieser Aufgabentyp dürfte allerdings kaum eine Rechtfertigung für die Gründung kommunaler Unternehmen abgeben.

4.2.2. Sonstiges Landesrecht

109   Neben den Kommunalverfassungen sind auf der Ebene des Landesrechts vornehmlich die jeweiligen gesetzlichen Grundlagen über kommunale Gemeinschaftsarbeit im Hinblick auf interkommunale Kooperationsformen (Zweckverband) zu beachten:

Baden-Württemberg: Gesetz über kommunale Zusammenarbeit (GKZ) i. d. F. v. 16. 9. 1974, mehrfach geändert

Bayern: Gesetz über die kommunale Zusammenarbeit (KommZG) vom 12. 7. 1966, mehrfach geändert

Brandenburg: Gesetz über kommunale Gemeinschaftsarbeit (GKG) vom 19. 12. 1991

Hessen: Gesetz über kommunale Gemeinschaftsarbeit (KGG) vom 16. 12. 1969, mehrfach geändert

Niedersachsen: Zweckverbandsgesetz vom 7. 6. 1939, geändert durch Gesetz vom 21. 6. 1972

Nordrhein-Westfalen: Gesetz über kommunale Gemeinschaftsarbeit vom 26. 4. 1961, mehrfach geändert

Rheinland-Pfalz: Landesgesetz über Zweckverbände und andere Formen der kommunalen Zusammenarbeit (Zweckverbandsgesetz) vom 3. 12. 1954, mehrfach geändert

Saarland: Gesetz über die kommunale Gemeinschaftsarbeit vom 26. 2. 1975

Schleswig-Holstein: Gesetz über kommunale Zusammenarbeit (GkZ) i. d. F. der Bekanntmachung vom 11. 11. 1977.

Für die Organisationsform des Eigenbetriebs haben die Länder die nachfol- **110** genden Eigenbetriebsgesetze bzw. Eigenbetriebsverordnungen erlassen:

Baden-Württemberg: Eigenbetriebsgesetz vom 19. 6. 1987

Bayern: Eigenbetriebsverordnung für Bayern (EBV) vom 29. 5. 1987

Berlin: Eigenbetriebsgesetz für Berlin in der Neufassung der Bekanntmachung vom 22. 12. 1988

Bremen: Bremisches Rahmengesetz für Eigenbetriebe der Stadtgemeinden vom 14. 12. 1990

Hessen: Eigenbetriebsgesetz für Hessen i. d. F. der Bekanntmachung vom 9. 6. 1989

Niedersachsen: Eigenbetriebsverordnung für Niedersachsen vom 15. 8. 1989

Nordrhein-Westfalen: Eigenbetriebsverordnung für Nordrhein-Westfalen i. d. F. der Bekanntmachung vom 1. 6. 1988

Rheinland-Pfalz: Eigenbetriebsverordnung für Rheinland-Pfalz vom 18. 9. 1975, geändert durch VO vom 21. 6. 1979

Saarland: Eigenbetriebsverordnung für das Saarland vom 1. 6. 1987

Schleswig-Holstein: Eigenbetriebsverordnung für Schleswig-Holstein vom 20. 8. 1974, geändert durch VO vom 31. 5. 1979.

111 Die Struktur der Sparkassen richtet sich nach den Landessparkassengesetzen.

112 In den neuen Bundesländern sind bislang noch keine besonderen Regelungen über die kommunale Gemeinschaftsarbeit (Ausnahme: Brandenburg) und die Eigenbetriebe verabschiedet worden. Daraus kann jedoch nicht der Schluß gezogen werden, daß in der ehemaligen DDR z. Z. ein Rückgriff auf die Organisationsformen des Zweckverbandes oder des Eigenbetriebes noch nicht möglich ist.

113 Die KVDDR bestimmt in § 58 den Eigenbetrieb und in § 61 den Zweckverband als zulässige Organisationsform. Die wesentlichen Grundsätze über Organisation, Wirtschaftsführung, Vertretung nach außen und besondere Befugnisse der Gemeindevertretung werden in § 58 KVDDR selbst benannt; hinzu treten die für die Eigenbetriebe zutreffenden Sonderbestimmungen im Abschnitt Sondervermögen (§ 53 Abs. 1 Ziff. 3 KVDDR i. v. mit §§ 53 ff. KVDDR). Eine vergleichbare Beschränkung auf einige grundsätzliche Festlegungen enthält § 61 KVDDR für den Zweckverband.

114 Diese geringe Festlegungsdichte einerseits sowie andererseits die Tatsache, daß die KVDDR weder für den Eigenbetrieb noch für den Zweckverband eine Verordnungsermächtigung enthält, läßt den Schluß zu, daß der Gesetzgeber der KVDDR den Kommunen in der früheren DDR bewußt einen weiten Gestaltungsspielraum hinsichtlich der konkreten Ausgestaltung der Organisationsformen überlassen wollte. Außerdem handelt es sich sowohl bei dem Eigenbetrieb als auch bei dem Zweckverband um klassische und inhaltlich seit Jahrzehnten ausgereifte Organisationsformen des Kommunalrechts, die auch ohne ins Detail gehende spezialgesetzliche Regelung für die Kommune bei Bedarf ein geeignetes Handlungsinstrumentarium bieten. Vergleichbare Regelungen in den alten Bundesländern, Rechtsprechung und Literatur sowie – für die Eigenbetriebe – die EigVO 1938 und für die Zweckverbände – das Reichszweckverbandsgesetz vom 7. 6. 1939 bieten ausreichende Gewähr für eine hinlänglich bestimmte Ermächtigungsgrundlage, die dem aus dem Rechtsstaatsprinzip des Art. 20 Abs. 3 GG herzuleitenden Grundsatz vom Vorbehalt des Gesetzes entspricht. Zu berücksichtigen ist in diesem Zusammenhang zudem, daß die Geltung des Grundsatzes vom Vorbehalt des Gesetzes in dem hier in Frage stehenden Bereich der Leistungsverwaltung – im Unterschied zu Eingriffen in Freiheit und Eigentum des Bürgers im Bereich der Eingriffsverwaltung – ohnehin deutlich zu relativieren ist. Ausreichend für ein Tätigwerden der Verwaltung im Bereich der Leistungsverwaltung ist grundsätzlich eine Legitimation, die vorliegend durch die dargestellten Regelungen der KVDDR sowie die Anknüpfung an gewohnheitsrechtliche Grundsätze, vergleichbare Regelungen anderer Bundesländer und der EigVO 1938 und dem Reichszweckverbandsgesetz gegeben sein dürfte.

KAPITEL II
Organisationsformen kommunaler Unternehmen

1. Ämterverwaltung oder Unternehmensgründung?

115

Kommunale Unternehmen als Unterfall kommunaler öffentlicher Einrichtungen unterscheiden sich – wie bereits dargelegt – von der Ämterverwaltung, also der unmittelbaren Kommunalverwaltung, dadurch, daß sie zur Verfolgung einer bestimmten Zielsetzung eine gewisse organsatorische Selbständigkeit aufweisen. Bei den kommunalen Unternehmen handelt es sich somit um gegenüber der Ämterverwaltung verselbständigte Einrichtungen in recht unterschiedlichen Organisationsformen, die allerdings insoweit eine Gemeinsamkeit aufweisen, als sie – äußerlich feststellbar – vom kommunalen Träger tatsächlich und inhaltlich getrennt sind.

Die Kommune hat also zunächst eine Grundsatzentscheidung darüber zu tref- **116** fen, ob sie eine bestimmte kommunale Aufgabe in einer derartigen verselbständigten Organisationsform oder aber mit den Mitteln und Möglichkeiten der Ämterverwaltung erledigen will.

Ämterverwaltung oder Unternehmensgründung? – Diese Fragestellung be- **117** rührt – über den jeweiligen Einzelfall hinausgehend – die Grundlagen des Kommunalverfassungsrechts: Soll sich die Kommune für die Beibehaltung der herkömmlichen zentralistischen Einheitsverwaltung einerseits (unmittelbare Kommunalverwaltung) oder aber für eine atomisierte Zersplitterung der Verwaltung andererseits (mittelbare Kommunalverwaltung) entscheiden?

Diese grundsätzliche Fragestellung verdeutlicht, warum für die Gründung eines **118** kommunalen Unternehmens und die damit verbundene Verselbständigung der Erfüllung einer kommunalen Aufgabe im konkreten Einzelfall sehr unterschiedliche Erwägungen „Pro" und „Kontra" vorgebracht werden können. Die wesentlichen Erwägungen, die die kommunalpolitische Diskussion vor Ort bei der Beantwortung der Frage „Ämterverwaltung oder Unternehmensgründung?" prägen, lassen sich wie folgt zusammentragen:

1.1 Wirtschaftlichkeit und Effizienz der Aufgabenerfüllung

Die Gemeinde ist das „größte Dienstleistungsunternehmen vor Ort". Eine op- **119** timale Aufgabenerledigung setzt aber auch eine optimale Organisation voraus, die der Kommune – vergleichbar einem Privatunternehmer – insbesondere die notwendige Flexibilität, Autonomie und damit im Ergebnis die unternehmerische Betätigung ermöglicht. Die herkömmliche unmittelbare Kommunalverwaltung mit ihrer Hierarchie, ihren administrativen Prinzipien und den Bindungen des kommunalen Haushalts- und Dienstrechtes vermag die erwünschte unternehmerische Freiheit nicht zu gewährleisten. Vielmehr verlangen betriebswirtschaftlich orientierte Handlungsweisen Unternehmensorganisationen, die kaufmännischen Prinzipien unterworfen sind und eine leistungsorientierte Vergütung ermöglichen.

1.2 Verlust der politischen Steuerungsmöglichkeit

120   Der Übergang vom herkömmlichen „**Verwalten**" hin zum zukunftsorientierten „**Wirtschaften**" soll also zugleich einen Funktionswandel von einer kommunalen Verwaltung hin zu einem kommunalen Unternehmen bedingen. Allerdings ist nicht zu übersehen, daß die möglicherweise erwünschte unternehmerische Freiheit zugleich mit einem Verlust gebotener und notwendiger öffentlicher Bindung und Kontrolle verbunden ist. Mehr Handlungsspielraum heißt zugleich weniger Steuerungsmöglichkeit und Kontrolle; tarif- und besoldungsrechtliche Unterschiede zwischen Kommunalverwaltung und kommunalen Unternehmen führen im Ergebnis zu einer Zweiklassengesellschaft innerhalb des Kreises der kommunalen Beschäftigten.

121   Rat bzw. Gemeindevertretung und -verwaltung haben eine volle Einwirkungsmöglichkeit auf die unmittelbare Kommunalverwaltung. Mit jeder Verselbständigung von Aufgaben und der Einrichtung diesbezüglicher gesonderter Organisationen ist jedoch ein Verlust von politischer Steuerung und Einflußnahme verbunden. Die Zersplitterung der Kommunalverwaltung durch die Errichtung zahlreicher dezentraler Unternehmen läßt letztendlich eine „Holdingkommune" zurück, die weitgehend ihrer Steuerungs-, Einfluß- und Kontrollmöglichkeiten verlustig gegangen ist. Die Kompetenzen des Gemeinderats und die Öffentlichkeit der Entscheidungen werden eingeschränkt; wesentliche und weitreichende Entscheidungen fallen nicht mehr im Sitzungssaal des Rathauses, sondern in Aufsichtsräten, Beiräten und Verwaltungsräten, Werksausschüssen und Gesellschafterversammlungen.

122   Darüber hinaus besteht die Gefahr, daß die tragenden Haushaltsgrundsätze der Vollständigkeit, Einheitlichkeit und Öffentlichkeit deutlich relativiert werden, und durch die Ausgliederung wesentlicher Bereiche aus dem Haushalt der Gemeinde die öffentliche Prüfung und Kontrolle durch die Rechtsaufsicht und die Prüfungsbehörden nicht mehr gewährleistet ist.

1.3 Entlastung des Haushalts/Wahrung des öffentlichen Zwecks

Als Vorteil einer Verselbständigung wird auch eine Entlastung des kommu- **123**
nalen Haushaltes, etwa durch die Erhöhung des Kreditspielraums oder die ver-
besserte Möglichkeit der Erzielung von Gewinnen, genannt.

Leitziel kommunaler Unternehmen ist allerdings nicht eine optimale Gewinn- **124**
ausschöpfung, sondern die Sicherstellung des aus der öffentlichen Aufgabe ab-
geleiteten und konkretisierten Sachziels, wie z. B. die Gewährleistung einer
ausreichenden Wasserversorgung.

Im Vordergrund steht folglich die Erfüllung des öffentlichen Zwecks; erst in **125**
zweiter Linie sollen Unternehmen auch einen Ertrag für den Haushalt der Gemeinde abwerfen, soweit dadurch die Erfüllung des öffentlichen Zwecks nicht
beeinträchtigt wird (vgl. § 57 Abs. 4 KVDDR, § 94 Abs. 1 GONW).

Hinzu tritt als Kriterium für die Aufgabenerfüllung im Rahmen der Daseins- **126**
vorsorge das Sozialstaatsprinzip, das z. B. die Gewährleistung eines flächen-
deckenden Leistungsangebotes für jeden Einwohner mit zumutbaren und kon-
trollierbaren Entgelten im Hinblick auf die Inanspruchnahme der Dienstleistung
eines kommunalen Unternehmens verlangt. Durch die Verselbständigung sollte
sich für den Bürger jedenfalls im Ergebnis keine Schlechterstellung ergeben.

1.4 Flexibilität in der Personalwirtschaft

Eine Verselbständigung befreit von den „Fesseln" des öffentlichen Dienst- **127**
rechts und ermöglicht eine flexible Personalpolitik bei der Einstellung, Entlassung und Beförderung sowie eine größere Motivation, etwa durch die Bereitstellung monetärer Anreize im Rahmen eines Belohnungs- und Sanktionssy-
stems.

Andererseits wird durch diese Kriterien der betriebswirtschaftliche und auch **128**
finanzielle Gestaltungsspielraum gesonderter kommunaler Unternehmen wiederum eingeengt. Ein im Hinblick auf die Steigerung der Wirtschaftlichkeit
besonders einsatzfreudiges und motiviertes Personal ist womöglich nicht zugleich billiges Personal.

Außerdem geht die Einheitlichkeit der Personalpolitik der Kommune ohne **129**
Bindung der verselbständigten Einrichtungen an bestimmte Grundsätze verlo-
ren; unterschiedliche Tarifgrundsätze in der unmittelbaren Kommunalverwaltung einerseits und in kommunalen Unternehmen andererseits begünstigen
Neidkomplexe und Motivationsverluste.

1.5 Senkung von Entgelten

130 Falls durch die Verselbständigung aller Einrichtungen eine größere Wirtschaftlichkeit erreicht wird, bietet sich zumindest die Chance für eine Senkung der
Entgelte zugunsten der Bürger.

131 Allerdings wächst häufig zugleich die Gefahr, daß sich aus der Kommunalpolitik und der Öffentlichkeit Forderungen dahingehend verstärken, auf rechtlich zulässige und betriebs- und finanzwirtschaftlich gebotene Einnahmen, etwa
die Erzielung von Gewinnen zur Substanzerhaltung, zu verzichten.

1.6 Steuerliche Entlastungen

132 Die Errichtung kommunaler Unternehmen kann zu Steuerersparnissen führen.
Steuerliche Vorteile erbringen vor allen Dingen das KStG durch das Anrech-
nungsverfahren sowie das UStG durch den Vorsteuerabzug, daneben auch die
Investitionszulage, die fallweise seitens des Staates zum Anreiz der Wirtschaft
gewährt wird. Der **Vorsteuerabzug** gem. § 15 UStG bewirkt, daß die für Lieferungen und Leistungen an einen Betrieb gewerblicher Art in Rechnung gestellten Umsatzsteuerbeträge von der Umsatzsteuerschuld der Gemeinde abge-
zogen werden können; allerdings entfällt der Vorsteuerabzug bei denjenigen
Betrieben gewerblicher Art, die steuerbefreite Umsätze erbringen, wie z. B.
kommunale Theater und Krankenanstalten. Das **Investitionszulagengesetz**
(i. d. F. der Bekanntmachung vom 28. 1. 1986, BStBL. I S. 56) sieht für bestimmte Investitionen in gesonderten Wirtschaftsbereichen oder besonders för-
derwürdigen Gebieten die Möglichkeit offener Subventionen vor. Diese Investitionszulagen fließen dem Betrieb umfassend steuerfrei zu und verbessern somit unmittelbar seine Eigenkapitalausstattung. Da die Investitionszulage
allerdings nur Steuerpflichtigen i. S. d. EStG und KStG zugute kommen kann
(vgl. §§ 1, 4 und 4 a Investitionszulagengesetz), bedeutet dies für die Gemeinde,
daß nur Betriebe gewerblicher Art i. S. des Körperschaftsteuerrechts in den
Genuß dieser Investitionszulagen kommen können.

133 Der steuerrechtliche Aspekt ist in der kommunalen Praxis insbesondere bei
der Auswahl zwischen Eigenbetrieb und Eigengesellschaft entscheidungserheb-
lich. Allerdings ist die in der Vergangenheit durchaus erhebliche Differenz bei
der Belastung durch die **Körperschaftsteuer** zwischenzeitlich durch den Gesetzgeber weitestgehend beseitigt worden: Während früher der Körperschaftsteuersatz für die ausgeworfenen Gewinne eines Eigenbetriebes 50 % und einer
Kapitalgesellschaft lediglich 44 % betrug, hat der Gesetzgeber mit dem Steu-
erreformgesetz 1990 (Gesetz vom 27. 7. 1988, BGBl. I S. 1093) eine Tarifän-
derung zu einer Angleichung von Eigenbetrieb und Eigengesellschaft dahingehend vorgenommen, daß ab 1990 die Ausschüttungsbelastung beim Eigenbetrieb nur noch 46 % beträgt. Damit ist die Differenz zwischen Eigenbetrieb und

Eigengesellschaft bei der körperschaftsteuerlichen Belastung der ausgeschütteten Gewinne von ursprünglich 6 % auf nunmehr lediglich 2 % geschrumpft.

Die Erlangung von Steuervergünstigungen durch die Errichtung kommunaler **134** Unternehmen bedarf einer sorgfältigen Prüfung im Einzelfall. Allerdings sollten steuerliche Vorteile nicht allein ausschlaggebend für die Wahl einer bestimmten Organisationsform sein, da Änderungen der Steuergesetzgebung und auch der Steuerrechtsprechung nicht auszuschließen sind. Außerdem ist zu bedenken, ob nicht die erwähnten Steuervorteile bereits auch unter Berücksichtigung des – bereits dargestellten – Betriebes gewerblicher Art innerhalb der unmittelbaren Kommunalverwaltung erzielbar sind.

1.7 Beteiligung privater Dritter

Vor Ort entsteht zuweilen auch der Wunsch oder sogar die Notwendigkeit, **135** private Dritte an der Erledigung einer kommunalen Aufgabe zu beteiligen, insbesondere privates Kapital mit zur Aufgabenerfüllung heranzuziehen (z. B. die Bildung eines gemischtwirtschaftlichen Unternehmens unter Beteiligung eines privaten Entsorgers zur Bewältigung der Abfallwirtschaftsprobleme). In einem derartigen Fall ist nicht nur die Ausgliederung notwendig, sondern auch die Wahl einer Organisationsform, die überhaupt die Einbindung eines Privaten zuläßt; ein Eigenbetrieb scheidet z. B. deshalb aus, weil er nur von der Kommune selbst betrieben werden kann. Infrage kommen insoweit regelmäßig nur gesellschaftsrechtliche Lösungen.

1.8 Unsachliche Motivationen

Es soll an dieser Stelle nicht verschwiegen werden, daß in den vielschichtigen **136** kommunalen Entscheidungsprozeß im Vorfeld der Errichtung eines kommunalen Unternehmens durchaus auch sehr unsachliche Motivationen Eingang finden können. Zu nennen sind etwa die größere Einflußmöglichkeit für bestimmte Personen oder Parteien auf Geschäftsabläufe, die möglichst weitgehende Ausschaltung des Rates, die „Versorgung" einzelner Personen oder aber die wünschenswerten Tantiemen der zukünftigen Aufsichtsratmitglieder.

2. Die Organisationsformen kommunaler Unternehmen im Überblick

Hat sich die Kommune im konkreten Einzelfall für die Verselbständigung **137** einer kommunalen Aufgabe durch die Errichtung eines kommunalen Unternehmens entschieden, so kann sie im Hinblick auf die zu wählende Organisationsform auf eine Vielfalt an gestalterischen Möglichkeiten zurückgreifen. Die Auswahl unter den zur Verfügung stehenden Rechts- und Organisationsformen steht grundsätzlich im Ermessen jeder Kommune. Allerdings gilt die Organisationshoheit als wichtiger Bestandteil der kommunalen Selbstverwaltungsgarantie nicht schrankenlos, sondern im Rahmen der zu beachtenden gesetzlichen Bestimmungen. Rechtliche Grenzen ergeben sich insoweit vornehmlich aus den Kommunalverfassungen der Bundesländer (vgl. hierzu ausführlich u. Kap. VII).

138 Die zur Verfügung stehenden Organisationsformen lassen sich in zwei große Gruppen unterteilen, nämlich in **Organisationsformen** des **öffentlichen Rechts** und solche des **privaten Rechts.** Als öffentlich-rechtlich werden solche Organisationsformen bezeichnet, die ausschließlich einem Träger öffentlicher Verwaltung zur Verfügung stehen. Privatrechtliche Organisationsformen hingegen sind solche, die auch von jedem Privatmann in Anspruch genommen werden können, zugleich aber auch Trägern öffentlicher Verwaltung, also etwa der Kommune, zugänglich sind.

139 Neben der Unterscheidung öffentlich-rechtlicher und privatrechtlicher Organisationsformen kann eine weitergehende Differenzierung nach der Rechtsfähigkeit der Organisation und dem Grad ihrer Verselbständigung gegenüber der Kommunalverwaltung vorgenommen werden.

140 Die Rechtsfähigkeit einer Organisation wird – wie bereits dargelegt – mit dem Begriff der juristischen Person umschrieben. Rechsfähigkeit bedeutet insoweit die Fähigkeit, Träger von Rechten und Pflichten sein zu können. Die juristische Person steht somit als Person im rechtstechnischen Sinne der natürlichen Person gleich.

141 Der Grad der Verselbständigung gibt zugleich Auskunft über den Verlust von Steuerung und Kontrolle durch Rat und Verwaltung.

142 Die der Kommune zur Verfügung stehenden Organisationsformen lassen sich – abgestuft nach dem Grad der Verselbständigung – wie folgt unterscheiden:

2.1 Organisationsformen des Öffentlichen Rechts

143 – Eigenbetrieb
– Rechtsfähige Anstalt
– Rechtsfähige Stiftung

2.2 Organisationsformen des Privatrechts

144 – Gesellschaft des bürgerlichen Rechts (BGB-Gesellschaft)
– Offene Handelsgesellschaft (OHG), Kommanditgesellschaft (KG)
– Nicht rechtsfähiger Verein
– Rechtsfähiger Verein
– Genossenschaft
– Rechtsfähige Stiftung

- Gesellschaft mit beschränkter Haftung (GmbH)
- Aktiengesellschaft (AG)

2.3 Organisationsformen interkommunaler Zusammenarbeit

- Zweckverband sowie Wasser- und Bodenverband als öffentlich-rechtliche **145** Organisationsformen
- Gemeinschaftsunternehmen als privatrechtliche Organisationsformen (GmbH und AG)

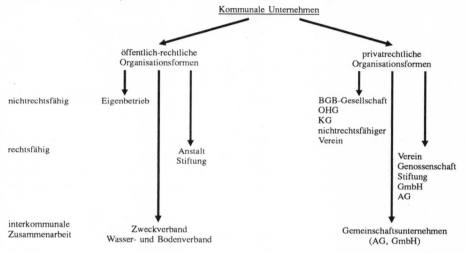

Der Grad der Selbständigkeit der verschiedenen Organisationsformen im Ver- **146** hältnis zur Kommune ist der nachstehenden Übersicht zu entnehmen.

	Grad der Selbständigkeit		
unmittelbare Kommunalverwaltung	mittelbare Kommunalverwaltung		
Amt			
Regiebetrieb			
nichtrechtsfähige öff.-rechtl. Anstalt			
	Eigenbetrieb		
		BGB-Gesellschaft OHG KG nichtrechtsfähiger Verein	
			rechtsfähige Anstalt und Stiftung (öff. und priv.) rechtsfähiger Verein
			GmbH
			AG

51

3. Organisationsformen des Öffentlichen Rechts

3.1 Eigenbetrieb

147 Der **Eigenbetrieb** ist die nach Kommunalverfassungs- und Eigenbetriebsrecht der einzelnen Bundesländer vorgesehene „klassische" Organisationsform für wirtschaftliche Unternehmen der Kommunen. Wirtschaftliche Unternehmen sind – im Anschluß an eine Formulierung der vorläufigen Ausführungsanweisung zu § 67 DGO vom 22. 3. 1935 – solche Einrichtungen und Anlagen der Gemeinde, die auch von einem Privatunternehmer mit der Absicht der Gewinnerzielung betrieben werden können (vgl. hierzu ausführlich Kap. VII Ziff. 1.1). In Frage stehen somit in erster Linie die Versorgungs- und Verkehrsbetriebe einer Kommune, die – allerdings mit rückläufiger Tendenz – immer noch überwiegend in der Rechtsform des Eigenbetriebes geführt werden. Insbesondere kleinere Städte und Gemeinden greifen vielfach auf die Organisationsform des Eigenbetriebes zurück.

148 Der Eigenbetrieb ist zwar – vergleichbar dem Regiebetrieb – rechtlich unselbständig, im Gegensatz zu ihm allerdings organisatorisch und finanzwirtschaftlich weitgehend gegenüber der Kommunalverwaltung verselbständigt. Ihm kommt damit eine herausgehobene Stellung innerhalb der Verwaltung der Gemeinde zu.

149 Die organisatorische Selbständigkeit ist an dem Vorhandensein eigener Organe, nämlich der Werkleitung und dem Werksausschuß, abzulesen, die besondere finanzwirtschaftliche Stellung zeigt sich daran, daß der Eigenbetrieb als Sondervermögen mit eigener Kassen- und Kreditwirtschaft, eigener kaufmännischer Buchführung, eigener Gewinn- und Verlustrechnung sowie einem eigenen haushaltsrechtlich selbständigen Wirtschafts-, Erfolgs-, Stellen- und Finanzplan geführt wird. Auch erscheint im kommunalen Haushalt entsprechend dem Nettoprinzip nur der Gewinn oder Verlust, d. h. der Eigenbetrieb ist den strengen haushaltsrechtlichen Bindungen entzogen.

150 Der Eigenbetrieb stellt im Ergebnis eine für die wirtschaftliche Betätigung der Kommunen besonders sinnvolle und maßgeschneiderte **„Kompromißlösung"** dar: Durch die organisatorische und finanzwirtschaftliche Verselbständigung wird einerseits eine Unternehmensführung nach kaufmännischen Gesichtspunkten ermöglicht; andererseits besteht trotz dieser organisatorischen Verselbständigung eine enge Verbindung zwischen Eigenbetrieb und Verwaltung und Rat, so daß die Einheit der Kommunalverwaltung nicht in Frage gestellt wird und eine ausreichende Kontrolle durch die Kommune durchaus sichergestellt ist. Einzelheiten seiner Organisationsstruktur werden in einer vom Rat zu erlassenen Betriebssatzung geregelt.

Eigenbetriebe können nicht nur von Gemeinden, sondern auch von Kreisen **151** und Zweckverbänden errichtet werden.

Sofern eine Kommune mehrere Versorgungs- oder Verkehrsbetriebe betreibt, **152** werden diese nach dem Eigenbetriebsrecht der Bundesländer zu einem **Querverbund kommunaler Unternehmen** zusammengefaßt. Eine gemeinsame Verwaltung, eine koordinierte Aufgabenerfüllung sowie eine bessere Kapitalausstattung und erleichterte Kapitalbeschaffung ermöglichen organisatorische und betriebswirtschaftliche Vorteile sowie im Ergebnis Kosteneinsparungen zugunsten der Kommune. Außerdem ergibt sich die steuerrechtliche Möglichkeit, Gewinne und Verluste der Betriebe im Rahmen des gemeinsamen Jahreabschlusses gegeneinander aufzurechnen, also z. B. die Verluste des öffentlichen Nahverkehrs mit den Gewinnen aus einer Stromversorgung zu saldieren (vgl. Kap. I Ziff. 3.3; Kap. III Ziff. 6).

Soweit der Begriff „**eigenbetriebsähnliche Einrichtung**" Verwendung findet, **153** handelt es sich um eine Organisationsform für öffentliche Einrichtungen, die als nichtwirtschaftliche Unternehmen im Sinne des Kommunalverfassungsrechts zu bezeichnen sind (z. B. Abwasser und Abfallbeseitigung, Einrichtungen der Kultur, des Sports, der Erholung; vgl. hierzu ausführlich Kap. VII Ziff. 1.2). Einige Bundesländer (Hessen, Nordrhein-Westfalen, Rheinland-Pfalz, Saarland) haben für derartige nichtwirtschaftliche Einrichtungen das ursprünglich ausschließlich für wirtschaftliche Unternehmen vorgesehene Eigenbetriebsrecht geöffnet. Danach (vgl. z. B. § 88 Abs. 2 Satz 2 GO NW) kann die Gemeinde aufgrund eines Ratsbeschlusses ein nichtwirtschaftliches Unternehmen als eigenbetriebsähnliche Einrichtung führen, wobei zwei Möglichkeiten denkbar sind:

Sofern die Kommune die Vorschriften des Eigenbetriebsrechts in vollem Um- **154** fang zur Anwendung bringt, steht die eigenbetriebsähnliche Einrichtung im Ergebnis dem Eigenbetrieb gleich.

Sofern die Kommune nur die Vorschriften über die Wirtschaftsführung und **155** das Rechnungswesen der Eigenbetriebe als Sondervermögen auf die eigenbetriebsähnliche Einrichtung anwendet, steht diese Einrichtung im Ergebnis einem Regiebetrieb gleich, allerdings mit der Besonderheit, daß für die Wirtschaftsführung dieser Einrichtung nicht die Vorschriften der Gemeindehaushaltsverordnung, sondern diejenigen des Eigenbetriebs Geltung beanspruchen.

Nur im letztgenannten Falle liegt damit eine wirkliche eigenbetriebsähnliche **156** Einrichtung vor, im erstgenannten Fall hingegen ein echter Eigenbetrieb.

3.2 Rechtsfähige Anstalt

Rechtlich selbständige Anstalten des Öffentlichen Rechts mit eigener Rechts- **157** persönlichkeit können durch die Kommunen nur durch Gesetz oder aufgrund eines speziellen Gesetzes gebildet werden. Die Wahl und Gestaltungsmöglichkeiten der Kommunen sind mithin insoweit weitgehend beschränkt. Sofern keine spezialgesetzliche Ermächtigung im Einzelfall vorliegt, ist die Kommune nicht in der Lage, die Rechtsform der Anstalt in ihre Überlegungen einzubeziehen.

Einziges Beispiel für eine rechtsfähige Anstalt des Öffentlichen Rechts auf kommunaler Ebene sind die Sparkassen, denen diese Organisationsform gemäß der Landessparkassengesetze verliehen worden ist.

3.3 Rechtsfähige Stiftung

158 Auch die rechtsfähige Stiftung des Öffentlichen Rechts unterliegt – vergleichbar der zuvor beschriebenen Anstalt – dem Gesetzesvorbehalt, d. h. Kommunen können sich dieser Organisationsform nur dann bedienen, wenn ihnen diese Möglichkeit durch oder aufgrund eines Gesetzes eingeräumt worden ist.

159 Da insoweit keine nennenswerten Ermächtigungen bestehen, kann die Stiftung als kommunale Organisationsform vernachlässigt werden; neue rechtsfähige, öffentlich-rechtliche Stiftungen können die Kommunen praktisch nicht errichten.

4. Organisationsformen des Privatrechts

160 Die Organisationsformen des Privatrechts, die Gesellschaften im weiteren Sinne, lassen sich grundsätzlich einteilen in Personalgesellschaften und Körperschaften.

161 **Personalgesellschaften** sind personenbezogen, Gesellschaftszweck und Mitgliederbestand sind eng miteinander verflochten, d. h. entscheidend ist, daß gerade diese Personen diesen Zweck verfolgen. **Körperschaften** zeichnen sich hingegen dadurch aus, daß der Gesellschaftszweck gegenüber den Mitgliedern verselbständigt ist, d. h. im Vordergrund steht die Zweckverfolgung, unabhängig von dem jeweiligen Mitgliederbestand.

162 Ein weiterer wichtiger Unterschied zwischen Personalgesellschaften und Körperschaften besteht darin, daß Personalgesellschaften keine Rechtsfähigkeit zukommt, hingegen Körperschaften regelmäßig – mit Ausnahme des nichtrechtsfähigen Vereins – als juristische Personen des Privatrechts selbständig Träger von Rechten und Pflichten sein können.

163 Die nachfolgende Übersicht vermittelt einen Überblick über die der Kommune grundsätzlich zur Verfügung stehenden Gesellschaftsformen des Privatrechts.

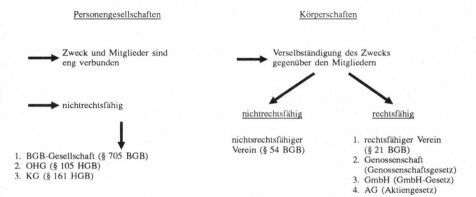

Gesellschaften des Privatrechts

Personengesellschaften

Körperschaften

4.1 BGB-Gesellschaft, OHG, KG

Die Gesellschaft des bürgerlichen Rechts (**BGB-Gesellschaft**, §§ 705 ff. **164** BGB) ist eine auf Vertrag beruhende Personenvereinigung ohne Rechtsfähigkeit, bei der sich die Gesellschafter gegenseitig verpflichten, die Erreichung eines gemeinsamen Zweckes in der durch den Vertrag bestimmten Weise zu fördern, insbesondere die vereinbarten Beiträge zu leisten (§ 705 BGB).

Wesentlich für die kommunale Verfügbarkeit dieser Organisationsform ist die **165** gesetzliche Festlegung, daß die Gesellschafter für die Gesellschaftsschulden unbeschränkt, also auch mit ihrem Privatvermögen haften (§§ 714, 427, 431 BGB). Da andererseits die Gemeindeordnungen der Bundesländer regelmäßig bestimmen, daß sich eine Gemeinde jedenfalls an einem wirtschaftlichen Unternehmen nur beteiligen darf, wenn für die Gesellschaft eine Rechtsform gewählt wird, die die Haftung der Gemeinde auf einen bestimmten Betrag begrenzt (vgl. z. B. Art. 91 Abs. 1 Ziff. 3 GO Bay; § 122 Abs. 1 GO Hess; § 110 Abs. 1 GO Nds; § 89 Abs. 1 Nr. 2 GO NW; § 87 Abs. 1 GO RP; § 103 Abs. 1 GO SH), scheidet bereits aus diesem Grund die BGB-Gesellschaft als zulässige Rechtsform für die Kommunen im wirtschaftlichen Bereich aus. Dies gilt auch in den neuen Bundesländern, da § 57 Abs. 3 KVDDR eine gesetzliche Definition wirtschaftlicher Unternehmen der Gemeinde enthält, unter die die BGB-Gesellschaft mangels eigener Rechtspersönlichkeit nicht subsumierbar ist.

Die BGB-Gesellschaft, bei der besondere Organe gesetzlich nicht vorgeschrieben sind, Geschäftsführungsbefugnis und Vertretungsmacht nach außen regelmäßig allen Gesellschaftern gemeinsam zusteht und die konkreten Rechte und Pflichten der Gesellschafter im Gesellschaftsvertrag auszugestalten sind, kommt somit als Organisationsform für die Kommune regelmäßig nur im nichtwirtschaftichen Bereich in Betracht.

166 Eine vergleichbare Einschränkung hinsichtlich ihrer Anwendbarkeit im kommunalen Bereich ist für die Offene Handelsgesellschaft (**OHG;** §§ 105 ff. HGB) zu treffen. Die OHG ist gem. § 105 Abs. 1 HGB eine Gesellschaft, deren Zweck auf den Betrieb eines Handelsgewerbes unter gemeinschaftlicher Firma gerichtet ist und bei der alle Gesellschafter den Gesellschaftsgläubigern gegenüber unbeschränkt haften. Wegen dieser unbeschränkten Haftung scheidet die OHG – ebenso wie bereits die BGB-Gesellschaft – als Rechtsform für wirtschaftliche Unternehmen aus; für nichtwirtschaftliche Unternehmen kann sie zwar grundsätzlich kommunalverfassungsrechtlich in Betracht gezogen werden, sie ist jedoch in der kommunalen Praxis so gut wie nicht verbreitet. Das liegt maßgeblich daran, daß eine Gesellschaft als OHG ein Vollhandelsgewerbe betreiben muß, mithin eine kommunale nichtwirtschaftliche Einrichtung als vollkaufmännisches Handelsgewerbe im Einzelfall anzusehen sein müßte. Dies kann im kommunalen Bereich bereits begrifflich nur in extremen Ausnahmefällen bejaht werden, etwa bei einer Wasserversorgung, die Wasser – ohne es selbst zu fördern – von einem Dritten bezieht und an Dritte weiterliefert, also einen Warenhandel i. S. von § 1 Abs. 2 Nr. 1 HGB betreibt.

167 Schließlich scheidet auch die Kommanditgesellschaft (**KG;** §§ 161 ff. HGB) regelmäßig für den wirtschaftlichen Bereich aus, für nichtwirtschaftliche Unternehmen hat sie ebenfalls in der Praxis kaum Bedeutung erlangt. Die KG ist eine Personengesellschaft, deren Zweck auf den Betrieb eines Handelsgewerbes unter gemeinschaftlicher Firma gerichtet ist (§ 161 Abs. 1 HGB).

168 Hinsichtlich der Haftung sind zwei Arten von Gesellschaftern zu unterscheiden: Komplementäre, d. h. persönlich haftende Gesellschafter, von denen es zumindest einen geben muß, haften den Gesellschaftsgläubigern unbeschränkt, die Haftung der Kommanditisten gegenüber den Gesellschaftsgläubigern ist auf den Betrag einer bestimmten Vermögenseinlage beschränkt. Mit Rücksicht auf die bereits dargestellte Notwendigkeit einer kommunalen Haftungsbeschränkung auf einen bestimmten Betrag könnte allenfalls eine Beteiligung als Kommanditist an einer KG für die Kommune in Betracht gezogen werden. Da aber der Kommanditist geringere Befugnisse hat als der unbeschränkt haftende Komplementär, hat auch diese Organisationsform im kommunalen Bereich keine Verbreitung gefunden.

169 Sofern nichtwirtschaftliche Unternehmen in Frage stehen, scheidet die KG – ebenso wie die OHG – bereits begriffsnotwendigerweise in der ganz überwiegenden Mehrzahl der Fälle deshalb aus, weil die KG auf dem Betrieb eines

Handelsgewerbes und damit gerade regelmäßig auf Gewinnerzielung ausgerichtet ist.

Insgesamt läßt sich feststellen, daß die Personalgesellschaften ohne Rechts- **170** fähigkeit, BGB-Gesellschaft, OHG und KG, für den kommunalen Bereich bereits aus Rechtsgründen weitestgehend ausscheiden. In der kommunalen Praxis sind sie allenfalls – auch insoweit nicht sehr verbreitet – im Bereich der nichtwirtschaftlichen Betätigung anzutreffen. Mit Rücksicht auf ihre geringe Bedeutung für die Kommunen können sie in der weiteren Darstellung vernachlässigt werden.

4.2 Nichtrechtsfähiger Verein

Der Verein (§§ 21 ff. BGB) ist ein auf Dauer angelegter freiwilliger Zusam- **171** menschluß von mindestens 7 Personen zur Erreichung eines gemeinsamen Zweckes, wobei der Zweck vom jeweiligen Mitgliederbestand unabhängig ist. Der Verein ist die Grundform aller Körperschaften: er hat einen Gesamtnamen als Zeichen der Einheit, eine Satzung (Verfassung) und als Organe die Mitgliederversammlung und den Vorstand.

Zu unterscheiden sind der **rechtsfähige** und der **nichtrechtsfähige Verein.** **172**

Auf einen nichtrechtsfähigen Verein, also einen Verein, der nicht in das Ver- **173** einsregister eingetragen ist (vgl. § 21 BGB), finden gem. § 54 Satz 2 BGB die Vorschriften über die Gesellschaft Anwendung. Da folglich auch bei einem nichtrechtsfähigen Verein die Vereinsmitglieder persönlich mit ihrem gesamten Vermögen für rechtsgeschäftliche Verbindlichkeiten des Vereins haften, scheidet diese Organisationsform – wie zuvor die Personalgesellschaften – für die Kommune jedenfalls als Träger eines wirtschaftlichen Unternehmens aus.

Zwar hat die Rechtsprechung (vgl. BGHZ 42, 210, 216) anerkannt, daß bei **174** einem nichtwirtschaftlichen Verein, einem sog. Idealverein (vgl. §§ 21, 22 BGB), die Haftung der Vereinsmitglieder auf das Vereinsvermögen beschränkt ist; dies hat jedoch nicht dazu beigetragen, daß der nichtrechtsfähige Verein für nichtwirtschaftliche Unternehmen der Gemeinde eine nennenswerte Verbreitung erfahren hat.

Insgesamt bedarf auch der nichtrechtsfähige Verein als kommunale Organi- **175** sationsform im Rahmen dieser Darstellung keiner Vertiefung.

4.3 Rechtsfähiger Verein

Bei einem rechtsfähigen Verein sind zwei Arten zu unterscheiden: der wirt- **176** schaftliche Verein (§ 22 BGB) und der Verein, der nicht auf einen wirtschaftlichen Geschäftsbetrieb gerichtet ist (sog. Idealverein; § 21 BGB). Während ein Idealverein die Rechtsfähigkeit durch Eintragung in das Vereinsregister des zuständigen Amtsgerichts erlangt, bedarf der wirtschaftliche Verein zu seiner Rechtsfähigkeit einer staatlichen Verleihung. Maßgeblich für die Abgrenzung ist der vom Verein beabsichtigte Zweck, wobei insoweit in erster Linie die Vereinssatzung heranzuziehen ist.

177   Der eingetragene Verein ist gegenüber der Kommune als juristische Person mit eigener Rechtspersönlichkeit rechtlich und organisatorisch verselbständigt, Organe des Vereins sind die Mitgliederversammlung und der Vorstand. Die Haftung ist auf das Vereinsvermögen beschränkt, d. h. eine persönliche Haftung der Vereinsmitglieder kommt nicht in Betracht.

178   Auch der rechtsfähige Verein führt zumindest in den alten Bundesländern im kommunalen Bereich lediglich ein Schattendasein. Nur vereinzelt und regional durchaus unterschiedlich lassen einige Kommunen einzelne Aufgaben von eingetragenen Vereinen durchführen, vornehmlich im kulturellen (Volkshochschulen, Musikschulen, Museen) und sozialen Bereich sowie im Fremdenverkehr; als Motiv für eine kommunale Mitgliedschaft in einem Verein steht dabei die gemeinsame Interessenwahrnehmung mit Privatpersonen und Vereinigungen sowie auch die Erschließung der Kommune sonst nicht zugänglicher Geldquellen im Vordergrund. Soweit ein wirtschaftliches Unternehmen der Kommune in Frage stehen würde, käme nur ein wirtschaftlicher Verein gem. § 22 BGB in Frage, der seine Rechtsfähigkeit durch staatliche Verleihung erlangt. Die Verleihung der Rechtsfähigkeit ist allerdings subsidiär, d. h. die Kommune muß vorrangig im Hinblick auf ein Wirtschaftsunternehmen auf die zur Verfügung stehenden Organisationsformen des Handelsrechts zurückgreifen. Vorrangig sind demzufolge AG oder GmbH, so daß kaum noch ein Anwendungsfall für den subsidiären wirtschaftlichen Verein im kommunalen Bereich denkbar ist.

179   Soweit nichtwirtschaftliche Unternehmen der Kommune in Frage stehen, kann grundsätzlich der Verein in der Form des nichtwirtschaftlichen Vereins als Organisationsform in Betracht gezogen werden. Allerdings sind im Zusammenhang mit der Eintragung im Vereinsregister zur Erlangung der Rechtsfähigkeit in erheblichem Maße Formvorschriften zu beachten. Dies mag ein wesentlicher Grund dafür sein, daß der rechtsfähige Verein auch im nichtwirtschaftlichen Bereich einer Kommune in den alten Bundesländern keine besondere Bedeutung erlangt hat. Soweit eine Kommune weitaus überwiegend die finanziellen Lasten eines Vereins trägt, sollte sie sich in der Vereinssatzung die Mehrheit der Vorstandssitze sichern lassen. Darüber hinaus kann der notwendige kommunale Einfluß durch eine satzungsmäßige Verankerung des Prüfungsrechtes des Rechnungsprüfungsamtes der Kommune im Hinblick auf die Jahresrechnung sichergestellt werden.

180   In den neuen Bundesländern kommt der rechtlichen Konstruktion des rechtsfähigen Vereins in der nichtwirtschaftlichen Variante mit Rücksicht darauf besondere Bedeutung zu, daß die in den einzelnen ehemaligen Bezirken zum Zwecke der Übernahme der Kapitalanteile der WAB-Rechtsnachfolger von der Treuhandanstalt und nachfolgender Neustrukturierung gebildeten gemeindlichen Eigentümergemeinschaften als rechtsfähige Vereine ausgestaltet worden sind. Diese rechtliche Ausgestaltung ist letztendlich Bestandteil der unter dem 19. 12. 1990 zwischen der Treuhandanstalt und der Bundesregierung einerseits sowie den kommunalen Spitzenverbänden und den Städten und Gemeinden in den neuen Bundesländern andererseits erzielten Kompromißformel, wie sie im einzelnen in der „Richtlinie für die Kommunalisierung von Betrieben der Wasserversorgung und Abwasserbehandlung", herausgegeben von der Treuhandanstalt – Direktorat Kommunalvermögen –, veröffentlicht im Info-Dienst Kommunal des Bundesministers des Innern Nr. 18/1. 2. 1991, ausgeführt ist (vgl. dazu: Cronauge, KA 1991, S. 476).

Auf diese spezielle Problematik der WAB-Neustrukturierung wird noch im **181** Rahmen der Fallbeispiele aus der kommunalen Praxis einzugehen sein (vgl. Kap. IX Ziff. 2).

4.4 Genossenschaft

Die **Genossenschaft** ist gem. § 1 Abs. 1 des Gesetzes betreffend die Erwerbs- **182** und Wirtschaftsgenossenschaften – Genossenschaftsgesetz (GenG) – vom 1. 5. 1889 i. d. F. der Bekanntmachung vom 20. 5. 1898 eine Gesellschaft ohne geschlossene Mitgliederzahl, welche die Förderung des Erwerbes oder der Wirtschaft ihrer Mitglieder mittels gemeinschaftlichen Geschäftsbetriebs bezweckt. Derartige Geschäftsbetriebe sind namentlich gem. § 1 Abs. 1 GenG Vorschuß- und Kreditvereine, Rohstoffvereine, Absatzgenossenschaften, Produktivgenossenschaften, Konsumvereine, Vereine zur Beschaffung von Gegenständen des landwirtschaftlichen oder gewerblichen Betriebes und zur Benutzung derselben auf gemeinschaftliche Rechnung sowie Vereine zur Herstellung von Wohnungen.

Die Genossenschaft erwirbt ihre Rechtsfähigkeit durch die Eintragung in das **183** Genossenschaftsregister (§ 13 GenG). Für ihre Verbindlichkeiten haftet den Gläubigern nur das Vermögen der Genossenschaft (§§ 2, 23 Abs. 1 GenG).

Charakteristisch für die Genossenschaft ist, daß sie keinen eigenen wirtschaft- **184** lichen Zweck verfolgt, insbesondere und im Unterschied etwa zur GmbH und AG keinen eigenen Gewinn erstrebt, sondern vielmehr den sonstigen Wirtschaftsbetrieb ihrer Mitglieder unmittelbar fördern will. Sie ist damit im Grunde eine Hilfsorganisation.

Auch die Genossenschaft, die jedenfalls voraussetzungsgemäß den Kommu- **185** nen als Organisationsform zur Verfügung stehen könnte, hat im kommunalen Bereich praktisch keine Resonanz gefunden.

4.5 Rechtsfähige Stiftung

186   Rechtsgrundlagen der rechtsfähigen Stiftung des privaten Rechts sind die Kommunalverfassungen (vgl. z. B. § 87 GO NW), Stiftungsgesetze der Bundesländer sowie §§ 80 ff. BGB.

187   Die Stiftung ist ein rechtlich verselbständigter Bestand von Kapital und Sachen, also eine Vermögensmasse, die einem vom Stifter bestimmten Zweck dient. Wesentliche Elemente aller Stiftungen sind demnach der Stiftungszweck, das Stiftungsvermögen und die Stiftungsorganisation.

188   Im Unterschied zu den bislang diskutierten Organisationsformen hat die Stiftung keine Mitglieder; zwingend vorgeschriebenes Organ ist der Stiftungsvorstand, daneben können in Anlehnung an die vereinsrechtlichen Vorschriften des BGB weitere Organe vorgesehen werden, wie z. B. ein Stiftungsbeirat. Gemeindevermögen darf nur im Rahmen der Aufgabenerfüllung der Gemeinde und nur dann in Stiftungsvermögen eingebracht werden, wenn der mit der Stiftung verfolgte Zweck auf andere Weise nicht erreicht werden kann (vgl. § 87 Abs. 3 GO NW).

189   Auf der kommunalen Ebene sind Stiftungen äußerst selten. Denkbar sind allenfalls Einzelfälle, in denen ein Stifter über seinen Tod hinaus langfristig einen Zweck verfolgt und insoweit der Kommune durch Rechtsgeschäft unter Lebenden (Schenkung) oder durch Verfügung von Todes wegen (z. B. Testament) Vermögensgegenstände mit der Maßgabe zuwendet, sie für eben diesen Zweck zu verwenden. (z. B. einen bestimmten Wohnungsbestand für Sozialmieter). Als öffentliche Einrichtung oder gar als wirtschaftliches Unternehmen einer Kommune dürfte die Stiftung hingegen aufgrund ihrer bereits begrifflich eingeschränkten Zwecksetzung (ausschließlicher Wille des Stifters) und organisatorischen Ausgestaltung kaum in Betracht zu ziehen sein.

4.6 Gesellschaft mit beschränkter Haftung

189   Die Gesellschaft mit beschränkter Haftung **(GmbH)** ist nach dem Gesetz betreffend die Gesellschaften mit beschränkter Haftung (GmbHG) eine Handelsgesellschaft mit eigener Rechtspersönlichkeit (Rechtsfähigkeit) und körperschaftlicher Organisation. Nach § 1 GmbHG kann diese Gesellschaft zu jedem gesetzlich zulässigen Zweck errichtet werden. Maßgeblich ist insoweit der Gesellschaftsvertrag.

190   Für Gesellschaftsschulden haften den Gläubigern lediglich das Gesellschaftsvermögen. Das Stammkapital einer GmbH muß nach gegenwärtigem Recht mind. 50.000 DM betragen.

191   Organe der GmbH sind die Gesellschafterversammlung und der Geschäftsführer. Die Bildung eines Aufsichtsrates ist grundsätzlich falkutativ, es sei denn die gesetzlichen Mitbestimmungsvorschriften nach dem Betriebsverfassungsgesetz (mehr als 500 Arbeitnehmer, ausgenommen sog. Tendenzbetriebe) oder nach dem Mitbestimmungsgesetz (mehr als 2.000 Arbeitnehmer) schreiben zwingend die Bildung des Aufsichtsrates vor.

Die GmbH kann im kommunalen Bereich – sofern das jeweilige Kommunal- **192** verfassungsrecht diese Option eröffnet – sowohl für wirtschaftliche Unternehmen als auch für nichtwirtschaftliche Einrichtungen Verwendung finden. Sie hat bei den Städten, Gemeinden und Kreisen innerhalb der privatrechtlichen Organisationsformen die weiteste Verbreitung erfahren, da das GmbH-Recht der Ausgestaltung des Gesellschaftsvertrages im Einzelfall breiten Spielraum läßt und damit weitestgehend Wünsche und Bedürfnisse des Gesellschafters Kommune Berücksichtigung finden können.

Das GmbH-Recht gibt damit der Kommune als Anteilseignerin weitaus grö- **193** ßere Einflußmöglichkeiten auf die Gesellschaft als dies das Aktienrecht für die AG ermöglicht.

4.7 Aktiengesellschaft

Die Aktiengesellschaft (**AG**) ist nach dem Aktiengesetz (AktG) eine rechts- **194** fähige Gesellschaft, die ein in Aktien zerlegtes Grundkapital aufweist und an der die Gesellschafter (Aktionäre) mit einem Teil des Grundkapitals beteiligt sind (vgl. § 1 AktG). Für ihre Verbindlichkeiten haftet den Gläubigern lediglich das Gesellschaftsvermögen. Auch die AG kann – wie die GmbH – zu jedem gesetzlich zulässigen Zweck gewählt werden.

Organe der AG sind der Vorstand, die Hauptversammlung und – im Unter- **195** schied zur GmbH gesetzlich zwingend – der Aufsichtsrat.

Besonders wichtig im Vergleich zur GmbH ist, daß die Stellung des Vorstan- **196** des einer AG durch zwingende gesetzliche Vorschriften besonders abgesichert ist und damit der Verselbständigungsgrad der Gesellschaft gegenüber der Gesellschafterin Kommune als sehr weitgehend bezeichnet werden muß.

Die Rechtsform der AG ist für die Kommune sowohl im Hinblick auf wirt- **197** schaftliche als auch auf nichtwirtschaftliche Unternehmen unter Beachtung des Landeskommunalverfassungsrechts grundsätzlich verfügbar.

In der kommunalen Praxis sind Aktiengesellschaften vornehmlich als wirt- **198** schaftliche Unternehmen in größeren Städten gebildet worden, da diese Gesellschaftsform (Mindestnennbetrag des Grundkapitals: 100.000 DM) als typische Form für Großbetriebe mit einem erheblichen Kapitalbedarf ausgestaltet ist. Auch bei der AG sind mögliche Mitbestimmungserfordernisse der Arbeitnehmer bei der Besetzung des Aufsichtsrates (paritätische Besetzung von Arbeitnehmern und Arbeitgeber bei mehr als 2.000 Beschäftigten, Drittelparität der Arbeitnehmer bis zu 2.000 Mitarbeitern) zu berücksichtigen.

5. Organisationsformen interkommunaler Zusammenarbeit

199   Städte und Gemeinden können – auch in Verbindung mit Kreisen oder anderen Gemeindeverbänden – gemeinsam Aufgaben, zu deren Erfüllung sie berechtigt oder verpflichtet sind, wahrnehmen. Soweit öffentlich-rechtliche Gestaltungsmöglichkeiten interkommunaler Zusammenarbeit in Frage stehen, sind diese regelmäßig – ungeachtet unterschiedlicher Bezeichnungen – in den jeweiligen Gesetzen über kommunale Gemeinschaftsarbeit zusammengestellt. Soweit in den neuen Bundesländern noch keine derartige spezielle Regelung erlassen worden ist, bedarf es des unmittelbaren Rückgriffs auf die KVDDR (§§ 6, 31, 61).

200   Daneben stehen den Kommunen selbstverständich auch die Gestaltungsmöglichkeiten des Privatrechts zur gemeinsamen Wahrnehmung von Aufgaben zur Verfügung (vgl. § 1 Abs. 3 GkG NW).

201   Organisationsformen interkommunaler Zusammenarbeit in diesem Zusammenhang sind nicht die in verschiedenen Flächenstaaten der früheren Bundesrepublik im Zuge der kommunalen Gebietsreform in den 60er und 70er Jahren entwickelten **mehrstufigen kommunalen Organisationseinheiten** zur Stärkung der Verwaltungskraft kreisangehöriger Gemeinden.

202   Während z. B. die Bundesländer Nordrhein-Westfalen, Hessen und Saarland eine Entscheidung zugunsten der Einheitsgemeinde und damit der Zusammenfassung vorher selbständiger Städte bzw. Gemeinden getroffen haben, hat sich ein anderer Teil der alten Bundesländer für eine unterschiedlich ausgeprägte mehrstufige Organisationseinheit entschieden, nämlich Bayern für die Verwaltungsgemeinschaft, Baden-Württemberg für die Verwaltungsgemeinschaft in zweifacher Form, Niedersachsen für die Samtgemeinde, Rheinland-Pfalz für die Verbandsgemeinde und Schleswig-Holstein für das Amt. Zwar unterscheiden sich diese neuen mehrstufigen Organisationseinheiten im einzelnen nach Rechtsform, Größe, Aufgabenstellung und Wirkungsgrad; gemeinsames Strukturmerkmal dieser kommunalverfassungsrechtlichen Modelle ist jedoch, daß die Organisationseinheiten beider Stufen politisch selbständige Körperschaften mit einem jeweiligen selbständigem Aufgabenbestand sind, wobei für die beteiligten Gemeinden der Grundsatz der Allzuständigkeit im Verhältnis zur zweiten Organisationsstufe greift, andererseits die Organisationseinheit der zweiten Stufe teils von vornherein gesetzlich festgelegte, teils einer gesonderten Vereinbarung vorbehaltene Aufgaben wahrnimmt. So nimmt z. B. die Rheinland-Pfälzische Verbandsgemeinde kraft Gesetzes anstelle der Ortsgemeinden u. a. die Aufgaben des Brandschutzes und der technischen Hilfe, des Baus und der Unterhaltung von zentralen Sport-, Spiel- und Freizeitanlagen, des Baus und der Un-

terhaltung der Sozialeinrichtungen, insbesondere von Sozialstationen und Einrichtungen der Altenpflege, soweit nicht freie gemeinnützige Träger solche errichten, der Wasserversorgung und der Abwasserbeseitigung, des Ausbaus und der Unterhaltung von Gewässern dritter Ordnung und der Aufstellung von Flächennutzungsplänen einschließlich ihrer Änderung, Ergänzung oder Aufhebung wahr.

In Frage steht bei diesen mehrstufigen kommunalen Organisationseinheiten **203** nicht die Erledigung einer einzelnen kommunalen Aufgabe in der verselbständigten Organisationsform des Unternehmens, sondern eine Aufsplittung des gemeindlichen Aufgabenbestandes aller Angelegenheiten der örtlichen Gemeinschaft auf zwei unterschiedliche Organisationsebenen.

Auch die gem. § 31 KVDDR zur Stärkung der Selbstverwaltungs- und Lei- **204** stungskraft benachbarter kreisangehöriger Gemeinden desselben Landkreises ermöglichte Bildung einer **Verwaltungsgemeinschaft** oder die Bildung eines gemeinsamen Verwaltungsamtes ist eine mehrstufige kommunale Organisationseinheit in dem vorbezeichneten Sinn. Bei der Verwaltungsgemeinschaft übernimmt eine der beteiligten Gemeinden auf der Grundlage einer diesbezüglichen Vereinbarung die Verwaltungsgeschäfte für die benachbarte Gemeinde, wobei die verwaltende Gemeinde an die Beschlüsse der beauftragenden Gemeinde gebunden ist. Materielle Aufgabenträgerin bleibt somit weiterhin die beauftragende Gemeinde; zu den Verwaltungsgeschäften, die die durchführende Gemeinde übernimmt, zählen z. B. die Verwaltung der gemeindlichen Abgaben, die Vorbereitung der Aufstellung der Haushaltspläne und Bauleitpläne, die Kassen- und Rechnungsgeschäfte einschließlich der Kassenanordnungen, die Vollstreckungsgeschäfte, die Vorbereitung der Sitzungen, Erstellung der Sitzungsvorlagen, der Sitzungsdienst und die fachliche Beratung der Gemeindevertretungen und der Ausschüsse der Nachbargemeinden, die Vertretung in gerichtlichen Verfahren mit Ausnahme von Rechtsstreitigkeiten einer Nachbargemeinde mit anderen Gemeinden der Verwaltungsgemeinschaft, die Verwaltung der gemeindlichen Betriebe, Einrichtungen und Zweckverbände, soweit bei diesen keine eigene Verwaltung eingerichtet ist, und die Planung und Bauleitung für einzelne Investitionsmaßnahmen.

Bei dem **gemeinsamen Verwaltungsamt** i. S. von § 31 KVDDR handelt es **205** sich um eine gemeinsame Einrichtung zur Verwaltung der ihr zur Erledigung übertragenen Verwaltungsaufgaben mit eigenen Bediensteten, wobei auch insoweit die Beschlußkompetenz im Einzelfall bei den beteiligten Gemeinden verbleibt.

Verwaltungsgemeinschaften und gemeinsame Verwaltungsämter i. S. von § 31 **206** KVDDR sind somit „Hilfsmittel" im Hinblick auf eine effektivere und kostengünstigere Bewältigung der vielfältigen Verwaltungsarbeiten, insbesondere auch der technischen Dienstleistungen, ohne daß die Aufgabenträgerschaft der jeweiligen Gemeinde und damit die rechtliche und politische Eigenständigkeit tangiert wird. Der Verwaltungsgemeinschaft könnte also z. B. die Verwaltung eines gemeindlichen Unternehmens übertragen werden, nicht aber die inhaltliche Aufgabenwahrnehmung, zu deren Zweckverfolgung das Unternehmen durch die Gemeinde gebildet worden ist.

207 Verwaltungsgemeinschaften und gemeinsame Verwaltungsämter sind demnach im Ergebnis keine, z. B. dem Zweckverband vergleichbare Organisationsformen zur gemeinsamen Bewältigung einzelner Angelegenheiten der örtlichen Gemeinschaft im hier verstandenen Sinne.

208 Zu den Verwaltungsgemeinschaften vgl. die Muster einer Vereinbarung gem. § 31 KVDDR, Anhang 5 und 6, in: Vogelgesang/Lübking/Jahn, a.a.O.

5.1 Zweckverband

209 Der **Zweckverband** ist eine Körperschaft des Öffentlichen Rechts, die der gemeinsamen Wahrnehmung einzelner, bestimmter kommunaler Aufgaben dient. Er verwaltet seine Angelegenheiten im Rahmen der Gesetze unter eigener Verantwortung.

210 Gemeinden und Gemeindeverbände können sich auf freiwilliger Basis zu einem Zweckverband zusammenschließen (Freiverband); sie können jedoch auch zwangsweise durch aufsichtsbehördliche Verfügung zur Erfüllung von Pflichtaufgaben zusammengeschlossen werden, in Nordrhein-Westfalen und Brandenburg darüber hinaus sogar auch zur Erfüllung von Aufgaben, zu denen die Gemeinden nicht verpflichtet sind (vgl. z. B. § 22 GkG NW).

211 Verfassung und Verwaltung des Zweckverbandes richten sich – soweit die Landesgesetze nicht zwingendes Recht enthalten – nach der von dem Zweckverband zu erlassenden Verbandssatzung, die von der Aufsichtsbehörde zu genehmigen ist. Alle Zweckverbandsgesetze sehen zwei Organe vor: Verbandsversammlung und Verbandsvorsteher (Verbandsvorsitzender). Ihren Finanzbedarf decken Zweckverbände regelmäßig durch Umlage bei den Verbandsmitgliedern.

212 Der Zweckverband ist die kommunaltypische öffentlich-rechtliche Organisationsform für die interkommunale Zusammenarbeit. Er hat in den alten Bundesländern eine weite Verbreitung erfahren. Mit Hilfe von Zweckverbänden werden die unterschiedlichsten kommunalen Aufgaben innerhalb der „kommunalen Familie" gemeinsam wahrgenommen. Aufgabenschwerpunkte sind der Bereich der Wasserversorgung, speziell in Baden-Württemberg auch der Energieversorgung, sowie der schulische und kulturelle Bereich, z. B. der gemeinsame Betrieb einer Volkshochschule. Die Rechtsform des Zweckverbandes ist also nicht nur auf wirtschaftliche Unternehmen beschränkt, sondern umfaßt nahezu alle Angelegenheiten der örtlichen und überörtlichen Gemeinschaft.

Neben dem Zweckverband enthalten die Landesgesetze über kommunale Ge- **213** meinschaftsarbeit üblicherweise noch zwei weitere Formen kommunaler Gemeinschaftsarbeit, die allerdings nicht eine für den in diesem Rahmen maßgeblichen Begriff des Unternehmens vorausgesetzte gewisse organisatorische Festigkeit, Dauer und – vor allen Dingen – Selbständigkeit aufweisen: Die kommunale Arbeitsgemeinschaft und die öffentlich-rechtliche Vereinbarung. Im Unterschied zum Zweckverband wird in diesen beiden Fällen keine neue, auf Dauer angelegte Organisationseinheit geschaffen, so daß sie begriffsnotwendigerweise vorliegend abzutrennen sind.

Die **kommunale Arbeitsgemeinschaft** verfolgt auf der Grundlage eines öf- **214** fentlich-rechtlichen Vertrages das Ziel einer gemeinsamen Koordinierung bestimmter Aufgaben. Die Arbeitsgemeinschaft der Gemeinde und Gemeindeverbände bietet somit die Möglichkeit, sich zur ständigen Aussprache über bestimmte Fragen zu vereinigen und auf diesem zwanglosen Wege eine Anpassung der gegenseitigen Planungen herbeizuführen. Im Hinblick auf die möglichst wirtschaftliche und zweckmäßige Erfüllung der Aufgaben in einem größeren nachbarlichen Gebiet sollen Gemeinschaftslösungen vorbereitet werden, die allerdings nur den Charakter von Anregungen, nicht hingegen den die Mitglieder bindender Beschlüsse haben. Ein Beispiel bietet etwa die Abstimmung der Fahrplangestaltungen benachbarter Verkehrsbetriebe.

Eine ebenfalls gegenüber dem Zweckverband einfachere Form der zwischen- **215** gemeindlichen Zusammenarbeit ohne selbständigen Unternehmenscharakter stellt auch die **öffentlich-rechtliche Vereinbarung** dar. Die öffentlich-rechtliche Vereinbarung ist ein öffentlich-rechtlicher Vertrag, der nur zwischen Gemeinden und Gemeindeverbänden geschlossen werden kann und durch den einzelne Aufgaben der beteiligten Gebietskörperschaften auf einen Beteiligten übertragen werden.

Die Aufgabenübertragung im Rahmen einer öffentlich-rechtlichen Vereinba- **216** rung ist in zweifacher Art und Weise denkbar. Ein Beteiligter kann einzelne Aufgaben der übrigen Beteiligten in seine Zuständigkeit übernehmen (Delegation), denkbar ist daneben auch, daß die Zuständigkeit zur Wahrnehmung der Aufgabe unberührt bleibt, einem Beteiligten jedoch lediglich die Durchführung dieser Aufgaben übertragen wird (Mandat). Im erstgenannten Fall wird die übernehmende Gemeinde im Außenverhältnis in vollem Umfang allein zuständig und damit verantwortlich für die Durchführung der Aufgabe; Hoheitsbefugnisse, etwa der Erlaß von Satzungen, gehen auf die übernehmende Gemeinde im Hinblick auf die Aufgabe über. Im letztgenannten Fall des Mandats handelt gegenüber dem einzelnen Bürger weiterhin die übertragende Gemeinde, sie wird lediglich von der übernehmenden Gemeinde in der Durchführung vertreten.

217 Auch öffentlich-rechtliche Vereinbarungen sind in der kommunalen Praxis vielfach vorhanden. Als Beispiel mag die Mitbenutzung eines städtischen Schlachthofes unter Ausdehnung des Benutzungszwanges oder die Errichtung und Verwaltung einer gemeinsamen Berufsschule gelten.

5.2 Wasser- und Bodenverband

218 Eine besondere Organiationsform interkommunaler Zusammenarbeit im Hinblick auf die aus kommunaler Sicht als wesentlich zu bezeichnenden Aufgabenfelder der Abwasserbeseitigung und Wasserversorgung stellt das Gesetz über Wasser- und Bodenverbände (Wasserverbandsgesetz – WVG) vom 12. 2. 1991 (BGBl. I S. 405) mit dem **Wasser- und Bodenverband** zur Verfügung.

219 Mit dem im Jahre 1991 verabschiedeten WVG sind die noch aus dem Jahre 1937 stammenden Rechtsgrundlagen, das Reichsgesetz über Wasser- und Bodenverbände vom 10. 2. 1937 sowie die 1. Verordnung über Wasser- und Bodenverbände – 1. Wasserverbandverordnung – vom 3. 9. 1937, an heutige demokratische und rechtsstaatliche Verhältnisse angepaßt worden; zudem sind die Wasser- und Bodenverbände im Hinblick auf die sich wandelnden Verhältnisse im ländlichen Raum mit neuen landeskulturellen Aufgaben betraut worden.

220 Das WVG regelt nur die inneren Verhältnisse des Wasser- und Bodenverbands, enthält also keine materiellen Regelungen für die angesprochenen Aufgabengebiete. Es handelt sich – vergleichbar dem GmbHG und AktG – um ein reines **Organisationsgesetz.**

221 Der Wasser- und Bodenverband ist eine Körperschaft des öffentlichen Rechts, der das Recht zur Selbstverwaltung eingeräumt wird. Eine Abgrenzung dieses Verbandes zum Zweckverband besteht darin, daß das Zweckverbandsrecht grundsätzlich nur die Mitgliedschaft von Gebietskörperschaften vorsieht, als Verbandsmitglieder eines Wasser- und Bodenverbandes hingegen auch natürliche und andere juristische Personen in Betracht zu ziehen sind (§ 4 WVG).

222 Eine weitere Abgrenzung ergibt sich daraus, daß der Wasser- und Bodenverband nur die in § 2 WVG genannten Aufgaben wahrnehmen kann. Hierzu zählen u. a. der Ausbau einschließlich naturnahem Rückbau und Unterhaltung von Gewässern, Herstellung und Unterhaltung von ländlichen Wegen und Straßen, technische Maßnahmen zur Bewirtschaftung des Grundwassers und der oberirdischen Gewässer, die Abwasserbeseitigung, die Abfallentsorgung im Zusammenhang mit der Durchführung von Verbandsaufgaben, Beschaffung und Bereitstellung von Wasser sowie die Herrichtung, Erhaltung und Pflege von Flächen, Anlagen und Gewässern zum Schutz des Naturhaushalts, des Bodens und

für die Landschaftspflege. Die Bundesländer können die Aufgaben durch Landesrecht abweichend regeln, d. h. es können bestimmte Aufgaben den Wasser- und Bodenverbänden entzogen, andererseits Ihnen auch weitere Aufgaben übertragen werden.

Wesentliche Rechtsgrundlage für den Verband ist die Satzung, die die Rechts- **223** verhältnisse des Verbandes und die Rechtsbeziehungen zu den Verbandsmitgliedern im einzelnen regelt. Organe des Verbandes sind die Versammlung der Verbandsmitglieder (Verbandsversammlung) und der Vorstand. Die Satzung kann bestimmen, daß der Verband anstelle der Verbandsversammlung einen Verbandsausschuß als Vertreterversammlung der Verbandsmitglieder hat.

Die Errichtung des Verbandes kann auf der Grundlage der Zustimmung der **224** Beteiligten, darüber hinaus aber auch durch Rechtssetzungsakt von Amts wegen erfolgen (§ 7 WVG); die Errichtung von Amts wegen ist gem. § 10 WVG nur zulässig, wenn das öffentliche Interesse es gebietet.

Die Verbandsmitglieder sind verpflichtet, dem Verband Beiträge **(Verbands-** **225** **beiträge)** zu leisten, soweit dies zur Erfüllung seiner Aufgaben erforderlich ist. Dabei kann der Verband die Verbandsbeiträge in Form von Geld (Geldbeiträge) oder von Sachen, Werken, Diensten oder anderen Leistungen (Sachbeiträge) erheben (§ 28 WVG).

Mit der Rechtsform des Wasser- und Bodenverbandes nach dem WVG steht **226** den Kommunen – neben dem Zweckverband, ausgestaltet in den Landesgesetzen über die kommunale Gemeinschaftsarbeit bzw. § 61 KVDDR – eine weitere Möglichkeit zur Organisation einer gemeinschaftlichen Lösung zumindest im Hinblick auf den in § 2 WVG umschriebenen Aufgabenkatalog zur Verfügung. Insbesondere für die kommunalen Aufgabenschwerpunkte der Abwasserbeseitigung und Wasserversorgung hat die Kommune folglich grundsätzlich im öffentlich-rechtlichen Bereich die Auswahl zwischen einem Zweckverband einerseits und dem Wasser- und Bodenverband nach dem WVG andererseits.

In der kommunalen Praxis haben Wasser- und Bodenverbände in den zurück- **227** liegenden 40 Jahren einen bedeutenden Stellenwert eingenommen. Im Bereich der bisherigen Bundesrepublik erledigen ca. 12.000 Wasser- und Bodenverbände zahlreiche land- und wasserwirtschaftliche Aufgaben.

5.3 Privatrechliche Gemeinschaftsunternehmen

Neben den aufgezeigten öffentlich-rechtlichen Gestaltungsmöglichkeiten in- **228** nerkommunaler Zusammenarbeit stehen den Kommunen selbstverständlich auch die privatrechtlichen Optionen zur Verfügung. In Frage kommen dürften wohl in erster Linie die Kapitalgesellschaften GmbH und AG für die gemeinsame Errichtung eines kommunalen Unternehmens auf privatrechtlicher Grundlage.

229   Bei einem Zusammenwirken mehrerer Kommunen bei der Gründung eines gemeinsamen Unternehmens spricht man von einer **gemischt-öffentlichen Beteiligungsgesellschaft,** im Falle der zusätzlichen Einbindung privaten Kapitals von einer **gemischt-wirtschaftlichen Beteiligungsgesellschaft.** Beispiel für die letztgenannte Fallgestaltung bieten insbesondere verschiedene Stadtwerkegründungen – regelmäßig als GmbH, aber auch als AG – in den neuen Bundesländern, bei denen sich nicht nur westdeutsche Stadtwerke, sondern auch die dortigen regionalen Energieversorgungsunternehmen beteiligt haben.

KAPITEL III
Eigenbetrieb

1. Rechtsgrundlagen und Organisationsstruktur

Der Eigenbetrieb ist die **gemeindetypische** und **gemeindespezifische öffent-** **230** lich-rechtliche Organisationsform für die wirtschaftlichen Unternehmen einer Kommune, mit zunehmender Tendenz in der jüngeren Vergangenheit – allerdings unterschiedlich ausgeprägt in den einzelnen Bundesländern – auch für sog. nichtwirtschaftliche Unternehmen (Hoheitsbetriebe). Dieser Organisationsform gelingt der „Spagat" zwischen der Notwendigkeit einer wirtschaftlichen Unternehmensführung unter Berücksichtigung kaufmännischer Gesichtspunkte und der damit verbundenen Verselbständigung gegenüber der unmittelbaren Kommunalverwaltung einerseits sowie andererseits der Gewährleistung einer weitgehenden Kontrolle und Einflußnahme durch die Trägerkommune.

Damit beschreitet der Eigenbetrieb einen Mittelweg zwischen der unmittel- **231** baren Kommunalverwaltung und dem Regiebetrieb auf der einen sowie den kommunalen Unternehmen mit eigener Rechtspersönlichkeit, vornehmlich den Kapitalgesellschaften GmbH und AG, auf der anderen Seite.

Der Eigenbetrieb hat seit seiner gesetzlichen Verankerung in der DGO und **232** der ausführlichen Ausgestaltung in der EigVO vom 21. 11. 1938 maßgebliche Bedeutung für die wirtschaftliche Betätigung der Kommunen erlangt. Die Rechtsform des Eigenbetriebes wurde seinerzeit mit dem Ziel geschaffen, den wirtschaftlichen Unternehmen der Gemeinden im Rahmen der gemeindlichen Gesamtverwaltung eine Sonderstellung einzuräumen, die deren besonderen Aufgaben Rechnung trug. Zwar sind Eigenbetriebe rechtlich unselbständige Vermögens- und Verwaltungsteile der Gemeinde, ihr Vermögen ist Sondervermögen der Gemeinde (vgl. z. B. § 82 GO NW, § 53 Abs. 1 Ziff. 3 KVDDR); der Eigenbetrieb hat jedoch durch die konkrete Ausgestaltung in den zugrunde liegenden gemeinderechtlichen Grundlagen eine ausgeprägte verfassungs-(organisatorische) und vermögensrechtliche Sonderstellung erhalten, die seiner Eigenart als eines am Wirtschaftsleben teilnehmenden Unternehmens Rechnung trägt.

Der Eigenbetrieb besitzt somit zwar **keine eigene Rechtsfähigkeit,** aber doch **233** eine gewisse Unabhängigkeit und Selbständigkeit gegenüber der Kommune.

Die fehlende Rechtsfähigkeit des Eigenbetriebes bedeutet, daß im Verhältnis zu Dritten, also auch etwa gegenüber dem Bürger, immer die Kommune selbst handelt, die zudem mit ihrem gesamten Vermögen haftet. Erhebt z. B. ein Eigenbetrieb Klage, so ist davon auszugehen, daß Klägerin die Kommune ist, die in den Angelegenheiten des Eigenbetriebs zulässigerweise unter dessen Bezeichnung – z. B. Stadtwerke – auftritt.

234 Maßgeblich sind für die Eigenbetriebe, insbesondere für deren Organisation, folgende **Rechtsgrundlagen:**

– die Kommunalverfassungen der Bundesländer (vgl. z. B. § 93 GO NW, § 58 KVDDR), die zwar in ihrer konkreten Ausgestaltung voneinander abweichen, aber in den in diesem Zusammenhang allein darzustellenden Grundzügen weitgehend übereinstimmen,

– die Eigenbetriebsgesetze bzw. Eigenbetriebsverordnungen als Landesrecht der einzelnen Bundesländer sowie

– die gesetzlich vorgeschriebene, durch die Gemeindevertretung zu erlassende Betriebssatzung (vgl. § 58 Abs. 1 KVDDR: Statut), die die speziellen Regelungen für den einzelnen Betrieb enthält. Das Muster einer derartigen Betriebssatzung ist im Anhang abgedruckt.

2. Organe

235 Die organisatorische Selbständigkeit des Eigenbetriebs wird maßgeblich gekennzeichnet durch eigene besondere Organe. Willensbildung und Entscheidungskompetenzen in Angelegenheiten des Eigenbetriebs sind vier verschiedenen Organen zugewiesen: Werkleitung, Hauptverwaltungsbeamter (Bürgermeister bzw. Stadt-, Gemeindedirektor), Werkausschuß und Rat bzw. Gemeindevertretung. Hinzu tritt – je nach Landesrecht – ein fünftes Organ, nämlich der für das Finanzwesen zuständige Beamte (Kämmerer).

236 Aufgrund der Vielzahl der vom Gesetzgeber geschaffenen Organe ist es zuweilen in der Praxis schwierig, eine klare Abgrenzung der jeweiligen organschaftlichen Rechte vorzunehmen. Dies gilt vornehmlich für die Abgrenzung der Befugnisse der Werkleitung und des Hauptgemeindebeamten. Um so wichtiger ist die möglichst klare Abgrenzung der Kompetenzen in der jeweiligen Betriebssatzung, um das sachgerechte Funktionieren des Eigenbetriebes sicherzustellen und nicht durch Organstreitigkeiten zu behindern.

2.1 Werkleitung

237 Der Eigenbetrieb wird von der Werkleitung **selbständig geleitet,** soweit nicht durch die jeweilige Gemeindeordnung, die Eigenbetriebsverordnung oder die

Betriebssatzung etwas anderes bestimmt wird. Die Werkleitung leitet demzufolge den Eigenbetrieb vorbehaltlich der Zuständigkeit von Gemeindevertretung und Werkausschuß.

Der Werkleitung obliegt insbesondere die laufende Betriebsführung. Außer- **238** dem ist sie für die wirtschaftliche Führung des Eigenbetriebs verantwortlich.

2.2.1 Zusammensetzung

Die Werkleitung besteht aus einem oder mehreren Werkleitern, aus deren **239** Kreis ein erster Werkleiter bestellt werden kann. Die Zahl der Werkleiter richtet sich nach der Betriebsgröße, z. B. Bilanzsumme oder Umsatzvolumen, dem hiermit in Verbindung stehenden Umfang des Rechnungswesens und auch der Anzahl der Beschäftigten. Feste Grenzen für die Anzahl der Werkleiter lassen sich allerdings insoweit nicht vorgeben. In vielen Fällen, insbesondere bei Eigenbetrieben größeren Umfangs und verschiedenartiger Leistungen dürfte es sich – auch um eine gegenseitige Kontrolle in der Betriebsführung zu gewährleisten – empfehlen, mindestens zwei Werkleiter zu bestellen, z. B. einen für den kaufmännischen und einen für den technischen Bereich. Bei zwei oder mehr Werkleitern ist es sinnvoll, die Geschäftsverteilung innerhalb der Werkleitung durch Dienstanweisung zu regeln.

Auch Beamte oder Angestellte der Gemeinde selbst können als Werkleiter **240** bestellt werden. Dies gilt allerdings nur mit Einschränkungen für eine etwaige Personalunion zwischen Hauptgemeindebeamten und Werkleiter. Die landesrechtlichen Regelungen treffen zwar insoweit – abgesehen von Rheinland-Pfalz (§ 5 Abs. 4 EigVO, wonach schlechthin jede Vereinigung der Funktion der Werkleitung mit der des Bürgermeisters verboten ist) – keine Aussage; dennoch sprechen gute Gründe dafür, grundsätzlich das Gebot der Selbständigkeit der Werkleitung eines Eigenbetriebes ernst zu nehmen und damit die Funktionen des Werkleiters und des Hauptgemeindebeamten zu trennen.

Für eine derartige Trennung spricht zunächst, daß das Eigenbetriebsrecht so- **241** wohl dem Hauptverwaltungsbeamten als auch der Werkleitung einen bestimmten Aufgabenbereich in Angelegenheiten des Eigenbetriebs übertragen hat und daher die Personalunion beider Funktionen Interessenkollisionen Vorschub leisten könnte. Zudem würde eine Personverschiedenheit eher gewährleisten, daß die Interessen der Verwaltung und derjenigen des Eigenbetriebes in ständiger Diskussion gegeneinander abgeglichen und in Übereinstimmung gebracht werden können. Schließlich sei darauf hingewiesen, daß zumindest bei größeren Betrieben die aus der kumulativen Übernahme einer Werkleiterstellung resultierende Arbeitsbelastung in aller Regel dem Hauptverwaltungsbeamten die Übernahme eines derartigen zusätzlichen Tätigkeitsbereichs unmöglich machen dürfte. Insbesondere unter Berücksichtigung des letztgenannten Argumentes bietet sich eine pragmatische Sichtweise an, d. h. bei der Entscheidungsfindung sollten auch Größe und Struktur des jeweils in Frage stehenden Eigenbetriebes Mitberücksichtigung finden. Eine Personalunion wäre also z. B. eher denkbar bei relativ kleinen Wasserverteilungsbetrieben mit geringem Personalbestand als bei einem großem Querverbundunternehmen mit beträchtlichen Umsatzzahlen.

2.1.2 Zuständigkeit

242 Die Werkleitung ist für die Angelegenheiten der laufenden Betriebsführung des Eigenbetriebs grundsätzlich allein zuständig. Dabei ist ihr eine ausreichende Selbständigkeit der Entschließung einzuräumen. Diese gesetzliche Zuständigkeit kann der Werkleitung auch nicht etwa durch Beschluß der Gemeindevertretung genommen werden.

243 Mit dem Begriff der „**laufenden Betriebsführung**" ersetzt somit das Eigenbetriebsrecht praktisch den in den Kommunalverfassungen häufig für die Zuständigkeit des Hauptverwaltungsbeamten verwandten Begriff des „einfachen Geschäfts der laufenden Verwaltung". Fraglich ist, was unter „laufende Betriebsführung" zu verstehen ist.

244 Eine gewisse Hilfestellung gibt insoweit die Ausführungsvorschrift zu § 2 EigVO NW: Zur laufenden Betriebsführung gehören danach alle im täglichen Betrieb ständig wiederkehrenden Maßnahmen, die zur Aufrechterhaltung des Betriebs notwendig sind, wie z. B. der innerbetriebliche Personaleinsatz, der Einkauf von Rohstoffen und Materialien, die Anordnung der notwendigen Instandhaltungen, die Beschaffung der hierfür erforderlichen Werkstoffe und Fremdleistungen.

245 Allgemein kann somit festgestellt werden, daß es sich bei der „laufenden Betriebsführung" um Maßnahmen handelt, die zur Aufrechterhaltung eines einwandfreien Betriebs ständig getroffen werden müssen. Nach der Rechtsprechung kommt es dabei auf die Regelmäßigkeit und Häufigkeit dieser Geschäfte an, nicht auf deren geldliche Bedeutung oder auf die Frage, ob es sich um einfache oder schwierige Fälle handelt. Dennoch kann es sinnvoll sein, in der Betriebssatzung eine Aufteilung bestimmter sachlicher Zuständigkeiten nach Wertgrenzen vorzunehmen.

246 Zur laufenden Betriebsführung zählen deshalb u. a.:

– der Einkauf laufend benötigter Materialien und Rohstoffe für den betriebswirtschaftlich notwendigen Dispositionszeitraum (z. B. Beschaffung des Jahresbedarfs an Steinkohle für ein Heizkraftwerk),

– die Ersatzbeschaffung von Betriebsmitteln (z. B. der Einkauf von Ersatzfahrzeugen für ein öffentliches Verkehrsunternehmen),

– der bedarfsentsprechende Ausbau und die Erweiterung von Anlagen, die dem Betriebszweck dienen (z. B. die Ergänzung und Erneuerung von Anlagen der Wasserförderung, -speicherung und -verteilung),

– die Instandhaltung von Anlagen (z. B. des Rohrleitungsnetzes eines Gas- oder Wasserwerkes),

– die zur Sicherstellung des Betriebszweckes erforderliche Beschaffung von Fremdleistungen (z. B. die Beauftragung privater Busunternehmer zur Bedienung bestimmter Strecken des städtischen Verkehrsnetzes).

Diese Aufzählung ist sicher nicht abschließend, gibt aber Aufschluß darüber, **247** was unter „laufende Betriebsführung" verstanden werden kann. Darüber hinaus kann und soll die Betriebssatzung der Werkleitung weitere Geschäfte zur selbständigen Erledigung übertragen.

Neben der zentralen Zuständigkeit für die laufende Betriebsführung hat die **248** Werkleitung noch weitere Rechte, wie z. B.:

– Fachaufsicht über die Dienstkräfte des Eigenbetriebes; danach kann sie im Rahmen ihrer Zuständigkeit Dienstanweisungen und Dienstordnungen für die Dienstkräfte des Eigenbetriebes erlassen;

– Durchführung des Rechnungswesens,

– Vorbereitung der Beschlüsse des Werkausschusses,

– Teilnahme an den Beratungen des Werkausschusses,

– Durchführung der Beschlüsse des Werkausschusses und des Rates, soweit die Letzteren sich auf den Bereich des Eigenbetriebes beziehen; dabei hat sie allerdings im Interesse der Einheitlichkeit der Verwaltung gegebene Weisungen des Hauptgemeindebeamten zu berücksichtigen;

– Außenvertretung des Eigenbetriebes.

Aus der vorstehend beschriebenen Stellung der Werkleitung folgt auch z. B., **249** daß diese, um die ihr gesetzlich übertragenen Aufgaben erfüllen zu können, über Dienstreisen, die der Erfüllung dieser Aufgaben dienen, selbst entscheidet. Dies gilt insbesondere dann, wenn die Dienstreise aus einem Zweck geschieht, der zum Bereich der laufenden Betriebsführung gerechnet werden muß. Nur dann, wenn die Dienstreisen im Einzelfall den Rahmen der laufenden Betriebsführung überschreiten, müßte die Werkleitung eine Genehmigung dieser Dienstreise einholen.

Die behördliche Zuständigkeit der Werkleitung für die laufende Betriebsfüh- **250** rung umfaßt hingegen nicht die im Einzelfall durch Verwaltungsakt zu treffende Entscheidung über die Begründung, den Umfang oder das Aufrechterhalten eines Anschluß- und/oder Benutzungsverhältnisses betreffenden Rechte und Pflichten des Bürgers (OVG NW, Urteil vom 7. 12. 1989, Mitt.NWStGB 1989, S. 205). Andererseits sind die lediglich auf die Abwicklung der einzelnen Versorgungsverhältnisse gerichteten Maßnahmen, die im täglichen Betrieb ständig wiederkehren und deshalb nach vorbestimmten „Mustern" zu treffen sind, der Werkleitung vorbehalten, z. B. der einvernehmlich mit dem Grundstückseigentümer geregelte Anschluß an die öffentliche Versorgungsanlage aufgrund des in der Satzung vorgesehenen Anschlußrechts oder möglicherweise die Heranziehung zum Kostenersatz, zu Anschlußbeiträgen oder Gebühren, die nach Grund und Höhe weitgehend durch das einschlägige Satzungsrecht determiniert sind.

251 Die gemeindeverfassungsrechtliche Sonderstellung der Eigenbetriebe läßt insgesamt deutlich erkennen, daß der Gesetzgeber bestrebt war, der Werkleitung sowohl im Verhältnis zur allgemeinen Verwaltung, als auch gegenüber dem Rat eine weitgehende Selbständigkeit und Entscheidungsfreiheit in der Führung des Eigenbetriebes einzuräumen. Diese weitgehende Selbständigkeit und Entscheidungsfreiheit der Werkleitung ist eine zwingende Voraussetzung für die wirksame Erfüllung der dem Eigenbetrieb gestellten Aufgaben. Dieser erfordert wiederum einen möglichst einfachen und schnellen Geschäftsgang, der nicht durch Instanzen außerhalb der Organe des Eigenbetriebes gehemmt werden darf. Eingriffe in die Selbständigkeit der Werkleitung sind daher nur insoweit und in dem Umfang zulässig, als das Gesetz dies ausdrücklich vorsieht.

2.1.3 Besoldung

252 Die Besoldung der Werkleitung kann entweder im Rahmen eines Beamtenverhältnisses, eines privatrechtlichen Angestelltenverhältnisses unter Zugrundelegung des BAT oder als privatrechtliches Vertragsverhältnis mit besonderen Vergütungsregelungen ausgestaltet werden.

253 Sofern das Beamtenverhältnis gewählt wird, greift für die Einstufung der Werkleiter die Verordnung über die Zuordnung der Ämter der Leiter kommunaler Versorgungs- und Verkehrsbetriebe (Werkleiterbesoldungsverordnung des Bundes – BWeBesV) vom 16. 6. 1976 i. d. F. der Verordnung vom 22. 6. 1983 (BGBl. I S. 731), die für die Höhe der Besoldung im Falle von Elektrizitäts-, Fernwärme-, Gas- und Wasserwerken an die nutzbare Abgabe, bei Verkehrsbetrieben an die Zahl der beförderten Personen anknüpft.

2.2 Hauptverwaltungsbeamter

254 Trotz der organisatorischen Verselbständigung des Eigenbetriebes ist die Verbindung und Verzahnung zwischen dem Eigenbetrieb und der unmittelbaren Kommunalverwaltung recht eng, so daß auch dem Hauptverwaltungsbeamten

– mit Rücksicht auf die Gewährleistung der Einheit der Verwaltung – eine wesentliche Organstellung in den Angelegenheiten des Eigenbetriebes zukommt.

Der Hauptverwaltungsbeamte ist zunächst **Dienstvorgesetzter** der Dienstkräfte des Eigenbetriebes. Dienstvorgesetzter ist – im Unterschied zur Werkleitung als Fachvorgesetztem, die für die dienstliche Tätigkeit Weisungen erteilen kann – derjenige, der über die Weisungsbefugnis eines „Vorgesetzten" hinaus berechtigt ist, beamtenrechtliche Entscheidungen über die persönlichen Angelegenheiten der ihm nachgeordneten Beamten zu treffen. Danach ist der Hauptverwaltungsbeamte z. B. für die Verhängung der in den dienststrafrechtlichen Vorschriften vorgesehenen Disziplinarmaßnahmen zuständig, er kann bestimmte Weisungen an die Dienstkräfte erteilen, die aus dem Gebot der Einheitlichkeit der Verwaltungsführung erforderlich sind (z. B. einheitliche Festsetzung der Dienststunden für den Bereich des Eigenbetriebs und der unmittelbaren Kommunalverwaltung), auch ist der Hauptverwaltungsbeamte grundsätzlich für die Einstellung, Beförderung und Entlassung der Dienstkräfte zuständig, soweit diese Aufgabe nicht durch die Betriebssatzung auf andere Organe übertragen ist. **255**

Über diese Koordinations- und Überwachungsfunktion hinausgehend genießt der Hauptverwaltungsbeamte wichtige Unterrichtungs- und auch Weisungsrechte gegenüber der Werkleitung. **256**

Die Werkleitung hat den Hauptverwaltungsbeamten über alle wichtigen Angelegenheiten rechtzeitig zu unterrichten. Darüber hinaus kann der Hauptverwaltungsbeamte von der Werkleitung Auskunft verlangen und ihr im Interesse der Einheitlichkeit der Verwaltungsführung Weisungen erteilen. Diese Rechte sollen dem Hauptverwaltungsbeamten seine Aufgabe, auch mit dem Eigenbetrieb die Einheit der Verwaltung zu gewährleisten, ermöglichen. Allerdings gilt das Weisungsrecht nicht unbeschränkt. Es darf nur im Interesse der Einheitlichkeit der Verwaltungsführung ausgeübt werden und darf insbesondere nicht die festgeschriebenen Rechte der Werkleitung außer kraft setzen, also etwa in die der Werkleitung allein vorbehaltene laufende Betriebsführung eingreifen. **257**

Die Unterrichtung des Hauptverwaltungsbeamten geschieht durch regelmäßige Berichte und durch Auskunft im Einzelfall. So ist z. B. regelmäßig eine vierteljährliche Übersicht über Aufwendungen und Erträge durch die Werkleitung zu erstellen. **258**

2.3 Kämmerer

Aus dem jeweiligen Landesrecht kann sich auch eine Organstellung des für das Finanzwesen zuständigen Beamten (**Kämmerer**) für den Eigenbetrieb ergeben (z. B. § 7 EigVO NW). **259**

260 Danach hat auch der Kämmerer ein Unterrichtungsrecht: Die Werkleitung hat dem Kämmerer – mit Rücksicht auf die finanziellen Verflechtungen des Rechnungswesens des Eigenbetriebes mit dem gemeindlichen Haushalt – bereits den Entwurf des Wirtschaftsplans und des Jahresabschlusses, die Vierteljahresübersichten, die Ergebnisse der Betriebsstatistik und die Selbstkostenrechnungen zuzuleiten und ihm ferner auf Anfordern alle sonstigen finanzwirtschaftichen Auskünfte zu erteilen.

2.4 Werkausschuß

261 Der Werkausschuß ist ein **besonderer Ratsausschuß,** der sich ausschließlich mit den Angelegenheiten des Eigenbetriebes zu befassen hat und dessen Mitglieder – Ratsmitglieder und, sofern das Landesrecht es zuläßt, auch sachkundige Bürger – nach den für die Besetzung sonstiger Ratsausschüsse geltenden Vorschriften des Kommunalrechts gewählt werden. Für mehrere Eigenbetriebe einer Kommune kann – mit Ausnahme Bayerns – in allen Bundesländern ein gemeinsamer Werkausschuß gebildet werden.

262 Der Werkausschuß ist – soweit es die Angelegenheiten des Eigenbetriebes betrifft – gewissermaßen der **verlängerte Arm des Rates.** Er hat nicht nur beratende Funktionen, sondern ist darüber hinaus ein Ausschuß mit Entscheidungsbefugnissen.

263 Der Werkausschuß hat zunächst die Aufgabe, die Beschlüsse der Gemeindevertretung vorzuberaten. Die Vorberatung in einem Kreis besonders Sachkundiger und mit den Verhältnissen des Eigenbetriebs ständig Vertrauter kann wesentlich die Willensbildung in der Gemeindevertretung vereinfachen und beschleunigen. Die Vorbereitung sollte daher auch in einen bestimmten Vorschlag an die Gemeindevertretung einmünden.

264 Darüber hinaus ist der Werkausschuß über alle wichtigen Angelegenheiten vom Hauptverwaltungsbeamten und der Werkleitung zu unterrichten. Mit dieser aufgezeigten besonderen Stellung des Werkausschusses ist es regelmäßig nicht zu vereinbaren, daß Beschlüsse und Empfehlungen des Werkausschusses an den Rat zuvor einer Beratung in anderen Ratsausschüssen zugeführt werden; in Angelegenheiten des Eigenbetriebes steht vielmehr dem Werkausschuß grundsätzlich das alleinige Recht zur Vorberatung und Beschlußfassung zu.

265 Der Werkausschuß entscheidet in den Angelegenheiten, die der Beschlußfassung des Rates unterliegen, falls die Angelegenheit keinen Aufschub duldet. Damit steht dem Werkausschuß – im Unterschied zu anderen Ratsausschüssen – in Angelegenheiten des Eigenbetriebs anstelle des Hauptausschusses das Eilbeschlußrecht in Dringlichkeitsfällen zu. Der Werkausschuß setzt zudem die allgemeinen Lieferungsbedingungen fest.

Soweit der Gemeindevertretung nicht ausschließlich vorbehaltene Befugnisse **266** eingeräumt sind, sollten im Interesse einer Beschleunigung der Beratungen weitgehend Entscheidungszuständigkeiten durch die Betriebsatzung auf den Werkausschuß verlagert werden. Allerdings können dem Werkausschuß keine Zuständigkeiten übertragen werden, die die laufende Betriebsführung betreffen, weil diese Zuständigkeiten der Werkleitung ausschließlich und abschließend vorbehalten sind.

Verdienstausfallentschädigung und Aufwandsentschädigung der Werkaus- **267** schußmitglieder richten sich nach den Vorschriften des jeweiligen Kommunalverfassungsrechts. Die Aufwandsentschädigung für Mitglieder des Werkausschusses wird von der Finanzverwaltung als Betriebsausgabe des Eigenbetriebs und damit als steuerlich abzugsfähig anerkannt.

2.5 Rat/Gemeindevertretung

Auch beim Eigenbetrieb ist der Rat der Gemeinde als politische Vertretungs- **268** körperschaft und damit oberstes gemeindliches Organ das formal wichtigste Entscheidungsorgan.

Die Kommunalverfassungsgesetze bzw. Eigenbetriebsrechte der Bundesländer **269** zählen die Angelegenheiten des Eigenbetriebs auf, die der ausschließlichen Entscheidung des Rates vorbehalten sind; es handelt sich regelmäßig um die existenziellen Fragen des Eigenbetriebs. Hierzu zählt z. B.:

- die Bestellung der Werkleiter,

- die Feststellung und Änderung des Wirtschaftsplans,

- die Feststellung des Jahresabschlusses und die Verwendung des Jahresgewinns oder die Deckung eines Verlustes,

- die Rückzahlung von Eigenkapital an die Gemeinde,

- die Beschlußfassung über die Betriebssatzung,

- die Wahl der Mitglieder des Werkausschusses.

Im übrigen ist der Rat auch in Eigenbetriebsangelegenheiten selbstverständ- **270** lich **oberstes Kontrollorgan.** Während die Werkleitung an den Beratungen des Werkausschusses teilnimmt und auch berechtigt und auf Verlangen verpflichtet ist, ihre Ansicht zu einem Punkt der Tagesordnung darzulegen, kann sie an den Sitzungen des Rates grundsätzlich nicht teilnehmen und daher auch keine Anträge im Rat stellen. Eine Ausnahme besteht natürlich insoweit, als der Werkleiter gleichzeitig Hauptverwaltungsbeamter oder Beigeordneter ist oder der Rat seine Anwesenheit verlangt.

3. Haushalts-, Rechnungs- und Prüfungswesen

271   Der Eigenbetrieb ist finanzwirtschaftlich ein **Sondervermögen** der Gemeinde, das gesondert zu verwalten und im gemeindlichen Haushalt auszuweisen ist. Der Eigenbetrieb ist mit einem angemessenen Stammkapital auszustatten. Die Höhe des Stammkapitals ist in der Betriebssatzung festzusetzen. Auf die Erhaltung des Sondervermögens ist zu achten; der **Jahresgewinn** des Eigenbetriebs soll so hoch sein, daß neben angemessenen Rücklagen mindestens auch eine marktübliche Verzinsung des Eigenkapitals erwirtschaftet wird. Hinsichtlich der Höhe des marktüblichen Zinssatzes bietet die Ausführungsanweisung zu § 8 EigVO SH in ihrem Abs.3 insoweit einen Anhaltspunkt, als sie den Zinssatz als marktüblich ansieht, den die Gemeinde bei Anlagen auf einem Festkonto erzielt. Hiervon ist allerdings noch die Belastung mit Körperschaftsteuer abzuziehen, da die marktübliche Verzinsung sich nach Abzug der Steuer versteht. Richtungweisend könnte im übrigen auch der Zinssatz für langfristiges Fremdkapital, etwa die Verzinsung von Kommunalobligationen, sein.

272   An die Stelle des gemeindlichen Haushaltsplans tritt beim Eigenbetrieb der **Wirtschaftsplan,** der vor Beginn eines jeden Wirtschaftsjahres (grundsätzlich Kalenderjahr) aufzustellen ist. Im Haushalt der Kommune wird nur der abzuführende Jahresgewinn oder der aus dem kommunalen Haushalt abzudeckende Jahresverlust des Eigenbetriebes veranschlagt.

273   Der Wirtschaftsplan besteht aus dem Erfolgsplan, dem Vermögensplan und der Stellenübersicht. Zudem muß der Wirtschaftsplan eine fünfjährige Finanzplanung enthalten.

274   Der **Erfolgsplan** muß alle voraussehbaren Erträge und Aufwendungen des Wirtschaftsjahres enthalten (z. B. Personalaufwendungen, Abschreibungen, Zinsen). Er ist mindestens wie die Gewinn- und Verlustrechnung zu gliedern.

275   Im **Vermögensplan** sind alle voraussehbaren Einnahmen und Ausgaben des Wirtschaftsjahres, die sich aus Anlagenänderungen (Erneuerung, Erweiterung, Neubau, Veräußerung) und aus der Kreditwirtschaft des Eigenbetriebes ergeben, sowie die notwendigen Verpflichtungsermächtigungen aufzunehmen. Auf der Einnahmenseite des Vermögensplan sind die vorhandenen oder zu beschaffenden Deckungsmittel nachzuweisen. Deckungsmittel, die aus dem Haushalt der Gemeinde stammen, müssen mit den Ansätzen im Haushaltsplan der Gemeinde übereinstimmen.

276   Der **Stellenplan** enthält die im Wirtschaftsjahr erforderlichen Stellen für Angestellte und Arbeiter. Beamte, die bei dem Eigenbetrieb beschäftigt werden, sind im Stellenplan der Gemeinde zu führen und in der Stellenübersicht des Eigenbetriebs nachrichtlich anzugeben.

Der Wirtschaftsplan ist im Verlauf des Wirtschaftsjahres unverzüglich zu än- **277** dern, wenn sich das Jahresergebnis sich gegenüber dem Erfolgsplan erheblich verschlechtern wird und diese Verschlechterung die Haushaltslage der Gemeinde beeinträchtigt, zum Ausgleich des Vermögensplans höhere Zuführungen der Gemeinde oder höhere Kredite oder weitere Verpflichtungsermächtigungen erforderlich werden oder aber eine erhebliche Vermehrung der in der Stellenübersicht vorgesehenen Stellen sich als notwendig erweist.

Am Ende des Wirtschaftsjahres ist ein **Jahresabschluß** aufzustellen, der aus **278** der Bilanz, der Gewinn- und Verlustrechnung und dem Anhang besteht. Der Rat der Gemeinde stellt den Jahresabschluß und den Lagebericht in der Regel innerhalb eines Jahres nach Ende des Wirtschaftsjahres fest.

Der Jahresabschluß und der Lagebericht des Eigenbetriebs sind zu prüfen **279** (**Jahresabschlußprüfung**). Prüfung und Berichterstattung erstrecken sich nicht nur auf die Beachtung der gesetzlichen Vorschriften, der sie ergänzenden Satzungen und sonstigen ortsrechtlichen Bestimmungen, sondern – in entsprechender Anwendung des § 53 Abs. 1 Haushaltsgrundsätzegesetz (HGrG) – auf die Ordnungsmäßigkeit der Geschäftsführung (z. B. Organisation und Instrumentarium der Geschäftsführung, also Rechnungswesen und Information, Planung und interne Überwachung).

Träger der Prüfung sind grundsätzlich öffentlich bestellte Wirtschaftsprüfer **280** und Wirtschaftsprüfungsgesellschaften; Sonderregelungen bestehen in Baden-Württemberg (Prüfer ist die Gemeindeprüfungsanstalt), Bayern (Prüfer ist der bayerische kommunale Prüfungsverband oder ein Wirtschaftsprüfer oder eine Wirtschaftsprüfungsgesellschaft), Niedersachsen (Prüfungsstelle ist das Kommunalprüfungsamt der zuständigen Aufsichtsbehörde) sowie Nordrhein-Westfalen (zuständig ist das Gemeindeprüfungsamt des Regierungspräsidenten).

Neben der vorbezeichneten Jahresabschlußprüfung sehen die Gemeindeord- **281** nungen der Bundesländer regelmäßig vor, daß der Rat dem gemeindlichen Rechnungsprüfungsamt – über die ihn gesetzlich zugewiesenen Pflichtaufgaben hinausgehend – u. a. auch die Prüfung der Wirtschaftsführung und des Rechnungswesens der Sondervermögen übertragen kann (**örtliche Prüfung**). Eine derartige örtliche Prüfung, die sich z. B. auf die Wirtschaftsführung und das Rechnungswesen einschließlich der Kasse, Vorräte und andere Vermögensbestände, die Wirtschaftlichkeit und Sparsamkeit sowie das Vergabewesen bezieht, ist insbesondere bei Eigenbetrieben geringerer Größenordnung zweckmäßig, die über keine eigene Innenrevision verfügen.

Schließlich ist in den Kommunalverfassungen der Bundesländer noch die **282** **überörtliche Prüfung** der Gemeinden sowie der Wirtschaftsführung und des Rechnungswesens ihrer Sondervermögen durch die Kommunalaufsichtsbehörden vorgesehen. Gegenstand der überörtlichen Prüfung, die im Unterschied zur Jahresabschlußprüfung in mehrjährigen Abständen stattfindet und insoweit die Ergebnisse der örtlichen Prüfung und der Jahresabschlußprüfung mitberücksichtigt, ist generell die Gesetz- und Ordnungsmäßigkeit der Wirtschaftsprüfung des geprüften Betriebs nach dem jeweiligen Gemeindewirtschaftsrecht.

283 Das Rechnungswesen des Eigenbetriebs richtet sich nach den Regeln der **kaufmännischen doppelten Buchführung** oder einer entsprechenden Verwaltungsbuchführung. Insoweit besteht ein Unterschied zur Kameralistik der unmittelbaren Kommunalverwaltung und des Regiebetriebs. Während die Kameralistik den Zweck verfolgt, den Nachweis zu erbringen, ob der Haushaltsplan der Kommune vollzogen wurde, insbesondere ob die tatsächlich eingegangenen Einnahmen die getätigten Ausgaben decken, ist die kaufmännische doppelte Buchführung im Sinne einer kontinuierlichen Rechnung darauf gerichtet, den während eines Rechnungsjahres erzielten Gewinn oder Verlust sowie die Rentabilität des eingesetzten Kapitals zu ermitteln und einen Einblick in die Liquidität und die Vermögens- und Kapitalstruktur zu gewähren.

4. Steuerrechtliche Gesichtspunkte

284 Die Organisationsform eines Eigenbetriebs als solche ist für die steuerrechtliche Beurteilung einer konkreten Einrichtung zunächst unmaßgeblich. Entscheidend ist, ob der Eigenbetrieb im Einzelfall als Hoheitsbetrieb oder aber als Betrieb gewerblicher Art (vgl. hierzu: Kap. I Ziff. 3.3) zu qualifizieren ist.

285 **Hoheitsbetriebe** und damit keine wirtschaftlichen Unternehmen sind z. B. Einrichtungen des Unterrichts, Erziehungs- und Bildungswesens, der Gesundheits- und Wohlfahrtspflege, der Abwasser- und Abfallbeseitigung sowie Friedhöfe (vgl. ausführlich: Kap. VII Ziff. 1.2). **Wirtschaftliche Unternehmen** sind demgegenüber insbesondere Versorgungs- und Verkehrsbetriebe, also z. B. Elektrizitäts-, Gas- und Wasserwerke (vgl. hierzu ebenfalls ausführlich: Kap. VII Ziff. 1.1)

286 Nur soweit ein Eigenbetrieb als Betrieb gewerblicher Art zu bewerten ist, wird diese Einrichtung der Besteuerung unterworfen. Im Mittelpunkt stehen folgende Steuerpflichten:

287 Die Körperschaftsteuerpflicht beträgt 46 % des zu versteuernden Einkommens (§ 23 Abs. 2 Satz 2 i. V. mit § 1 Abs. 1 Nr. 6 KStG). Im Gegensatz zu den Kapitalgesellschaften, deren zu versteuerndes Einkommen bei Thesaurierung mit 50 %, bei Ausschüttung mit 44 % Körperschaftsteuer einschließlich Kapitalertragsteuer belastet wird, ist die Körperschaftsteuer des Eigenbetriebs als Betrieb gewerblicher Art unabhängig davon, ob der Gewinn ausgeschüttet oder im Unternehmen belassen wird.

Die Kommune unterliegt mit ihren Betrieben gewerblicher Art der Umsatz- **288** besteuerung gem. § 2 Abs. 3 Satz 1 UStG. Die allgemeinen Befreiungsvorschriften des § 4 UStG sind auch bei diesen Unternehmen zu beachten.

Die Gewerbesteuer von Eigenbetrieben als Betrieben gewerblicher Art ent- **289** steht nur dann, wenn diese als stehende Gewerbebetriebe i. S. von § 2 Abs. 1 GewStDV anzusehen sind. Die Tätigkeit muß danach mit Gewinnabsicht (nicht nur in der Absicht, Einnahmen zu erzielen) ausgeübt werden und sich als Beteiligung am allgemeinen wirtschaftlichen Verkehr darstellen. Für die Gewinnerzielungsabsicht kommt es nicht darauf an, daß tatsächlich ein Gewinn erzielt wird (vgl. ausführlich: Heidemann, ZkF 1989, S. 57 ff., 83 ff., 107 ff., 152 ff., insoweit insbesondere S. 83 f.).

Die Vermögensteuerpflicht knüpft wiederum an die gewerbesteuerliche Beur- **290** teilung des Betriebs gewerblicher Art an (§ 1 Abs. 1 Nr. 2 lit. g VStG). Die Vermögensteuer beträgt 0,6 % des steuerpflichtigen Vermögens (§ 10 Nr. 2 VStG).

5. Personalwirtschaft und Mitbestimmung

Grundlage für die Personalwirtschaft im Eigenbetrieb ist die gesonderte Stel- **291** lenübersicht, die nicht Bestandteil des allgemeinen Stellenplans der Kommune ist (zu den Beamten vgl. o. Kap. III Ziff. 3.).

Die Mitwirkung und Mitbestimmung der Arbeitnehmer des Eigenbetriebs **292** richtet sich zunächst nach dem **Personalvertretungsrecht.**

Darüber hinaus ist in einigen Bundesländern (Hessen, Niedersachsen, Nord- **293** rhein-Westfalen) die **unternehmerische Mitbestimmung** für den Bereich der Eigenbetriebe dadurch eingeführt, daß Vertreter der im Unternehmen Beschäftigten als stimmberechtigte Mitglieder dem Werkausschuß angehören. Wesentlich ist allerdings, daß sich der Anwendungsbereich der Mitbestimmungsregelungen auf die Eigenbetriebe als wirtschaftliche Unternehmen beschränkt; nicht erfaßt sind die Hoheitsbetriebe, die im Einzelfall gemäß den Vorschriften über die Eigenbetriebe geführt werden.

Die nordrhein-westfälische Mitbestimmungsregelung (vgl. § 93 Abs. 3 GO **294** NW) unterscheidet drei Gruppen von Eigenbetrieben, gestaffelt nach der Anzahl der Beschäftigten: Bei Eigenbetrieben mit mehr als 50 Beschäftigten besteht der Werkausschuß zu einem Drittel aus Beschäftigten des Eigenbetriebes, bei Eigenbetrieben mit 11 bis einschl. 50 Beschäftigten gehören dem Werkausschuß zwei Beschäftigte des Eigenbetriebes an und bei Eigenbetrieben mit max. 10 Beschäftigten hat der Gesetzgeber von der Einführung der Arbeitnehmermitbestimmung abgesehen.

6. Zusammenfassung von Eigenbetrieben

295   Die organisatorische Zusammenfassung verschiedener Eigenbetriebe einer Kommune ist von erheblicher Bedeutung, da hierdurch rationellere Betriebsabläufe und Kostenersparnisse durch die Ausschöpfung größtmöglicher organisatorischer, personalwirtschaftlicher, betriebswirtschaftlicher und technischer Synergieeffekte erzielt werden können. Außerdem drängen sich Überlegungen zur Zusammenfassung mehrerer Betriebe insbesondere aus steuerlichen Gründen dann auf, wenn gewinnbringende und defizitäre Betriebe zusammengeführt und durch die Saldierung der Gewinne und Verluste erhebliche finanzielle Vorteile der Gemeinde (z. B. bei der Körperschaftsteuer und Gewerbeertrags- und Gewerbekapitalsteuer) erzielt werden können.

296   Die Zusammenfassung mehrerer Eigenbetriebe ist allerdings nicht grenzenlos zulässig. Schranken ergeben sich sowohl aus dem Kommunalverfassungsrecht einzelner Bundesländer als insbesondere auch aus dem Steuerrecht.

297   Zu unterscheiden ist insoweit die Zusammenfassung mehrerer Eigenbetriebe gewerblicher Art und die Zusammenfassung von Hoheitsbetrieben mit Betrieben gewerblicher Art.

6.1 Zusammenfassung von Betrieben gewerblicher Art

298   Nach den eigenbetriebsrechtlichen Vorschriften der Bundesländer ist die Zusammenfassung verschiedener Eigenbetriebe als Betriebe gewerblicher Art möglich und zulässig. Für Versorgungs- und Verkehrsbetriebe einer Gemeinde bestimmen die Eigenbetriebsgesetze bzw. Eigenbetriebsverordnungen der Länder regelmäßig sogar eine Zusammenfassung kraft Gesetzes unter dem Namen „Gemeindewerke" oder „Stadtwerke" (vgl. z. B. § 8 EigVO NW). Eine derartige Zusammenfassung aller Versorgungsbetriebe oder Versorgungs- und Verkehrsbetriebe einer Gemeinde bezeichnet man als **kommunalen Querverbund.**

299   Steuerlich steht bei einer Zusammenfassung mehrerer Betriebe gewerblicher Art die Frage in Vordergrund, ob mit körperschaftsteuerlicher Wirkung Gewinne und Verluste der verschiedenen Betriebe miteinander saldiert werden können. Durch die Zusammenfassung wird somit ein einheitliches Steuersubjekt erreicht, wobei durch die Verrechnung der Verluste und Gewinne der einzelnen Betriebe im Ergebnis weniger Steuer durch die Kommune zu entrichten sind.

300   Mit dieser steuerlichen Wirkung wird die organisatorische Zusammenfassung mehrerer Eigenbetriebe gewerblicher Art zu einem einzigen Betrieb gewerblicher Art nur dann anerkannt, wenn die Betriebe gleichartig sind oder wenn zwischen diesen Betrieben nach dem Gesamtbild der tatsächlichen Verhältnisse objektiv eine enge wechselseitige technisch-wirtschaftliche Verflechtung besteht (Abschn. 5 Abs. 9 Satz 1, 2 KStR; BFH vom 16. 1. 1967, BStBl. II S. 240

u.w.N. aus der Rechtsprechung). Die Voraussetzungen, die vorliegen müssen, um diese Merkmale zu erfüllen, sind stets nach den Verhältnissen des Einzelfalles zu beurteilen.

Wichtig ist, daß die steuerlich wirksame Zusammenfassung der Versorgungs-, **301** Verkehrs-, Hafen- und Flufhafenbetriebe einer Gemeinde ohne weitere Prüfung anerkannt wird (Abschn. 5 Abs. 9 Satz 2 KStR).

Zu weiteren Einzelheiten vgl. ausführlich Kap. I Ziff. 3.3.

6.2 Zusammenfassung von Hoheitsbetrieben mit Betrieben gewerblicher Art

Die kommunalverfassungsrechtliche Ausgangssituation in den Bundesländern **302** ist sehr unterschiedlich. Nur in einigen Bundesländern steht den Kommunen die Organisationsform des Eigenbetriebes für nichtwirtschaftliche Einrichtungen (Hoheitsbetriebe) überhaupt zur Verfügung. Die nachstehende Übersicht verdeutlicht diese unterschiedliche Ausgangssituation.

	Anwendung des Eigenbetriebsrechts im nichtwirtschaftlichen Bereich	Zulässigkeit von privat-rechtlichen Organisationsformen im nichtwirtschaftlichen Bereich
Baden-Württemberg	Nein	Ja
Bayern	Nein	Ja Art. 91 Abs. 1
Hessen	Ja § 121 Abs. 2 Satz 2	Ja § 122 Abs. 2
Niedersachsen	Nein	Ja § 116 a Abs. 4
Nordrhein-Westfalen	Ja § 88 Abs. 2 Satz 2	Ja § 89 Abs. 2
Rheinland-Pfalz	Ja § 85 Abs. 2	Ja § 85 Abs. 2
Saarland	Ja § 108 Abs. 2 Satz 2 und 3	Ja § 109 Abs. 1
Schleswig-Holstein	Nein	Ja
(Paragraphenangaben beziehen sich auf die jeweilige GemO des Bundeslandes)		

Die in den neuen Bundesländern fortgeltende Kommunalverfassung der ehe- **303** maligen DDR enthält keine ausdrücklichen Vorgaben für die Organisation nichtwirtschaftlicher Unternehmen. § 57 KVDDR betrifft ausschließlich wirtschaftliche Unternehmen. Aus dem Fehlen dieser Regelung kann – im Anschluß an die Rechtsprechung des OVG Lüneburg von 21. 2. 1984 (vgl. Ziff. 34) – allerdings wohl nicht geschlossen werden, daß den Kommunen insoweit keine Organisationsspielräume im Hinblick auf Eigenbetriebslösungen eröffnet sind. Vielmehr greift aufgrund des Schweigens der KVDDR die durch Art. 28 Abs. 2 GG den Kommunen eingeräumte umfassende Organisationshoheit, so daß nichtwirtschaftliche Einrichtungen durchaus in der Organisationsform des Eigenbetriebs geführt werden können.

304 Soweit in Hessen, Nordrhein-Westfalen, Rheinland-Pfalz, dem Saarland und in den neuen Bundesländern demzufolge auch die nichtwirtschaftlichen Unternehmen der Organisationsform Eigenbetrieb zugänglich sind, dürfte jedenfalls unter kommunalwirtschaftlichen Erwägungen eine Zusammenfassung von Hoheitsbetrieben mit Betrieben gewerblicher Art möglich sein.

305 Eine derartige Zusammenfassung wird bereits seit einigen Jahren in den alten Bundesländern insbesondere für den Bereich der Ver- und Entsorgung verstärkt diskutiert. Was die neuen Bundesländer betrifft, so hat natürlich die in Frage stehende Problemstellung für das weitere Schicksal der bisher zusammengefaßten Wasser- und Abwasserbetriebe (WAB) besondere Bedeutung.

306 Steuerrechtlich ist allerdings die Zusammenfassung von Betrieben gewerblicher Art mit Hoheitsbetrieben nicht zulässig (Abschn. 5 Abs. 8 KStR 1990 u.V.a. das BFH-Urteil vom 10. 7. 1962, BStBl. III S. 448). Nach Auffassung des BFH verbietet sich eine Zusammenfassung, weil sich die Betätigung der Hoheitsbetriebe grundlegend von der Betätigung wirtschaftlicher Betriebe unterscheidet.

307 Der Bundesminister der Finanzen hat mit Schreiben vom 13. 3. 1987 (BStBl. I S. 373) seine Auffassung von der Abgrenzung der hoheitlichen Tätigkeit von der gewerblichen Tätigkeit erneut bekräftigt, wobei es insoweit um die Einordnung der Abfallentsorgung als eine hoheitliche Tätigkeit ging (vgl. Abschn. 5 Abs. 24 KStR 1990). Es ist daher sehr fraglich, wie die Finanzverwaltung die Zusammenfassung von Wasser und Abwasser in den Rechtsnachfolgern der ehemaligen WABs beurteilen wird.

308 Unter Berücksichtigung der bisherigen BGH-Rechtsprechung und der Haltung der Finanzverwaltung ist demzufolge ein steuerlich wirksamer Verbund zwischen Hoheitsbetrieben und Betrieben gewerblicher Art nicht zulässig. Bei einer organisatorischen Zusammenfassung derartiger Eigenbetriebe, etwa der Bereiche der Ver- und Entsorgung, müßte eine getrennte Steuerbilanz für den gewerblichen Bereich aufgestellt werden. Dies gilt im übrigen auch, falls die Entsorgung durch einen Betriebsführungsvertrag von dem Versorgungsbetrieb geleitet wird.

KAPITEL IV
Aktiengesellschaft

1. Rechtsgrundlagen und Organisationsstruktur

Innerhalb der Palette der der Kommune zur Verfügung stehenden privatrecht- **309** lichen Organisationsformen dominieren in der kommunalen Praxis eindeutig die Kapitalgesellschaften AG und GmbH. Dabei nimmt die Verbreitung dieser privatrechtlichen Gesellschaftsformen nicht nur grundsätzlich mit der Größe einer Kommune zu, sondern zwischen AG und GmbH läßt sich auch eine weitergehende Differenzierung dergestalt treffen, daß die AG größeren Betrieben und damit überwiegend größeren Städten vorbehalten bleibt.

Die AG ist nach dem Aktiengesetz vom 6. 9. 1965, das für kommunalbe- **310** stimmte Gesellschaften gleichermaßen gilt wie für ausschließlich in privatwirtschaftlicher Hand befindliche, eine eigenständige, rechtlich selbständige Gesellschaftsform, für deren Verbindlichkeit den Gläubigern lediglich das Gesellschaftsvermögen haftet (§ 1 AktG). Das in Aktien zerlegte Grundkapital muß gem. § 7 AktG eine Mindesthöhe von 100.000 DM erreichen.

Die AG ist somit als **juristische Person des Privatrechts** mit eigener Rechts- **311** persönlichkeit rechtlich und organisatorisch gegenüber der Kommune verselbständigt. Dies bedeutet nicht nur eine haushaltsmäßige und vermögensmäßige Trennung des Gemeinde- und Gesellschaftsvermögens und damit der Haushalts- und Betriebswirtschaft, sondern auch eine Loslösung von öffentlich-rechtlichen Bindungen, etwa den Besoldungsordnungen oder dem Personalvertretungsrecht. Zielsetzung ist, durch eine von bürokratischen und politischen Hemmnissen befreite, ausschließlich an betriebswirtschaftlichen Grundsätzen, rationellen Arbeitsmethoden und kaufmännischer Buchführung orientierten Unternehmensführung den Gesellschaftszweck möglichst optimal erreichen zu können.

Ein besonderes Problem bildet naturgemäß bei einer derartigen Verselbstän- **312** digung der Aufgabenerfüllung gegenüber der unmittelbaren Kommunalverwaltung die Absicherung der notwendigen kommunalen Einflußnahme. Dabei tritt der Konflikt zwischen der Verwirklichung des kommunalen Auftrages und der hierzu erforderlichen Aufsichts-, Kontroll- und Weisungsrechte einerseits sowie die Wahl einer verselbständigten Organisationsform zur wirtschaftlichen Unternehmensführung bei der AG noch stärker als etwa bei der GmbH hervor, da nach dem AktG die Zuständigkeiten der Organe der AG weitgehend zwingend gesetzlich geregelt sind und demzufolge der Gestaltung der Gesellschaft durch die Satzung und damit der Absicherung des kommunalen Einflusses wesentlich engere Grenzen gezogen sind.

313 Organe der AG sind der Vorstand (§§ 76 ff. AktG), der Aufsichtsrat (§§ 95 ff. AktG) sowie die Hauptversammlung (§§ 118 ff. AktG).

2. Organe

2.1 Vorstand

314 Der Vorstand hat unter eigener Verantwortung die Gesellschaft zu leiten (§ 76 Abs. 1 AktG). Er vertritt die Gesellschaft gerichtlich und außergerichtlich (§ 78 Abs. 1 AktG). Beschränkungen dieser umfassenden Vertretungsmacht sind Dritten gegenüber im Außenverhältnis grundsätzlich nicht (Ausnahmen, die in diesem Zusammenhang zu vernachlässigen sind: § 293 AktG und § 340 AktG), im Innenverhältnis nur sehr eingeschränkt möglich.

315 Dem Vorstand einer AG kommt somit eine **starke Stellung** zu; er leitet – gesetzlich zwingend – das Unternehmen eigenverantwortlich, so daß er durch den Anteilseigner Kommune weder mit Hilfe von Weisungen oder sonstigen Kontrollmechanismen beeinflußt werden kann. Der Vorstand ist ausschließlich dem Wohl der Gesellschaft verpflichtet. Insoweit überlagert das bundesrechtliche Gesellschaftsrecht das Kommunalrecht der Bundesländer.

316 Zuständigkeiten des Vorstandes können auch nicht durch Satzung oder etwa durch Beschluß der Hauptversammlung zur Entscheidung auf andere Organe der Gesellschaft, etwa auf den Aufsichtsrat, verlagert werden. Eine – allerdings schwache – mittelbare Beschränkung der umfassenden Befugnisse des Vorstandes und damit eine kommunale Einflußnahme im Innenverhältnis ist allenfalls dadurch möglich, daß in der Satzung der Gesellschaft oder durch Beschlußfassung des Aufsichtsrates festgelegt wird, daß bestimmte Arten von Geschäften nur mit Zustimmung des Aufsichtsrates vorgenommen werden dürfen (§ 111 Abs. 4 Satz 2 AktG). Verweigert in einem solchen Falle der Aufsichtsrat seine Zustimmung, kann der Vorstand verlangen, daß die Hauptversammlung über die Zustimmung beschließt. Ein eventueller Zustimmungsbeschluß der Hauptversammlung bedarf einer drei Viertel Mehrheit der abgegebenen Stimmen; eine andere Mehrheit oder weitere Erfordernisse kann gem. § 111 Abs. 4 AktG die Satzung nicht festlegen.

317 Im Gegensatz zur GmbH kann auch in der Satzung der AG nicht festgelegt werden, daß die Kommune ein Mitglied des Rates oder der Verwaltung unmittelbar in den Vorstand entsendet. Vielmehr ist die Bestellung der Vorstandsmitglieder einer AG kraft Gesetzes ausschließlich dem Aufsichtsrat zugewiesen (§ 84 Abs. 1 AktG), so daß immer eine Wahl durch den Aufsichtsrat erforderlich ist.

Wichtigste Befugnisse des Vorstandes, der aus einer oder mehreren Personen **318** bestehen kann, sind – wie dargelegt – **Geschäftsführung und Vertretung.** Von dem in AktG ausdrücklich aufgeführten Pflichten des Vorstandes sind noch u. a. besonders zu erwähnen:

Vorbereitung und Ausführung der Hauptversammlungsbeschlüsse (§ 83 **319** AktG), Führung der Handelsbücher (§ 91 AktG), Aufstellung, Vorlegung des Geschäftsberichts und des Jahresabschlusses (§ 148 AktG) sowie die Berichterstattung an den Aufsichtsrat (§ 90 AktG), die insbesondere die beabsichtigte Geschäftspolitik und andere grundsätzliche Fragen der künftigen Geschäftsführung umfaßt.

2.2 Aufsichtsrat

Der Aufsichtsrat besteht gem. § 95 AktG aus mind. drei Mitgliedern; die Sat- **320** zung kann eine höhere Zahl festsetzen, die allerdings immer durch 3 teilbar sein muß.

Der Aufsichtsrat hat **zwei Hauptaufgaben:** Die Bestellung und Abberufung **321** des Vorstandes (§ 84 Abs. 1 AktG) und die laufende Überwachung und Kontrolle der Geschäftsführung (§ 111 Abs. 1 AktG). Der Aufsichtsrat ist allerdings insoweit auf die Kontrollfunktion beschränkt; er hat nicht die Befugnis, Entscheidungen in Angelegenheiten der Geschäftsführung zu treffen und damit selbst unternehmerische Initiative zu entfalten. Der Vorstand kann lediglich – in dem dargestellten Umfang – an Zustimmungen des Aufsichtsrates gebunden werden.

Neben der Entgegennahme und Erörterung der vom Vorstand gem. § 90 AktG **322** zu erstatten Berichte sind als weitere wesentliche Aufgaben des Aufsichtsrates zu nennen:

Prüfung und Bericht des Jahresabschlusses (§ 171 AktG), Einberufung der **323** Hauptversammlung, wenn es das Wohl der Gesellschaft erfordert (§ 111 Abs. 3 AktG) sowie die Vertretung der AG gegenüber dem Vorstand (§ 112 AktG).

Der Aufsichtsrat einer AG besteht aus Vertretern der Aktionäre und der Ar- **324** beitnehmer der AG (vgl. zur Mitbestimmung u. Ziff. 5.).

Mitglieder des Aufsichtsrates können aus der Sicht der Kommune Ratsmit- **325** glieder, Vertreter der Verwaltung oder sonstige vom Rat bestellte dritte Vertreter sein. Allerdings haben diese „Vertreter" der Kommune im Aufsichtsrat der AG nicht primär die Rechte der Kommune als Anteilseignerin wahrzunehmen, sondern – unter Berücksichtigung der Sorgfalt eines ordentlichen und gewissenhaften Geschäftsleiters (vgl. §§ 93, 116 AktG) – die Belange des Unternehmens. Mit dieser besonderen unternehmensrechtlichen Pflichtenstellung der Aufsichtsratsmitglieder sind aber Weisungsrechte der entsendenden Kommune grundsätzlich unvereinbar; die Kollision zwischen der Stellung als Aufsichtsratsmitglied, also dem Gesellschaftsrecht einerseits, und der Wahrnehmung der Mitgliedsschaftsrechte der kommunalverfassungsrechtlich verbürgten Weisungsrechte der Vertretungskörperschaften andererseits (vgl. z. B. § 55 Abs. 3 GO NW), ist dahingehend aufzulösen, daß auch insoweit das **Gesellschaftsrecht das Kommunalverfassungsrecht überlagert.** Der von der Gemeindeordnung geforderte Einfluß der Kommune im Aufsichtsrat einer Gesellschaft findet damit in der (bundesrechtlich) gesellschaftsrechtlichen Verpflichtung der Aufsichtsratsmitglieder auf das Interesse der Gesellschaft seine Begrenzung. Sofern bei unterschiedlichen Interessen Konflikte auftreten, besteht im Ergebnis weder für die Kommune noch für die Kommunalaufsichts- und die Prüfungsbehörden eine rechtliche Möglichkeit, eine Korrektur derartiger Entscheidungen durchzusetzen.

326   Zu unterscheiden sind im übrigen aus der Sicht der Kommune zwei Bestellungsmöglichkeiten der Aufsichtsratsmitglieder. Grundsätzlich werden die Aufsichtsratsmitglieder von der Hauptversammlung auf Vorschlag des Aufsichtsrates (§ 124 Abs. 2 Satz 1 AktG) oder eines Aktionärs (§ 127 i. V. m. § 126 AktG) gewählt. Diese vom Rat vorgeschlagenen, aber erst aufgrund einer besonderen Wahl durch die Hauptversammlung in den Aufsichtsrat der AG gelangten Vertreter der Kommune können nicht an Weisungen gebunden werden.

327   Daneben kann die Kommune als Aktionärin Mitglieder in den Aufsichtsrat einer AG gem. § 101 Abs. 2 AktG entsenden, wenn die Gesellschaftssatzung Entsendungsrechte einzelnen Aktionären (hier: der Kommune) einräumt. Die von den einzelnen Aktionären entsandten Mitglieder haben dieselben Rechte und Pflichten wie die durch die Hauptversammlung gewählten Aufsichtsratsmitglieder. Auch diese entsandten Aufsichtsratsmitglieder müssen somit im Konfliktfall das Gesellschaftsinteresse vor die Interessen einzelner Aktionäre stellen.

328   Mit der Zulassung des Entsendungsrechts wie des Rechts auf jederzeitige Abberufung der entsandten Aufsichtsratsmitglieder (§ 103 Abs. 2 AktG) hat der Gesetzgeber aber anerkannt, daß auch im Aufsichtsrat die Möglichkeit der Berücksichtigung von Sonderinteressen einzelner Aktionäre gegeben sein muß. Von daher ist die Stellung des von der Vertretungskörperschaft entsandten Aufsichtsratsmitgliedes durch größere Abhängigkeit vom Entsendungsberechtigten geprägt, was sich vor allem auch daran zeigt, daß der Entsandte jederzeit vom Entsendungsberechtigten abberufen und durch eine andere Person ersetzt wer-

den kann (§ 103 Abs. 2 AktG). Im Gegensatz hierzu können von der Hauptversammlung gewählte Aufsichtsratsmitglieder nur durch Abwahl (§ 103 Abs. 1 AktG) abberufen werden, für die das Gesetz eine qualifizierte Mehrheit von drei Viertel der in der Hauptversammlung abgegebenen Stimmen vorsieht. Gegenüber von den Vertretungskörperschaften entsandten Aufsichtsratsmitgliedern könnte die Erteilung von Einzelweisungen des Entsendungsberechtigten mit dem geltenden Aktienrecht vereinbar sein; die Grenze dürfte allerdings auch hier in der Wahrnehmung von Bestrebungen liegen, die den Interessen des Unternehmens erkennbar zuwiderlaufen. Mit Rücksicht auf diese Grenzziehung vertritt der BGH (Urteil vom 29. 1. 1962, NJW 1962, 864 ff.) die Auffassung, daß entsandte Aufsichtsratsmitglieder einer AG derselben Pflichtenstellung unterliegen wie die durch die Hauptversammlung gewählten, also in keinem Falle eine Bindung an die Weisungen des Entsendungsberechtigten besteht, sondern vorrangig die Interessen der AG zu wahren sind.

Soweit in den Kommunalverfassungsgesetzen ein Weisungsrecht verankert ist **329** (vgl. z. B. § 55 Abs. 2 Satz 2 GO NW), wird insoweit lediglich eine Bindung des entsandten Aufsichtsratsmitgliedes im Innenverhältnis zum Rat herbeigeführt. Die bestellten Personen bleiben also dem Rat gegenüber für ihr Verhalten im Aufsichtsrat verantwortlich. Andererseits hat ein Handeln entgegen den Beschlüssen oder Weisungen des Rates keinen Einfluß auf die Rechtswirksamkeit der Beschlüsse des betreffenden Unternehmensorgans. Die Rechtsfolgen weisungsgemäßen Abstimmungsverhaltens des von der Vertretungskörperschaft bestellten Aufsichtsratsmitgliedes, das im Ergebnis den Interessen der Gesellschaft zuwiderläuft, bestimmen sich nach § 117 Abs. 2 AktG, wonach Ersatz des Schadens, den die Gesellschaft erlitten hat, zu leisten ist. Gegenüber dem entsendenden Aktionär Kommune hat das Aufsichtsratsmitglied regelmäßig insoweit einen Freistellungsanspruch (vgl. z. B. § 55 Abs. 4 GO NW).

2.3 Hauptversammlung

Die Hauptversammlung ist das oberste Organ der AG, ihre Aufgaben sind in **330** § 119 AktG umschrieben. Die wichtigsten Aufgaben sind:

- die Bestellung der Mitglieder des Aufsichtsrates, soweit sie nicht in den Aufsichtsrat zu entsenden oder von den Arbeitnehmern nach Mitbestimmungsgrundsätzen zu wählen sind,

- die Verwendung des Bilanzgewinns,

- die Entlastung der Mitglieder des Vorstandes und des Aufsichtsrates,

- die Bestellung der Abschlußprüfer,

- Satzungsänderungen, wobei insoweit grundsätzlich eine Mehrheit von drei

Viertel des bei der Beschlußfassung vertretenen Grundkapitals erforderlich ist (§ 179 Abs. 2 Satz 1 AktG).

331 In der Hauptversammlung üben die Aktionäre ihre Rechte in den Angelegenheiten der Gesellschaft aus (§ 118 Abs. 1 AktG). Bei einer Eigengesellschaft ist die Kommune alleiniger Aktionär, so daß auch sie ausschließlich die Zusammensetzung der Hauptversammlung bestimmt. Die Hauptversammlung kann hier z. B. aus dem jeweiligen Rat bestehen. Allerdings ist in einem solchen Fall abstrakt zwischen dem Rat als Organ der Kommune und den förmlich einzeln zu bestellenden Mitgliedern der Hauptversammlung – auch im Falle von Personenidentität – zu trennen. Daneben kann der Rat auch bestimmen, daß die Kommune von einzelnen Ratsmitgliedern oder von einzelnen Ratsmitgliedern und Mitarbeitern der Verwaltung in der Hauptversammlung der Eigengesellschaft AG vertreten wird.

332 Im Falle von Beteiligungsgesellschaften setzt sich die Hauptversammlung aus den von der Kommune bestimmten Vertretern und den Vertretern der übrigen Gesellschafter zusammen. In diesen Fällen richtet sich die Zahl der Stimmen nach den Anteilen der einzelnen Gesellschafter am Stammkapital der Gesellschaft.

3. Haushalts-, Rechnungs- und Prüfungswesen

333 Der Vorstand der AG hat in den ersten drei Monaten des Geschäftsjahres für das vergangene Geschäftsjahr die Jahresbilanz und die Gewinn- und Verlustrechnung **(Jahresabschluß)** sowie den **Geschäftsbericht** aufzustellen und den Abschlußprüfern vorzulegen (§ 148 AktG). Abschlußprüfer können gem. § 164 Abs. 1 AktG nur Wirtschaftsprüfer und Wirtschaftsprüfungsgesellschaften sein, die von der Hauptversammlung gewählt werden (§ 163 Abs. 1 AktG).

334 Sind im Rahmen der Prüfung keine Einwendungen zu erheben, so haben die Abschlußprüfer dies durch die Erteilung des Bestätigungsvermerkes zum Jahresabschluß zu bestätigen (§ 167 Abs. 1 AktG).

335 Das kommunale Wirtschaftsrecht der Bundesländer sieht darüber hinaus regelmäßig – z. T. für alle Unternehmen (vgl. Art. 94 a GO Bay), z. T. nur bei rechtlich selbständigen wirtschaftlichen Unternehmen (§ 105 a GO Ba-Wü) oder aber bei Gesellschaften, die sowohl auf den Betrieb eines wirtschaftlichen als auch eines nichtwirtschaftlichen Unternehmens gerichtet sind (§ 89 GO NW) – besondere **Prüfungs- und Informationsrechte** bei kommunalen Beteiligungen an gemischtwirtschaftlichen privatrechtlichen Unternehmen vor.

336 Die Gründung einer Gesellschaft wirtschaftlicher oder nichtwirtschaftlicher Art sowie die Beteiligung an einer solchen Gesellschaft einer Gemeinde setzt danach voraus, daß der Jahresabschluß und der Lagebericht in entsprechender

Anwendung der Vorschriften des dritten Buches des HGB für große Kapitalgesellschaften aufgestellt und dieser ebenso oder in entsprechender Anwendung der für Eigenbetriebe geltenden Vorschriften geprüft wird. Dasselbe gilt auch für mittelbare Mehrheitsbeteiligungen. Bei Mehrheitsbeteiligungen an einer Gesellschaft ist die Gemeinde ferner verpflichtet darauf hinzuwirken, daß wie bei den Eigenbetrieben ein Wirtschaftsplan aufgestellt wird, der Wirtschaftsführung eine fünfjährige Finanzplanung zugrunde gelegt und der Gemeinde zur Kenntnis gebracht wird und die Feststellung des Jahresabschlusses, die Verwendung des Ergebnisses sowie das Ergebnis der Prüfung des Jahresabschlusses und des Lageberichts ortsüblich bekannt gemacht werden. Daneben muß nach den Wirtschaftsgrundsätzen der Kommunalverfassung verfahren werden, wenn die Gesellschaft ein wirtschaftliches Unternehmen betreibt (vgl. z. B. im einzelnen § 89 GO NW).

Besitzt eine Gemeinde die Mehrheit der Anteile einer Gesellschaft oder besitzt **337** sie mind. 25 % der Anteile und gehört ihr zusammen mit anderen Gebietskörperschaften mehr als 50 % der Anteile, so soll die Gemeinde die Rechte nach § 53 Abs. 1 des Haushaltsgrundsätzegesetzes (HGrG) ausüben, d. h. durch Regelung im Gesellschaftsvertrag verlangen, daß im Rahmen der Abschlußprüfung zusätzlich die Ordnungsmäßigkeit der Geschäftsführung mitgeprüft und über die wirtschaftlichen Verhältnisse Bericht erstattet wird, und darauf hinwirken, daß ihr das Selbstunterrichtungsrecht über die Betätigung im Unternehmen eingeräumt wird. Zur Berichterstattung über die wirtschaftlichen Verhältnisse zählen z. B. die Entwicklung der Vermögens- und Ertragslage, die Rentabilität der Gesellschaft, verlustbringende Geschäfte und ihre Ursachen, wenn die Geschäfte für die Ertragslage der Gesellschaft von Bedeutung sind, und die Ursachen eines in der Gewinn- und Verlustrechnung ausgewiesenen Fehlbetrages (§ 112 GO BaWü; Art. 94 a GO Bay; § 123 Go Hess; § 90 GO NW; § 108 KSVG Saarl; § 9 Kommunalprüfungsgesetz SH).

Ob die Gemeinde den vorstehend umschriebenen Informations- und Prüfungs- **338** verpflichtungen im Einzelfall nachkommt, sich insbesondere also auch die Rechte nach den §§ 53, 54 HGrG im Gesellschaftsvertrag vorbehält, wird von den Rechnungshöfen oder Rechnungsprüfungsämtern durch die sog. **Betätigungsprüfung** überprüft.

Diese sog. Betätigungsprüfung zielt also nicht auf die Tätigkeit des kommu- **339** nalen Unternehmens, sondern auf die Betätigung der kommunalen Trägerkörperschaft als Gesellschafter, Aktionär oder Mitglied in Gesellschaften ab. Wesentliche Zielsetzung ist die dem öffentlichen Haushaltsrecht entsprechende Kontrolle der eingesetzten öffentlichen Mittel, insbesondere auch darauf hin, ob die von der Trägerkommune eingesetzten Mittel auch erhalten bleiben. Die Betätigungsprüfung wird – im Gegensatz zur regelmäßigen Jahresabschlußprüfung – nur fallweise und nur insoweit, wie andere Informationen nicht ausreichen, durchgeführt.

340 In den Kommunen der Flächenstaaten kann dem Rechnungsprüfungsamt aufgrund einer diesbezüglichen Beschlußfassung des Rates die Aufgabe der Betätigungsprüfung übertragen werden (vgl. § 112 GO BaWü; Art. 106 GO Bay; § 131 GO Hess; § 119 GO Nds; § 102 GO NW; § 112 GO RP; § 118 KSVG Saarl; § 116 GO SH).

341 Das Rechnungswesen einer AG richtet sich nach den Grundsätzen der kaufmännischen doppelten Buchführung.

4. Steuerrechtliche Gesichtspunkte

342 Die AG wird – losgelöst von der Trägerschaft der Kommune – als selbständige juristische Person des Privatrechts und damit selbständiges Rechtssubjekt besteuert.

343 Die AG ist zunächt kraft Rechtsform unbeschränkt körperschaftsteuerpflichtig (§ 1 Abs. 1 Nr. 1 KStG). Diese Besteuerung besteht somit unabhängig davon, ob die AG hoheitliche oder wirtschaftliche Aufgaben wahrnimmt. Der Körperschaftsteuersatz beträgt bei einbehalten Gewinnen 50 %, bei ausgeschütteten Gewinnen hingegen nur 36 % des Gewinns (§ 23 Abs. 1 KStG). Diese Ausschüttungsbelastung von 36 % wird jedoch nicht auf die eigene Steuerschuld der Kommune als juristische Person des Öffentlichen Rechts angerechnet, weil diese nicht unbeschränkt steuerpflichtig ist (vgl. § 36 Abs. 2 Nr. 3 EStG).

344 Die **Körperschaftsteuerbelastung** im Falle der Ausschüttung des Gewinns in Höhe von 36 % erhöht sich noch durch die zu entrichtende Kapitalertragsteuer (KapSt). Die Kapitalgesellschaft hat eine KapSt in Höhe von 25 % der Ausschüttung einzubehalten (§§ 43 Abs. 1 Nr. 1, 43 a Abs. 1 Nr. 1 und 44 Abs. 1 Satz 1 EStG), die jedoch auf Antrag zur Hälfte erstattet wird (§ 44 c Abs. 2 Nr. 2 EStG). Damit beträgt die Gesamtbelastung des ausgeschütteten Gewinns 44 % (36 + 1/2 von 25 % von 64).

345 Die AG unterliegt als selbständige Unternehmerin der Umsatzsteuer (vgl. Abschn. 23 Abs. 19 UStR). Sie ist kraft ihrer Rechtsform gewerbesteuerpflichtig (§ 2 Abs. 2 Nr. 2 GewStG) und vermögensteuerpflichtig (§ 1 Abs. 1 Nr. 2 lit. a VStG).

346 Als Kapitalgesellschaft gehört die AG grundsätzlich zu den Kreis der Körperschaften, denen wegen **Verfolgung gemeinnütziger Zwecke** Steuervergünstigungen gewährt werden könnten (§ 51 Satz 2 AO). Es hat in der Vergangenheit nicht an Versuchen gefehlt, diese Gemeinnützigkeit insbesondere bei der Einschaltung von Kapitalgesellschaften in die Ausübung hoheitlicher Aufgaben (wie z. B. Abwasser- und Abfallbeseitigung) zu erreichen. Die Finanzverwaltung hat jedoch bisher jederzeit die Ansicht vertreten, daß derartige Kapitalgesellschaften, die von der Kommune zur Ausführung hoheitlicher Aufgaben eingeschaltet sind, nicht die Voraussetzungen für die Anerkennung der Gemeinnützigkeit erfüllen (vgl. z. B. FinMinNW vom 14. 5. 1985 – S O 171 – 19 – VB 4 – : in : BB 1985 S. 1118; Abschn. 170 Abs. 2 Satz 6 UStR). Sofern allerdings die Kapitalgesellschaft Aufgaben wahrnimmt, die nicht zu den Pflichtaufgaben des Hoheitsträgers gehören – z. B. die Sondermüllbeseitigung –, soll sie dagegen die Steuervergünstigungen wegen Gemeinnützigkeit grundsätzlich beanspruchen können (Heidemann, a.a.O., S. 85 m.w.N.).

Neuerdings hat der Bundesminister der Finanzen nach Abstimmung mit den **347** Obersten Finanzbehörden der Länder mit Schreiben vom 27. 12. 1990 (BStBl. 1991 I S. 81) ausführlich zum Problem der umsatzsteuerrechtlichen Beurteilung der Einschaltung von Unternehmen in die Erfüllung hoheitlicher Aufgaben Stellung genommen. Die Finanzverwaltung läßt insoweit den Vorsteuerabzug für die von der öffentlichen Hand zur Erfüllung ihrer hoheitlichen Aufgaben eingeschalteten Unternehmen zu, sofern keine rechtsmißbräuchliche Gestaltung i. S.v. § 42 AO vorliegt. Dabei stellt die Finanzverwaltung heraus, daß gegenüber den Bürgern der Hoheitsträger berechtigt und verpflichtet bleibe. Der eingeschaltete Unternehmer erbringe seine Leistungen insoweit an den Hoheitsträger, auch wenn er das Entgelt für seine Tätigkeit (z. B. Müllgebühren) unter Abkürzung des Zahlungsweges unmittelbar von den Bürgern erhalte. Der Hoheitsträger erbringe als Nichtunternehmer nichtsteuerbare Leistungen an den Bürger. Aufgrund dieser steuerlichen Beurteilung der Finanzverwaltung dürften die liquiditätsmäßigen Vorteile aus der Inanspruchnahme des Vorsteuerabzuges meist weitgehend ausgeglichen oder gar überstiegen werden durch die umsatzsteuerliche Belastung der Leistungen des eingeschalteten Unternehmers gegenüber dem Hoheitsträger, die bei der Bemessung der Gebühren zu berücksichtigen ist.

Die unbeschränkte Steuerpflicht einer Eigengesellschaft AG, die die Kommu- **348** ne zur Erfüllung einer hoheitlichen Aufgabe bildet, dürfte maßgeblich die Organisationsüberlegungen gerade auch in den neuen Bundesländern beeinflussen. In Frage kommen etwa die durch die Städte und Gemeinden in der früheren DDR neu zu organisierenden Unternehmen, Betriebe und Betätigungsfelder der Straßenbeleuchtung, der Abwasserbeseitigung, der Abfallbeseitigung und -verwertung sowie der städtischen Grundstückswirtschaft. Die aufgezeigten **steuerlichen Gesichtspunkte bei der Erfüllung hoheitlicher Aufgaben** lassen sich wie folgt zusammenfassen:

In öffentlich-rechtlicher Organisationsform, etwa beim Regiebetrieb, ist die **349** hoheitliche Betätigung der Kommune von der Körperschaft-, Umsatz-, Gewerbe- und Vermögensteuer befreit.

350 In privatrechtlicher Organisationsform, z. B. AG oder auch GmbH, unterliegen auch Tätigkeiten, die materiell als hoheitlich zu betrachten sind, der unbeschränkten Besteuerung. Dabei besteht kein Unterschied, ob die Aufgabe von einer selbständigen Gesellschaft oder aber als Betriebszweig/Sparte einer auch in anderen Feldern tätigen privatrechtlichen Gesellschaft ausgeübt wird. Steuervorteile lassen sich insoweit allenfalls durch die Investitionszulage bzw. den Vorsteuerabzug erreichen (vgl. zum Vorsteuerabzug bei juristischen Personen des Öffentlichen Rechts Abschn. 212 UStR). Rechtsfähige Kapitalgesellschaften kommen nämlich stets in den Genuß von Investitionszulagen, wenn die diesbezüglichen gesetzlichen Voraussetzungen gegeben sind (vgl. o. Kap. II Ziff. 1.6).

351 Unter Berücksichtigung ausschließlich steuerlicher Gesichtspunkte spricht demnach für die Kommunen in den neuen Bundesländern alles dafür, die hoheitlichen Aufgaben in öffentlich-rechtlicher Organisationsform zu erfüllen. Andererseits sind sicherlich neben den steuerlichen auch organisatorische, betriebswirtschaftliche und personalwirtschaftliche Überlegungen bei der Entscheidung über die Organisationsform der öffentlichen Aufgabenerfüllung mit einzubinden.

5. Personalwirtschaft und Mitbestimmung

352 Personalwirtschaftlich ist die AG an die Tarifverträge der für ihren Arbeits-, Betriebs- und Produktionsbereich zuständigen Tarifparteien gebunden. Diese arbeits- und lohnrechtlichen Normen dürfen nicht unterschritten werden; es ist also der AG durchaus unbenommen, darüber hinausgehende außertarifliche Zulagen für Leistungen zu zahlen oder aber mit Personen ab einer bestimmten Leitungsebene die Arbeitsbedingungen und Gehaltseinstufungen frei auszuhandeln (sog. außertarifliche Angestellte). Möglich ist auch, daß eine Bindung an die für die Kommune geltenden tariflichen Regelungen festgelegt wird.

353 Zu beachten sind bei der AG insbesondere die Regelungen der **Mitbestimmung und Mitwirkung.** Zunächst gilt die nach dem Betriebsverfassungsgesetz ausgestaltete übliche betriebliche Mitbestimmung durch die Mitwirkung des Betriebsrates in Betrieben mit mind. fünf wahlberechtigten Arbeitnehmern, wobei sog. Tendenzbetriebe ausgenommen sind.

354 Darüber hinaus ist bei der Besetzung des Aufsichtsrates die unternehmerische Mitbestimmung gem. § 96 Abs. 1 AktG i. V. m. dem Mitbestimmungsgesetz vom 4. 5. 1976 (BGBl. I S. 1153) zu berücksichtigen. Danach muß

– in einer AG bis zu 2.000 Mitarbeitern der Aufsichtsrat zu einem Drittel aus Vertretern der Belegschaft bestehen (sog. **Drittelparität**) und

– in einer AG mit mehr als 2.000 Mitarbeitern die Hälfte der Aufsichtsratssitze von den Arbeitnehmern bestellt werden (sog. **paritätische Mitbestimmung**).

Die Vertreter der Arbeitnehmer werden in **Urwahl** gewählt. **355**

6. Verwaltungsprivatrecht

Die kommunale Leistungserbringung in privatrechtlichen Gestaltungsformen, **356** also die Ausübung materieller öffentlicher Verwaltung durch eine juristische Form des Privatrechts, wie z. B. der AG, befreit die Kommune nicht von sämtlichen öffentlichen Bindungen. Es ist somit durch eine derartige formale Privatisierung (vgl. zur materiellen Privatisierung: Kap. VII Ziff. 4) keine „Flucht" in das Privatrecht möglich. Vielmehr greift für diesen Vollzug öffentlicher Aufgaben in Gestaltungsformen des Privatrechts das von Rechtsprechung und Literatur entwickelte sog. **Verwaltungsprivatrecht** (vgl. BGH, Urteil vom 5. 4. 1984, NJW 1985, 197):

Insbesondere im Verhältnis zu den Benutzern dieser AG als öffentliche Ein- **357** richtung, z. B. der Wasserversorgung, kommt der AG keine volle Privatautonomie zu. Die Normen des Privatrechts werden vielmehr durch Bestimmungen des Öffentlichen Rechts ergänzt, überlagert und modifiziert. Dies bedeutet etwa, daß dem einzelnen Abnehmer nicht kraft privatrechtlicher Regelung Entgelte für Leistungen abverlangt werden können, für die bei öffentlich-rechtlicher Ausgestaltung des Rechtsverhältnisses Abgaben (nach dem jeweiligen KAG des Landes) nicht erhoben werden dürften. Auch sind z. B. die Nutzungsberechtigung der öffentlichen Einrichtung oder aber die Ausübung des Anschluß- und Benutzungszwanges nach den jeweiligen Kommunalverfassungen der Bundesländer weiterhin gegenüber der Kommune geltend zu machen, die die AG insoweit lediglich als Vollzugsorgan eingeschaltet hat, im übrigen aber im Hinblick auf den Zugang zur Leistungserbringung gegenüber den Bürgern weiterhin selbst in der Pflicht steht.

7. Kommunale Einflußnahme auf die Eigengesellschaft

Die AG ist auch als kommunale Eigengesellschaft, bei der sämtliche Anteile **358** in der Hand der Kommune liegen, als verselbständigtes Rechtssubjekt eine nicht zu unterschätzende Wegstrecke vom kommunalen Zentrum „Rat" entfernt. Die Kommune als Anteilseignerin ist prinzipiell – wie jeder andere Private – auf die bestehenden – und zuvor dargestellten – Mechanismen des Aktienrechts zur Einflußnahme und Kontrolle angewiesen. Insbesondere die recht formalisierte organisatorische Struktur der AG und die herausgehobene Stellung des Vorstandes als Organ läßt der Kommune nur geringe Möglichkeiten, bestimmenden Einfluß auszuüben. Eine unmittelbare Eigentümerkontrolle ist nicht zulässig, lediglich eine solche mittelbarer Natur durch die aufgezeigte Einschaltung weiterer Organe.

359   Das **Spannungsverhältnis** zwischen dem **Kommunalverfassungsrecht** einerseits und dem **Gesellschaftsrecht** andererseits wird gerade bei der AG eindeutig zugunsten des Gesellschaftsrechts entschieden. Insoweit fällt in dieses sicherlich für die Kommunen interessante Instrument im Hinblick auf eine möglichst wirtschaftliche und effiziente Aufgabenerfüllung ein „dicker Wermutstropfen", da eine unmittelbare Gestaltung und dauerhafte Einflußnahme der Kommune zur Erfüllung der konkret in Frage stehenden Aufgabe entsprechend auch der verfassungsrechtlichen Pflichtbindung nicht möglich ist. Zu nennen ist insoweit etwa das Sozialstaatsprinzip des Art. 20 Abs. 1 GG und seine inhaltlichen Konkretisierungen durch die Rechtsprechung des Bundesverfassungsgerichts (BVerfGE 1, 105; 5, 197; 45, 387): Teilaspekte sind danach das Gebot zur gleichmäßigen Lastenverteilung, zum Ausgleich und zur sozialen Gerechtigkeit sowie die Garantie des Existenzminimums für ein menschenwürdiges Dasein.

8. Holding und Organschaft

360   Sofern die Kommune im Einzelfall mehrere Betriebe gewerblicher Art betreibt, stellt sich die Frage nach einer Zusammenfassung dieser Betriebe mit der Zielsetzung, ein einheitliches Steuersubjekt und damit die Möglichkeit einer Ergebnispoolung durch einen Gewinn- und Verlustausgleich der Betriebe untereinander zu erreichen. Wichtigstes Beispiel aus der kommunalen Praxis ist die Zusammenfassung von – regelmäßig gewinnorientierten – Versorgungsbetrieben, insbesondere Elekrizitätswerken, einerseits und – regelmäßig mit z. T. erheblichen Verlusten belasteter – Nahverkehrsbetriebe andererseits.

361   Für eine Zusammenfassung derartiger verschiedener wirtschaftlicher Betriebe einer Kommune innerhalb einer Kapitalgesellschaft bieten sich folgende Lösungsmöglichkeiten an:

362   In Betracht kommt zunächst die „klassische" **Querverbundlösung,** nämlich die horizontale Zusammenfassung der verschiedenen Sparten Strom, Gas, Wasser und Verkehr sowie ggfs. weiterer Betriebszweige in einer Kapitalgesellschaft. Ein Gewinn- und Verlustausgleich innerhalb dieser Kapitalgesellschaft ist grundsätzlich möglich; eine Einschränkung ergibt sich lediglich insoweit, als im Einzelfall die Grundsätze der verdeckten Gewinnausschüttung (vgl. Abschn. 31 KStR) zu beachten sind, insbesondere also der Verlustbetrieb nicht lediglich als sog. „Liebhaberei" der Kommune zu qualifizieren sein darf.

Eine andere Organisationsform bildet eine Kapitalgesellschaft mit Holding- **363** funktion, die als horizontal/vertikale Verbundlösung ebenfalls eine Ergebnispoolung ermöglicht. Die **Holdinglösung** verdeutlicht das nachfolgende Schaubild:

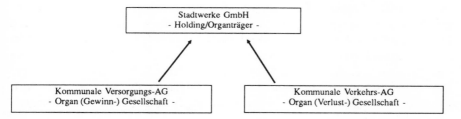

Die Organgesellschaften Versorgung und Verkehr sind – jeweils in der Form **364** einer Kapitalgesellschaft betrieben – durch die Einsetzung einer Holding als Organträger miteinander verknüpft. Aufgrund der zwischen den einzelnen Beteiligungsgesellschaften abzuschließenden Ergebnisabführungsverträge fließen bei der Holding sowohl die Gewinne als auch die Verluste der Beteiligungsgesellschaften zusammen und ermöglichen im Ergebnis ebenfalls einen Ergebnisausgleich in quasi horizontaler Wirkungsweise. Die Holdinggesellschaft übernimmt dabei für die Organgesellschaften üblicherweise bestimmte Verwaltungsaufgaben, etwa aus dem kaufmännischen oder personalwirtschaftlichen Bereich.

Eine vertikale Unternehmensverbundlösung ist dann gegeben, wenn die An- **365** teile einer Kapitalgesellschaft von einer Obergesellschaft, die entweder ebenfalls als Kapitalgesellschaft oder aber auch als Betrieb gewerblicher Art, z. B. Eigenbetrieb, ausgestaltet ist, gehalten werden.

Ein derartiger vertikaler Verbund bietet Steuererleichterungen für den Fall, **366** daß die Untergesellschaft Gewinne erzielt und ausschüttet und die Obergesellschaft mit Verlust arbeitet. Die Obergesellschaft kann dann die Dividendeneinnahme (= Gewinnausschüttung der Kapitalgeselschaft) mit ihren eigenen Verlusten verrechnen und sich die von der Untergesellschaft einzubehaltende und abzuführende Körperschaftsteuer von 36 % und Kapitalertragsteuer von 16 % der Bruttogewinnausschüttung ganzoder teilweise wieder erstatten lassen (vgl. im einzelnen: Heidemann, a.a.O., S. 109).

Diese vertikale Verbundlösung bietet auch die Chance, die aufgezeigte defi- **367** zitäre kommunale Einflußmöglichkeit auf eine AG mit Hilfe eines Beherrschungsvertrages gem. § 291 AktG zwischen der Obergesellschaft und den Untergesellschaften in gewissem Umfang zu kompensieren. Dies gilt insbesondere dann, wenn der Organträger als GmbH ausgestaltet ist. Die Möglichkeit der Beeinflussung der Geschäftsführung einer GmbH ist nämlich – im Unterschied zum Vorstand bei der AG – relativ groß (vgl. Kap. V Ziff. 8), so daß im Rahmen der Beherrschungsverträge die kommunalen Weisungen an die Vertretung der Organgesellschaft (Untergesellschaft) weitergegeben werden können.

368 Die vertikale Verbundlösung kann noch durch die Begründung einer **Organschaft** intensiviert werden. Die Voraussetzungen der Organschaft sind in den §§ 14 – 19 KStG geregelt. Das Wesen der Organschaft besteht in einem Über- und Unterordnungsverhältnis zwischen dem Organträger als beherrschendem Unternehmen und der Organgesellschaft als abhängigem Unternehmen. Kern dieses Organschaftsverhältnisses ist, daß die Organgesellschaft finanziell, wirtschaftlich und organisatorisch in den Organträger eingegliedert ist und zudem ein Gewinnabführungsvertrag zwischen Organträger und Organgesellschaft abgeschlossen worden ist.

369 Steuerlich bewirkt die Organschaft insbesondere einen unmittelbaren Saldierungseffekt im Hinblick auf die Körperschaftsteuer beim Organträger: Dieser übernimmt also durch die Verrechnung der Gewinne mit den Verlusten unmittelbar einen internen Verlustausgleich vor, ohne daß etwa die einzelne Organgesellschaft auf das umständliche Verfahren des Verlustabzugs gem. § 10 DEStG angewiesen ist.

370 Ob darüber hinaus auch eine unmittelbare Organschaft zwischen der Kommune und der Organgesellschaft, also etwa einer AG, mit Hilfe eines Beherrschungsvertrages nach § 291 AktG hergestellt werden kann, erscheint allerdings zweifelhaft.

371 In einem derartigen Fall wäre im Unterschied zu den zuvor beschriebenen konzernrechtlichen Verbindungen das konzernleitende und beherrschende Unternehmen keine Obergesellschaft als GmbH, sondern die Kommune selbst. Dies würde allerdings voraussetzen, daß die Kommune als Unternehmen im konzernrechtlichen Sinne angesehen werden kann. Für diesen Fall hätte der Vorstand gem. § 308 AktG Weisungen des Rates zu befolgen.

372 Der BGH (BGHZ 69, 334) hat zwar grundsätzlich die Möglichkeit bejaht, daß öffentlich-rechtliche Körperschaften die Unternehmenseigenschaft erfüllen können, diese Entscheidung allerdings für den Fall der Beteiligung des Bundes an der VEBA getroffen. Der BGH hat allerdings seine Ausführungen auf den Fall dieser Bundesbeteiligung beschränkt, nicht hingegen eine Grundsatzentscheidung zur Unternehmenseigenschaft öffentlicher Körperschaften und damit auch der Kommunen getroffen. In der Literatur (Kraft, a.a.O., S. 183 m.w.N.) wird daher die Übertragbarkeit der Entscheidungsgründe des BGH auf kommunale Eigengesellschaften abgelehnt.

KAPITEL V
Gesellschaft mit beschränkter Haftung

1. Rechtsgrundlagen und Organisationsstruktur

Die Gesellschaft mit beschränkter Haftung (GmbH) nach dem Gesetz betref- **373** fend die Gesellschaften mit beschränkter Haftung vom 20. 4. 1892 i. d. F. der Bekanntmachung vom 20. 5. 1898 ist – wie die AG – eine verselbständigte juristische Person des Privatrechts, die ihren Gläubigern gegenüber nur mit ihrem Gesellschaftsvermögen haftet und deren Stammkapital mind. 50.000 DM betragen muß.

Die GmbH ist Ende des vorigen Jahrhunderts aus dem wirtschaftichen Be- **374** dürfnis nach einer „**einfachen AG**" heraus entstanden. Die Verfassung der beiden Gesellschaftstypen GmbH und AG weist demzufolge weitgehende Parallelen auf; allerdings bestehen in der Unternehmensstruktur gerade für eine Kommune als Anteilseignerin wesentliche Unterschiede.

2. Grundlegende Unterschiede zwischen GmbH und AG

Die **grundlegenden Unterschiede zwischen GmbH und AG** lassen sich **375** – soweit kommunale Belange in besonderem Maße berührt sind – wie folgt zusammentragen:

– Die Kommune hat nach dem GmbH-Recht größere Einflußmöglichkeiten auf die Gesellschaft als nach dem Aktienrecht. Insbesondere hat der GmbH-Geschäftsführer keinen Anspruch auf Eigenverantwortlichkeit in der Geschäftsleitung, so daß ihm durch Gesellschaftsvertrag oder Gesellschaftsversammlungsbeschluß Beschränkungen auferlegt werden können (§ 37 GmbHG).

– Die Gesellschafterversammlung als oberstes Organ der GmbH kann – soweit nicht zwingende gesetzliche Vorschriften entgegenstehen – jede Gesellschaftsangelegenheit an sich ziehen (§§ 45, 46 GmbHG).

– Die Gesellschafter können auch ohne Versammlung und ohne Hinzuziehung eines Notars Beschlüsse fassen.

– Die Errichtung einer GmbH unterliegt einer geringeren Kontrolle und ist deshalb einfacher und billiger.

3. Organe

376 Die GmbH hat zwingend **zwei Organe:** Einen oder mehrere Geschäftsführer (§ 6 GmbHG) sowie die Gesamtheit der Gesellschafter, Gesellschafterversammlung genannt (§§ 45 ff. GmbHG).

377 Ein Aufsichtsrat ist grundsätzlich fakultativ; soweit gesetzliche Vorschriften der Mitbestimmung dies vorschreiben, ist er allerdings obligatorisch (vgl. Kap. V Ziff. 3.3).

3.1 Geschäftsführer

378 Der Geschäftsführer vertritt gem. § 35 Abs. 1 GmbHG die Gesellschaft gerichtlich und außergerichtlich. Allerdings kann durch Gesellschaftsvertrag im Innenverhältnis oder auch Beschlüsse der Gesellschafterversammlung die Geschäftsführungsbefugnis weitgehend eingeschränkt werden (§ 37 GmbHG). Außerdem kann der Kommune im Gesellschaftsvertrag die Bestellung der bzw. des Geschäftsführers eingeräumt werden, wobei diese jederzeit und ohne Angabe von Gründen widerrufen werden kann. Im Ergebnis hat damit die Kommune weitgehende Einflußmöglichkeiten auf die Geschäftsführung einer GmbH.

379 Der oder die Geschäftsführer müssen nicht hauptamtlich angestellt sein, so daß bei kleineren Gesellschaften einer Kommune oder überschaubaren Gesellschaftszwecken durchaus ein Mitarbeiter der Kommune im Nebenamt mit der Aufgabe der Geschäftsführung der GmbH betraut werden kann. Bei größeren Gesellschaften sollten – auch im Interesse einer gegenseitigen Kontrolle – zumindest zwei Geschäftsführer angestellt werden; auch insoweit kann im Einzelfall etwa – in Anlehnung an das Eigenbetriebsrecht – der Hauptverwaltungsbeamte oder ein Dezernent als Geschäftsführer neben einem hauptamtlichen Geschäftsführer Berücksichtigung finden.

380 Vorgaben für die Vergütung der Geschäftsführer – vergleichbar etwa der Werkleiterbesoldung des Bundes für beamtete Werkleiter von Eigenbetrieben als kommunale wirtschaftliche Unternehmen – gibt es nicht. Die Vergütung des Geschäftsführers bedarf somit der Ausgestaltung im Einzelfall innerhalb des Anstellungsvertrages. Soweit die Geschäftsführung Mitarbeitern der Verwaltung im Nebenamt übertragen wird, ist die Vergütung an den Bestimmungen der Nebentätigkeitsverordnung zu messen.

3.2 Gesellschafterversammlung

381 Die Gesellschafterversammlung hat zwar eine ähnliche Stellung wie die Hauptversammlung bei der AG, jedoch weitergehende Befugnisse. Diese ergeben sich grundsätzlich aus dem Gesellschaftsvertrag (§ 45 GmbHG). Das Gesetz enthält subsidiär Vorschriften im § 46 GmbHG; zwingend ist die Zuständigkeit der Gesellschafterversammlung für Änderungen des Gesellschaftsvertrages (§ 53 GmbHG) sowie die Auflösung der Gesellschaft (§ 60 Abs. 1 Nr. 2 GmbHG).

Die Bandbreite der im Gesellschaftsvertrag auszugestaltenden Zuständigkeiten **382** der Gesellschafterversammlung ist somit im Ergebnis sehr groß; sie reicht von einer weitgehenden Anbindung der Geschäftsführung an Beschlüsse der Gesellschafterversammlung (vgl. § 37 Abs. 1 GmbHG) bis zu einer weitgehenden Entscheidungsfreiheit der Geschäftsführung, etwa analog dem Vorstand einer AG. Diese Flexibilität macht gerade die GmbH für die Kommune besonders attraktiv.

3.3 Aufsichtsrat

Grundsätzlich besteht für die GmbH **keine Verpflichtung** zur Einrichtung **383** eines Aufsichtsrates. Die Gesellschafter können ein derartiges Gremium einrichten, sie müssen aber nicht. Aus gesetzlichen Vorschriften kann sich allerdings zwingend die Bildung eines Aufsichtsrates ergeben: In einer GmbH mit mehr als 500 Arbeitnehmern ist gem. § 129 Abs. 1 Betriebsverfassungsgesetz 1972 und § 77 Abs. 1 Betriebsverfassungsgesetz 1952 ein Aufsichtsrat drittelparitätisch, bei einer GmbH mit mehr als 2.000 Arbeitnehmern nach dem Mitbestimmungsgesetz vom 4. 5. 1976 paritätisch zu besetzen.

Sofern ein Aufsichtsrat auf freiwilliger Basis oder aus den dargestellten zwin- **384** genden rechtlichen Gründen eingerichtet wird, gehen auf ihn vor allen Dingen solche Zuständigkeiten der Gesellschafterversammlung über, die der Kontroll- und Überwachungsfunktion des Aufsichtsrates entsprechen. Das GmbH-Gesetz nimmt insoweit auf das Aktienrecht Bezug (§ 52 Abs. 1 GmbHG i. V. m. § 90 AktG), allerdings kann – je nach Ausgestaltung der Eigenständigkeit der Geschäftsführung im Innenverhältnis – im Gesellschaftsvertrag selbst eine anderweitige Zuständigkeitsregelung getroffen werden. Unter dem Geltungsbereich der Mitbestimmungsgesetze, insbesondere des Mitbestimmungsgesetzes vom 4. 5. 1976, werden jedoch die Weisungs- und Kontrollfunktionen der Gesellschafter auf den nach dem Aktienrecht gem. § 111 AktG zulässigen Umfang reduziert. Soweit danach der Kontroll- und Aufsichtsbereich des mitbestimmenden Aufsichtsrates reicht, können keine unmittelbare Weisungen der Kommune als Gesellschafter an die Geschäftsführung erfolgen.

Zum Problem der Weisungsgebundenheit der kommunalen Vertreter im Auf- **385** sichtsrat vgl. Kap. IV Ziff. 2.2.

4. Haushalts-, Rechnungs- und Prüfungswesen

386   Die einschlägigen Regelungen des Haushalts-, Rechnungs- und Prüfungswesens sind weitgehend mit denjenigen der AG vergleichbar (vgl. Kap. IV Ziff. 3).

387   Auch die dargestellten besonderen Informations- und Prüfungsrechte einer Kommune nach dem jeweiligen kommunalen Wirtschaftsrecht der GO sind auf die GmbH übertragbar (vgl. Kap. IV Ziff. 3).

5. Steuerrechtliche Gesichtspunkte

388   Die GmbH unterliegt als juristische Person des Privatrechts den gleichen steuerlichen Verpflichtungen wie die AG (vgl. Kap. IV Ziff. 4.).

6. Personalwirtschaft und Mitbestimmung

389   Auch hinsichtlich der personalwirtschaftlichen Rahmenbedingungen können die Ausführungen zur AG in Bezug genommen werden (vgl. Kap. IV Ziff. 5.).

390   Die unternehmerische Mitbestimmung ist bereits im Rahmen einer pflichtigen Aufsichtsratsbildung dargestellt worden (vgl. Kap. V Ziff. 3.3); im übrigen greift auch bei der GmbH die betriebliche Mitbestimmung in Gestalt der Mitwirkung durch den Betriebsrat auf der Grundlage des Betriebsverfassungsgesetzes 1972, falls der Betrieb mind. 5 wahlberechtigte Arbeitnehmer aufweist (Ausnahme: Tendenzbetriebe).

7. Verwaltungsprivatrecht

391   Vgl. hierzu Kap. IV Ziff. 6.

8. Kommunale Einflußnahme auf die Eigengesellschaft

392   Der Verselbständigungsgrad einer GmbH als kommunale Eigengesellschaft gegenüber der unmittelbaren Kommunalverwaltung ist weit weniger ausgeprägt als derjenige einer AG. Die kommunale Einflußnahme durch die Ausübung von Kontroll- und Aufsichtsrechten kann daher bei der GmbH sehr viel intensiver ausgeübt werden. Maßgeblich hierfür sind drei Gesichtspunkte:

– Der Kommune kann im Gesellschaftsvertrag die Bestellung des Geschäftsführers eingeräumt werden; eine Abberufung ist jederzeit und ohne Angabe von Gründen möglich.

– Da dem Geschäftsführer nicht die Eigenverantwortlichkeit des Vorstandes einer AG durch das GmbH-Gesetz zugestanden wird, können ihm im Gesellschaftsvertrag entsprechende Bindungen auferlegt werden.

– Außerdem können dem Geschäftsführer durch Beschluß der Gesellschafterversammlung Beschränkungen auferlegt werden.

Die **GmbH** ist somit als **Organisationsform zwischen Eigenbetrieb einer-** 393
seits und AG andererseits angesiedelt, wobei sie im Ergebnis – trotz der Verselbständigung als juristische Person des Privatrechts – mehr den Grundstrukturen des Eigenbetriebes und den dort bestehenden Möglichkeiten kommunaler
Einflußnahme angenähert sein dürfte. Eine GmbH-Errichtung oder -Beteiligung
ist sicherlich damit für die Kommune sehr viel unproblematischer als im vergleichbaren Fall einer AG.

KAPITEL VI
Zweckverband

1. Rechtsgrundlagen und Organisationsstruktur

1.1 Begriff

Der Zweckverband ist die „typische" Organisationsform der interkommu- **394** nalen Zusammenarbeit. Aus praktischen Bedürfnissen heraus entwickelt, bereits in der 2. Hälfte des 19. Jahrhunderts verschiedentlich gesetzlich verankert, z. B. in Baden 1863, in Württemberg 1891, hat der Zweckverband zwischenzeitlich in den landesrechtlichen Regelungen über die kommunale Gemeinschaftsarbeit (in den neuen Bundesländern: § 61 KVDDR) seine rechtliche Ausgestaltung und in der kommunalen Praxis eine weitestgehende Verbreitung zur gemeinsamen Bewältigung der unterschiedlichsten kommunalen Aufgaben erfahren.

Der Zweckverband ist als Körperschaft des öffentlichen Rechts organisato- **395** risch und rechtlich verselbständigt. Er verwaltet seine Angelegenheiten im Rahmen der Gesetze unter eigener Verantwortung. Wenn der Zweckverband eine einzelne kommunale Aufgabe übernimmt, geht die kommunale Aufgabe selbst, nicht lediglich die Aufgabenerfüllung auf den Verband über. Die abgebende Gemeinde wird insoweit vollständig von ihrer Verpflichtung befreit.

1.2 Mitglieder

Mitglieder des Zweckverbandes sind in erster Linie Gemeinden und/oder Ge- **396** meindeverbände, die sich zur Erfüllung einer einzelnen Aufgabe, zu deren Wahrnehmung sie berechtigt oder verpflichtet sind, zusammenschließen. Neben mindestens einer Gemeinde oder einem Gemeindeverband können auch sonstige juristische Personen des Öffentlichen Rechts, also etwa der Bund, die Länder und andere Körperschaften, Anstalten und Stiftungen des Öffentlichen Rechts, Mitglieder eines Zweckverbandes sein. Schließlich können sogar natürliche und juristische Personen des Privatrechts Zweckverbandsmitglieder sein, wenn die Erfüllung der Verbandsaufgaben dadurch gefördert wird und Gründe des öffentlichen Wohls nicht entgegenstehen.

1.3 Bildung

397   Die Bildung des Zweckverbandes erfolgt entweder auf freiwilliger Basis durch koordinationrechtlichen öffentlich-rechtlichen Vertrag (vgl. § 54 Abs. 1 Satz 1 VwVfG) zwischen den Beteiligten **(Freiverband)**, oder aber durch einen zwangsweisen Zusammenschluß der Beteiligten aufgrund aufsichtsbehördlicher Verfügung **(Pflichtverband)**, regelmäßig nur für Pflichtaufgaben, in Nordrhein-Westfalen und Brandenburg allerdings auch zur Erfüllung von Aufgaben, zu denen die Kommunen nicht verpflichtet sind (vgl. z. B. § 22 GkG NW: **gesetzlicher Zweckverband**).

398   Wesentliche Voraussetzung für die Entstehung des Zweckverbandes ist eine von den künftigen Verbandsmitgliedern vereinbarte und von der Rechtsaufsichtsbehörde genehmigte **Verbandssatzung.** Als Mindestinhalt muß diese Verbandssatzung die Verbandsmitglieder, die Aufgaben, den Namen und Sitz des Verbandes, die Form der öffentlichen Bekanntmachungen sowie den Maßstab bestimmen, nach dem die Verbandsmitglieder zur Deckung des Finanzbedarfs beizutragen haben.

399   In der Vorbereitung der Unterzeichnung der Verbandssatzung müssen sich die zukünftigen Verbandsmitglieder über den Inhalt des Satzungstextes einigen, den Beitritt zum Zweckverband – unter Billigung des Satzungstextes – in ihrem Hauptorgan (Rat bzw. Gemeindevertretung, Kreistag) beschließen lassen und die Satzung als Verpflichtungserklärung nach den einschlägigen Bestimmungen des Kommunalverfassungsrechts (z. B. § 54 GO BaWü; § 56 GO NW) unterzeichnen. Die Verbandssatzung erlangt für alle Beteiligten Verbindlichkeit, sobald sie von allen unterzeichnet ist.

400   Zur aufsichtsbehördlichen Genehmigung wird die unterzeichnete Zweckverbandssatzung, zusammen mit den Beschlüssen der zuständigen Organe, der **Kommunalaufsichtsbehörde** vorgelegt. Die Aufsichtsbehörde hat die Verbandssatzung und ihre Genehmigungen in ihrem amtlichen Veröffentlichungsblatt bekanntzumachen. Der Zweckverband entsteht am Tage nach der öffentlichen Bekanntmachung der Verbandssatzung und der Genehmigung im Veröffentlichungsblatt der Aufsichtsbehörde und wird zugleich Körperschaft des Öffentlichen Rechts und damit selbständiger Träger von Rechten und Pflichten.

401   Die knapp zusammengefaßte Darstellung der rechtlich notwendigen Verfahrensschritte verdeutlicht den oftmals schwierigen und auch langwierigen Weg hin zur Bildung eines Zweckverbandes. Diese Organisationsform kommt somit vor allen Dingen dann in Frage, wenn die Erfüllung einer langfristigen und auf Dauer angelegten Gemeinschaftsaufgabe, ein größerer Kapitaleinsatz oder aber die Notwendigkeit der Vorhaltung eigenen Personals im Rahmen einer rechts- und handlungsfähigen juristischen Person in Frage steht.

2. Organe

Die Zweckverbandsgesetze aller Bundesländer sehen zwingend die Bildung **402** von **zwei Organen** vor: **Verbandsversammlung** und **Verbandsvorsteher (Verbandsvorsitzender)**.

In einer Reihe von Landesgesetzen besteht die Möglichkeit, daß die Verbands- **403** satzung ein weiteres Organ schaffen kann; die Bezeichnungen sind unterschiedlich, z. B. Verwaltungsrat in Baden-Württemberg, Verbandsvorstand in Schleswig-Holstein oder Verbandsausschuß in Niedersachsen.

Darüber hinaus kann die Verbandssatzung vorsehen, daß ein Ausschuß oder **404** mehrere Ausschüsse neben der Verbandsversammlung zu bilden sind. Die Mitglieder dieser Ausschüsse können – je nach Regelung in der Verbandssatzung – entweder von der Verbandsversammlung aus ihrer Mitte gewählt oder aber von den Verbandsmitgliedern entsandt werden. Den Ausschüssen können bestimmte Aufgaben zur Entscheidung oder lediglich zur Vorbereitung und Beratung einer abschließenden Entscheidung in der Verbandsversammlung übertragen werden.

Schließlich wird in der kommunalen Praxis zuweilen neben der Verbandsver- **405** sammlung und dem Verbandsvorsteher ein **Beirat** gebildet, in dem Vertreter von Organisationen und Verbänden an den Aufgaben des Zweckverbandes beratend mitwirken, obwohl die Organisationen und Verbände selbst nicht Mitglieder des Zweckverbandes sind. Insoweit bietet sich für den Zweckverband die Chance, auch externen Sachverstand zum Zwecke einer optimalen Erfüllung der öffentlichen Aufgabe heranzuziehen.

2.1 Verbandsversammlung

Die Verbandsversammlung besteht aus den Vertretern der Verbandsmitglieder; **406** sie ist also die **Vertretungskörperschaft** und damit das **Hauptorgan des Zweckverbandes**. Jedes Verbandsmitglied muß in ihr vertreten sein.

Soweit Gemeinden oder Gemeindeverbände Verbandsmitglieder sind, werden **407** die Vertreter durch den Rat bzw. die Gemeindevertretung oder den Kreistag für deren Wahlzeit aus ihrer Mitte oder aus den Dienstkräften des Verbandsmitglieds, ggfs. nach den Grundsätzen der Verhältniswahl, gewählt. Für jedes Mitglied der Verbandsversammlung ist ein Stellvertreter für den Fall der Verhinderung zu bestellen. Die Vertreter der Gemeinden und Gemeindeverbände in der Verbandsversammlung eines Zweckverbandes sind an Weisungen der entsendenden Gemeinden oder Gemeindeverbände gebunden (vgl. z. B. § 13 Abs. 5 GKG BaWü). Dies dürfte auch – mit Rücksicht auf die notwendige Einbringung der Interessenlage des Verbandsmitglieds in die Willensbildung und Entscheidungsfindung der Verbandsversammlung – für diejenigen Länder gelten, deren Landesgesetze – wie z. B. NW in § 15 GkG NW – keine ausdrückliche Bestimmung insoweit getroffen haben.

408 Die Verbandsversammlung wählt aus ihrer Mitte den Vertreter einer Gemeinde oder eines Gemeindeverbandes – unabhängig davon, ob auch natürliche oder juristische Personen des Privatrechts zu den Verbandsmitgliedern zählen – zum Vorsitzenden. Die Mitgieder der Verbandsversammlung einschließlich des Vorsitzenden sind ehrenamtlich tätig.

409 Die Sitzungen der Verbandsversammlung sind öffentlich. Beschlußfähigkeit erreicht die Verbandsversammlung nur dann, falls die anwesenden Vertreter von Gemeinden und Gemeindeverbänden wenigstens die Hälfte der Stimmenzahl erreichen.

410 Soweit das jeweilige Landesrecht hinsichtlich anderer Fragen der internen Organisation und des Verfahrens keine Regelung enthält, können entsprechende Maßgaben in der Verbandssatzung getroffen werden. Falls dies im Einzelfall nicht geschieht, wird regelmäßig durch die Landesgesetze über kommunale Gemeinschaftsarbeit die sinngemäße Anwendung der jeweiligen Kommunalverfassung in Bezug genommen.

411 Zu den zwingenden Zuständigkeiten der Verbandsversammlung zählt das Recht, Satzungen zu erlassen, die Wahl des Vorsitzenden und des stellvertretenden Vorsitzenden der Verbandsversammlung, die Beschlußfassung über die Haushaltssatzung sowie über die Rechnungslegung und die Entlastung des Verbandsvorstehers, die Wahl des Verbandsvorstehers, die Stellung als Dienstvorgesetzter des Verbandsvorstehers und die Änderung der Verbandssatzung sowie die Auflösung des Zweckverbandes.

2.2 Verbandsvorsteher

412 Der Verbandsvorsteher wird von der Verbandsversammlung aus dem Kreise der Hauptverwaltungsbeamten der zum Zweckverband gehörenden Gemeinden und Gemeindeverbände gewählt; er darf selbst der Verbandsversammlung nicht angehören. Auch der Verbandsvorsteher wird ehrenamtlich tätig; ebenso wie die Mitglieder der Verbandsversammlung hat er nur Anspruch auf Ersatz seiner Auslagen und des entgangenen Arbeitsverdienstes.

413 Der Verbandsvorsteher führt die **laufenden Geschäfte.** Darunter fallen die nach Regelmäßigkeit und Häufigkeit üblichen Geschäfte, deren Erledigung nach feststehenden Grundsätzen erfolgt.

414 Darüber hinaus führt der Verbandsvorsteher nach Maßgabe der Gesetze, der Verbandssatzung und der Beschlüsse der Verbandsversammlung die übrige Verwaltung des Zweckverbandes und vertritt den Zweckverband gerichtlich und außergerichtlich.

Er ist **Dienstvorgesetzter** der Dienstkräfte des Zweckverbandes. Andererseits **415** ist die Verbandsversammlung Dienstvorgesetzter des Verbandsvorstehers.

2.3 Sonstige Organe nach Landesrecht

Soweit das Landesrecht – wie dargestellt – die Bildung eines weiteren Orga- **416** nes ermöglicht, haben die Beteiligten im Einzelfall zu entscheiden und alsdann natürlich auch in der Verbandssatzung zu vereinbaren, ob ein derartiges drittes Organ sinnvoll oder gar notwendig ist. So könnte z. B. eine besonders große Verbandsversammlung durch ein drittes Organ entlastet werden, insbesondere dann, wenn Art und Umfang der Aufgaben des Zweckverbandes fortlaufend zahlreiche Einzelentscheidungen erfordern, die einerseits nicht mehr zu den dem Verbandsvorsteher vorbehaltenen laufenden Geschäften gehören, andererseits aber auch nicht so gewichtig sind, daß sie der Verbandsversammlung vorbehalten werden müssen.

3. Befugnisse des Zweckverbandes

3.1 Im Verhältnis zu seinen Mitgliedern

In Verhältnis zu seinen Mitgliedern ist besonders hervorzuheben, daß das **417** Recht und die Pflicht der beteiligten Gemeinden und Gemeindeverbände zur Erfüllung der vom Zweckverband wahrzunehmenden Aufgaben auf den Zweckverband übergehen. Bei den einzelnen Gemeinden verbleiben keinerlei Rechte und Pflichten hinsichtlich der betreffenden Aufgabe; die Verantwortlichkeit kann folglich nach dem Übergang der Aufgaben auf den Zweckverband auch nicht mehr durch Aufsichtsmittel gegenüber den beteiligten Gemeinden und Gemeindeverbänden durchgesetzt werden.

Der Zweckverband ist also nicht bloßer Erfüllungsgehilfe, sondern wirklicher **418** Aufgabeninhaber und **Aufgabenträger.**

Der Zweckverband erhebt von seinen Verbandsmitgliedern eine **Umlage,** so- **419** weit seine sonstigen Einnahmen nicht ausreichen, um seinen Finanzbedarf zu decken. Diese Umlage soll in der Regel nach dem Verhältnis des Nutzens bemessen werden, den die einzelnen Verbandsmitglieder aus der Erfüllung der Aufgaben des Zweckverbandes haben. Allerdings kann auch ein anderer Maßstab zugrunde gelegt werden, wenn dies angemessen erscheint. Maßstab wird also beispielsweise bei einem Zweckverband, der der gemeinsamen Wassergewinnung dient, die bezogene (oder auch die bestellte) Wassermenge sein.

Dem Zweckverband steht auch die **Personalhoheit** zu, insbesondere das **420** Recht, Beamte zu ernennen; der Zweckverband ist also **dienstherrenfähig.**

3.2 Im Verhältnis zum Bürger

421   Die Befugnisse des Zweckverbandes im Verhältnis zum Bürger ergeben sich vornehmlich aus der subsidiären Geltung der jeweiligen Kommunalverfassung. Der Zweckverband genießt danach **Satzungsautonomie,** d. h. er hat das Recht, für sein Aufgabengebiet Satzungen zu erlassen. Der Zweckverband kann, z. B. bei Zuwiderhandlungen gegen derartige Satzungsbestimmungen, Verwaltungszwang nach den jeweiligen verwaltungsvollstreckungsrechtlichen Grundlagen der Bundesländer ausüben. Schließlich kann der Zweckverband auch einen **Anschluß- und Benutzungszwang,** z. B. nach Maßgabe des § 15 KVDDR, vorschreiben.

422   Außerdem kommt dem Zweckverband **Finanzhoheit** zu. In entsprechender Anwendung der Vorschriften des Kommunalabgabenrechts der jeweiligen Bundesländer kann der Zweckverband Gebühren und Beiträge erheben, nicht aber Steuern.

4. Wirtschaftsführung

423   Die für den Zweckverband zugrunde zu legenden Regelungen hinsichtlich seiner Wirtschaftsführung knüpfen an die konkrete Aufgabenstellung an. Zu unterscheiden ist der Zweckverband, der eine hoheitliche Aufgabe erfüllt, und derjenige Zweckverband, dessen Zweck auf den Betrieb eines wirtschaftlichen Unternehmens gerichtet ist.

424   Soweit ein Zweckverband als nichtwirtschaftliches Unternehmen zu qualifizieren ist, finden die Vorschriften der kommunalen Haushaltswirtschaft und des Finanzwesens mit Ausnahme der Regelungen über die Auslegung des Entwurfs der Haushaltssatzung, über die Auslegung des Haushaltsplanes und über das Rechnungsprüfungsamt sinngemäß Anwendung. Sofern hingegen der Zweckverband den Betrieb eines wirtschaftlichen Unternehmens verfolgt, kann der Verband auch auf die Wirtschaftsführung und das Rechnungswesen des Zweckverbandes selbst die Vorschriften über Wirtschaftsführung und Rechnungswesen der Eigenbetriebe sinngemäß anwenden. An die Stelle der Haushaltssatzung tritt in diesem Falle der Wirtschaftsplan, an die Stelle der Rechnung der Jahresabschluß. Die Verbandssatzung kann auch bestimmen, daß die Aufgaben des Werksausschusses von der Verbandsversammlung wahrgenommen werden.

425   In Baden-Württemberg (§ 20 GKZ Ba-Wü) kann darüber hinaus durch die Verbandssatzung auch die sinngemäße Anwendung der für die Verfassung und Verwaltung der Eigenbetriebe geltenden Vorschriften vorgesehen werden. Das bedeutet u. a., daß die Geschäftsleitung des Zweckverbandes Organstellung entsprechend der Werkleitung eines Eigenbetriebes erhält und für die laufende Betriebsführung zuständig und verantwortlich ist.

Auch in Bayern (Art. 39 KomZG Bay) können dem Geschäftsleiter erweiterte **426** Zuständigkeiten gegeben werden. In Niedersachsen (§ 26 ZG Nds) soll die Verbandssatzung derartiger Zweckverbände die Verfassung und Verwaltung grundsätzlich dem handelsrechtlichen Gesellschaftsrecht so anpassen, daß bei aller Wahrung der gemeinwirtschaftichen Bindungen sowohl die Beweglichkeit der Wirtschaftsführung des Zweckverbandes als auch die berechtigten Belange der einzelnen Verbandsmitglieder sowie von Gruppen von Verbandsmitgliedern nach Maßgabe ihrer wirtschaftlichen Beteiligung gesichert werden.

5. Steuerliche Behandlung

Die steuerliche Behandlung des Zweckverbandes hängt – wie bei der grund- **427** sätzlichen Abgrenzung Hoheitsbetrieb/Betrieb gewerblicher Art – von der verfolgten Aufgabenstellung ab. Sofern das Tatbestandsmerkmal des Betriebes gewerblicher Art im Einzelfall erfüllt ist, gelten für ein solches Unternehmen die Besteuerungsmerkmale des Eigenbetriebes, d. h. es entsteht gem. § 4 Abs. 1 i. V. m. § 23 Abs. 2 KStG die unbeschränkte Körperschaftsteuerpflicht mit einem Körperschaftsteuersatz in Höhe von 46 %.

Eine **Gewerbesteuerpflicht** gilt für Unternehmen der Zweckverbände dann, **428** wenn sie als stehende Gewerbebetriebe gem. § 2 Abs. 1 GewStDV anzusehen sind. Die Tätigkeit muß danach insbesondere mit Gewinnabsicht ausgeübt werden und sich als Beteiligung am allgemeinen wirtschaftlichen Verkehr darstellen. Ob Gewinnerzielungsabsicht vorliegt, muß bei ständig mit Verlust arbeitenden Betrieben im Einzelfall unter Abwägung aller Umstände geprüft werden (Abschn. 20 Abs. 2 S. 4 GewStR; BFH vom 15. 12. 1976, BStBl. II 1977 S. 250). Zweckverbände, deren Tätigkeit ausschließlich in der Wasserbeschaffung, nicht aber in der Versorgung der Bevölkerung mit Wasser liegt, können in ihren Satzungen die Gewinnerzielungsabsicht ausschließen.

Die Zweckverbände sind in fast allen Bundesländern von der **Grunderwerb-** **429** **steuer** befreit.

6. Wasser- und Bodenverband

Ein **spezieller Zweckverband für wasserwirtschaftliche Aufgabenstellun-** **430** **gen** ist der Wasser- und Bodenverband, dessen Organisation im einzelnen im Gesetz über Wasser- und Bodenverbände (Wasserverbandsgesetz – WVG) vom 12. 2. 1991 (BGBl. I S. 405) ausgestaltet ist. Auch der Wasser- und Bodenverband ist eine Körperschaft des Öffentlichen Rechts, deren Tätigkeit allerdings auf den in § 2 WVG enthaltenen Aufgabenkatalog beschränkt ist. Als zulässige Aufgaben stehen insoweit im Vordergrund die Abwasserbeseitigung und Wasserversorgung.

431   Soweit also etwa Aufgabenstellungen der Abwasserbeseitigung oder Wasserversorgung in Frage stehen, können die zur Kooperation bereiten Kommunen wählen zwischen einem Zweckverband nach den Landesgesetzen über kommunale Gemeinschaftsarbeit und dem Wasser- und Bodenverband nach dem WVG. Solange in den neuen Bundesländern noch keine Landesgesetze über kommunale Gemeinschaftsarbeit verabschiedet sind und als Rechtsgrundlage allein der weite Rahmen des § 61 KVDDR herangezogen werden kann, könnte sich die bundesrechtliche Regelung des WVG als vorzugswürdig erweisen, weil sie den Kommunen einen recht detaillierten Organisationsrahmen zur Verfügung stellt.

432   Ansonsten kann die Frage, welche der beiden Zweckverbandsformen vorzugswürdig ist, kaum pauschal beantwortet werden. Sie hängt weitestgehend von den Umständen des Einzelfalls ab, etwa von der Frage, wer als Verbandsmitglied in Frage kommen soll. Gem. § 4 Abs. 1 WVG können nämlich bei einem Wasser- und Bodenverband nicht nur Körperschaften des Öffentlichen Rechts, sondern auch die jeweiligen Eigentümer von Grundstücken und Anlagen, jeweilige Erbbauberechtigte sowie Inhaber von Bergwerkseigentum und Personen, denen der Verband im Rahmen seiner Aufgaben Pflichten abnimmt oder erleichtert, Verbandsmitglieder sein.

7. Bedeutung des Zweckverbandes für die neuen Bundesländer

433   Der Zweckverband ist das seit Jahrzehnten bewährte und in der kommunalen Praxis vielfach gehandhabte Instrument interkommunaler Zusammenarbeit. Die Gründe einer derartigen Zusammenarbeit können sehr vielfältig sein. Hierzu zählt nicht nur der Fall, daß mehrere Einzellösungen weit kostspieliger sind als eine gemeinschaftliche, sondern auch die Ausgangssituation, daß eine einzelne Kommune gar nicht in der Lage ist, eine Aufgabe, sei sie nun notwendig oder wünschenswert, für sich allein zu erfüllen. Gerade der letztgenannte Aspekt dürfte unter besonderer Berücksichtigung der Gemeindegrößenstruktur in den neuen Bundesländern die Bildung von Zweckverbänden für einzelne Aufgabenstellungen als höchst sinnvoll erscheinen lassen.

434   Die überwiegende Zahl der Gemeinden in der früheren DDR hat eine Größenordnung, die die Gefahr in sich birgt, daß sie für sich allein nicht in der Lage sind, das notwendige Fachpersonal zu wirtschaftlich vertretbaren Bedingungen in ihrer Gemeinde vorzuhalten, um die Aufgaben, die durch die Einführung der kommunalen Selbstverwaltung neu auf sie zukommen, sachgerecht und optimal erfüllen zu können (vgl. zum Aufgabenbestand: § 2 Abs. 2 KVDDR). Die nachfolgende Übersicht aus dem Statistischen Jahrbuch 1989 der DDR und dem der Deutschen Gemeinden, herausgegeben vom Deutschen

Städtetag, zeigt die grundlegenden Unterschiede zwischen den Gemeinden der Bundesrepublik Deutschland und der fünf neuen Bundesländer:

Gemeindegrößenklassen	Anzahl der Gemeinden in der DDR und in der Bundesrepublik Deutschland nach Einwohnergrößenklassen (von ... Einwohnern bis unter ... Einwohner)			
	Anzahl der Gemeinden in der DDR		Anzahl der Gemeinden in der Bundesrepublik	
	abs.	%	abs.	%
Unter 500 Einwohner	3580	47,3	1724	20,3
500 –1000	1956	25,9	1344	15,8
1000 –2000	1042	13,8	1578	18,6
Zwischensumme	6578	87,0	4646	54,7
2000 – 5000	597	7,9	1733	20,4
5000 –10 000	164	2,2	980	11,5
Zwischensumme	761	10,1	2713	31,9
10 000 – 20 000	107	1,4	646	7,6
20 000 – 50 000	82	1,1	348	4,1
50 000 –100 000	20	0,3	84	1,0
Zwischensumme	209	2,8	1078	12,7
Mehr als 100 000	15	0,2	68	0,7
Insgesamt	7563	100	8505	100

Die Gemeinden sollten auch der Versuchung widerstehen, möglichst in jedem **435** Falle selbständig für sich allein alle Aufgaben zu erledigen. Dem sicherlich verständlichen Drang zur Selbständigkeit sollte die Einsicht in den Nutzen gemeinsamen Handels entgegenstehen.

Zu berücksichtigen ist zudem, daß im Vordergrund die Gewährleistung des **436** umfangreichen gemeindlichen Aufgabenbestandes gem. § 2 Abs. 2 KVDDR steht, unabhängig davon, ob dies im Einzelfall durch die einzelne Gemeinde oder aber – sozusagen als Verbundlösung – unter Inanspruchnahme der Möglichkeiten interkommunaler Zusammenarbeit, insbesondere etwa durch die Bildung eines Zweckverbandes, geschieht. Sofern sich nämlich in der Praxis zeigen sollte, daß diese Aufgabengewährleistung durch die Gemeinden selbst nicht sichergestellt werden kann, besteht durchaus die reale Gefahr, daß andere Verwaltungsträger, etwa das Land oder aber auch der Kreis, Zugriff auf den originären gemeindlichen Aufgabenbestand nehmen.

In diesem Zusammenhang ist insbesondere § 72 Abs. 3 KVDDR zu beachten, **437** der den Landkreisen die Möglichkeit gibt, mit Zwei-Drittel-Mehrheit des Vertretungsorgans und Zustimmung der Rechtsaufsichtsbehörde Aufgaben der Gemeinden an sich zu ziehen, wenn diese nicht in der Lage sind, diese entsprechend den Bedürfnissen der Einwohner zu erfüllen.

Es ist daher den Gemeinden in den neuen Bundesländern zu empfehlen, zur **438** Entwicklung einer stärkeren Verwaltungs- und Leistungskraft nicht nur sich des mehrstufigen kommunalen Organisationsmodells der Verwaltungsgemeinschaft gem. § 31 KVDDR zu bedienen, sondern auch im Hinblick auf die Erfüllung bestimmter Aufgaben gemeindeübergreifende Zweckverbandslösungen zu wählen. Diese interkommunale Zusammenarbeit bedeutet nicht zwangsläufig den Verlust der Selbständigkeit, sondern ermöglicht die gemeinsame und gleichgerichtete Aufgabenerfüllung durch Gleichgesinnte. Die Bildung eines Zweckverbandes ist zudem Beleg dafür, daß die kommunale Ebene in jedem Falle einer selbstgewählten und selbstbestimmten Gemeinschaftslösung den Vorzug gibt vor einer staatlicherseits fremdbestimmten Alternative.

KAPITEL VII
Zulässigkeit und Grenzen wirtschaftlicher Betätigung der Kommunen

1. Wirtschaftliche und nichtwirtschaftliche Unternehmen

Das Recht der Kommunen auf wirtschaftliche Betätigung zur Erfüllung öf- **439** fentlicher Aufgaben zählt zum herkömmlichen Bestand der kommunalen Selbstverwaltung im Sinne der Selbstverwaltungsgarantie des Grundgesetzes (Art. 28 Abs. 2 GG).

Allerdings bedeutet dies nicht, daß sich die Kommunen unbegrenzt auf wirt- **440** schaftlichem Gebiet betätigen können. Auch die Kommunen sind eingebettet in das in der Bundesrepublik Deutschland bestehende Wirtschaftssystem einer sozialen Marktwirtschaft. Wesentliche Bestandteile dieser Wirtschaftsordnung sind Privateigentum, freie Preisbildung sowie Freizügigkeit von Arbeit und Kapital, Gütern und Dienstleistungen und Wettbewerb. Eine grenzen- und schrankenlose Betätigung der Kommunen würde aber das in einem Konzept der sozialen Marktwirtschaft notwendige Nebeneinander von privatem und öffentlichem Handeln beeinträchtigen und nicht unerheblich das privatunternehmerische Wirtschaftsgefüge berühren.

Die Rechtsordnung hat deshalb der **Zulässigkeit kommunaler wirtschaftli- 441 cher Betätigung Grenzen** gesetzt. Aus kommunaler Sicht maßgebliche Zulässigkeitsgrenze ist die in den Kommunalverfassungen der einzelnen Bundesländer enthaltene sog. „**Wirtschaftsklausel**"; einschlägig sind darüber hinaus – mit Rücksicht auf die Konkurrenz privater Anbieter – Grenzziehungen des Wirtschaftsrechts.

Mit der Zulässigkeit und den Grenzen wirtschaftlicher Betätigung der Kom- **442** munen unmittelbar verknüpft ist die nach dem jeweiligen Kommunalverfassungsrecht zu beurteilende Frage denkbarer Organisationsformen im Falle einer verselbständigten Aufgabenerfüllung. Bei der Prüfung möglicher Organisationsformen für die kommunale Aufgabenwahrnehmung ist insbesondere maßgeblich danach zu unterscheiden, ob es sich bei der auszugliedernden Aufgabe um eine **wirtschaftliche Betätigung** der Gemeinden **oder** aber um eine solche nichtwirtschaftlicher und damit **hoheitlicher Art** handelt.

Damit rückt der **Begriff des wirtschaftlichen Unternehmens** in das Zen- **443**

trum der einschlägigen kommunalverfassungsrechtlichen Bestimmungen; von der Festlegung, ob im Einzelfall ein wirtschaftliches Unternehmen vorliegt, hängt sowohl die Beantwortung seiner grundsätzlichen Zulässigkeit als auch die Frage denkbarer Organisationsformen ab.

1.1 Begriff des wirtschaftlichen Unternehmens

444   Die in den Kommunalverfassungen der einzelnen Bundesländer enthaltenen Vorschriften über die wirtschaftliche Betätigung der Kommunen (§ 102 GO Ba-Wü; Art. 89 GO Bay; § 121 GO Hess; § 108 GO Nds; § 88 GO NW; § 85 GO RP; § 106 KSVG Saarl; § 101 GO SH; § 57 KVDDR) verzichten auf eine Definition des Begriffs der wirtschaftlichen Unternehmen. Überwiegend wird immer noch auf die bereits in der vorläufigen Ausführungsanweisung zu § 67 DGO enthaltene Umschreibung wirtschaftlicher Unternehmen zurückgegriffen; danach sind wirtschaftliche Unternehmen solche Einrichtungen und Anlagen der Gemeinde, die auch von einem Privatunternehmer mit der Absicht der Gewinnerzielung betrieben werden können.

445   Versuche in der <u>Literaturwissenschaft</u> (vgl. Püttner, a.a.O., S. 28 ff.), den Begriff der Wirtschaft materiell auszufüllen und damit präziser zu fassen, münden im wesentlichen in folgende Begriffsbestimmung des wirtschaftlichen Unternehmens ein: Erforderlich ist die planmäßige, auf Beteiligung am Markt ausgerichtete Produktion und/oder die Bereitstellung sowie der Vertrieb von Waren und Dienstleistungen (sog. Wertschöpfung) durch eine mit gewisser organisatorischer Festigkeit, Dauer und Selbständigkeit ausgestattete Betriebseinheit, also dem Unternehmen.

1.2 Abgrenzung zum Hoheitsbetrieb

446   Die in der kommunalen Praxis unter Berücksichtigung der aufgezeigten Definitionen nicht immer eindeutig zu bestimmende Frage, ob im Einzelfall ein wirtschaftliches Unternehmen vorliegt, wird wesentlich erleichtert durch eine gesetzliche Fiktion, die in allen Kommunalverfassungen – mit Ausnahme von § 57 KVDDR – enthalten ist. Die Kommunalverfassungen bestimmen durch diese Fiktion kraft Gesetzes, welche Einrichtungen, Betriebe und Unternehmen einer Gemeinde nicht als wirtschaftliche Unternehmen im Sinne der kommunalverfassungsrechtlichen Vorschriften über die wirtschaftliche Betätigung und privatrechtliche Beteiligung einer Gemeinde gelten. Diese nichtwirtschaftlichen Unternehmen werden auch als Hoheitsbetriebe bezeichnet.

447   Als **Hoheitsbetriebe** und damit nichtwirtschaftliche Unternehmen im Sinne der Kommunalverfassungen der Bundesländer kommen danach **drei Fallgruppen** in Betracht:

448   **– Unternehmen, zu denen die Gemeinde gesetzlich verpflichtet ist** (z. B.

Anlagen für die Beseitigung fester und flüssiger Abfall- und Schmutzstoffe gem. §§ 11, 12 Bundesseuchengesetz, Tierkörperbeseitigungsanstalten nach dem Tierkörperbeseitigungsgesetz vom 01. 02. 1939 betreffend Kreise und kreisfreie Städte);

– **Einrichtungen des Bildungs-, Gesundheits- und Sozialwesens, der Kul-** 449
tur, des Sports, der Erholung, der Abfall- und Abwasserbeseitigung,
der Straßenreinigung sowie Einrichtungen ähnlicher Art; Beispiele sind
insoweit:
Bildungswesen: Schulen aller Art, Volkshochschulen, Bibliotheken, Medio-
theken sowie Institute der Wissenschaft und Forschung;
Gesundheitswesen: Krankenhäuser, Kliniken, Ambulatorien, Sanatorien,
Kurparks, ärztliche Beratungsstellen, Gemeindepflegestationen, Sanitäts-
dienst, Rettungsstationen, Unfallstationen und Bestattungseinrichtungen;
Sozialwesen: Kinderkrippen, Kindergärten, Kinder- und Jugendheime, Ju-
gendzentren, Alten- und Pflegeheime, Altentagesstätten, Behindertenheime,
Obdachlosenheime, Erholungsheime, Erziehungsheime, Jugendherbergen,
Erziehungsberatungsstellen sowie Häuser der offenen Tür;
Kultur: Theater, Opern, Museen, Galerien, Archive, Konzerte, Bürger- bzw.
Gemeinschaftshäuser;
Sport: Schimmbäder, Spiel- und Sportplätze sowie Sportberatungsstellen;
Erholung: Saunen, Freizeitparks, Zoos, Botanische Gärten, Park- und Gar-
tenanlagen, Campingplätze, Naherholungsgebiete;
Abfallbeseitigung: Müllverwertungs- und Müllverbrennungsanlagen;
Einrichtungen ähnlicher Art: Straßenbeleuchtung, Märkte, Schlacht- und
Viehhöfe, Friedhöfe;

– **Einrichtungen, die als Hilfsbetriebe ausschließlich der Deckung des Ei-** 450
genbedarfs von Gemeinden und Gemeindeverbänden dienen; es handelt
sich somit um sog. Hilfsbetriebe, die ausschließlich den Eigenbedarf der
Kommune befriedigen, was z. B. auf gemeindliche Bauhöfe, den Fuhrpark
oder die Gärtnereien zutrifft.

In Abgrenzung zu den in den Kommunalverfassungen ausdrücklich genannten 451
nichtwirtschaftlichen Unternehmen lassen sich die – nicht im Gesetz näher bestimmten – **wirtschaftlichen Unternehmen** einer Kommune positiv im wesentlichen wie folgt umschreiben:

– **Versorgungsbetriebe:** Wasser-, Gas-, Elektrizitäts- und Fernheizwerke;

– **Verkehrsbetriebe:** Straßenbahnen, Autobusse, Hoch- und Untergrundbah-
nen, Stadtschnellbahnen, Kleinbahnen, Bergbahnen, Sesselbahnen, Skilifte,
Hafenanlagen, Luftverkehr, Flughafen, Schiffe und Fähren, Parkhäuser;

– **Betriebe der Urproduktion und darauf aufgebaute Verarbeitungsbetrie-**

be: Güter, Molkereien, Milchhöfe, Sägewerke, Salinen, Brunnenbetriebe, Gestüte, Wein-, Obst- und Gartenbaubetriebe, Fischereibetriebe, Steinbrüche, Kies- und Sandgruben, Ziegeleien, Mühlen und Braunkohlenbergwerke;

– **Sonstige Betriebe:** Stadthallen, Messehallen, Kurbetriebe, Hotels, Gaststätten (Ratskeller, Theatergaststätten, Weinkeller), Lagerhäuser und Reklamebetriebe.

452 Zu den wirtschaftlichen Unternehmen im weiteren Sinne zählen auch Wohnungsbetriebe, Siedlungsgesellschaften und Sanierungsgesellschaften sowie Sparkassen, die als Anstalten des Öffentlichen Rechts den Bestimmungen der Sparkassengesetze der Länder unterliegen.

453 Eine Gegenüberstellung der wesentlichen wirtschaftlichen Unternehmen und Hoheitsbetriebe ist der nachfolgenden Übersicht zu entnehmen:

	Aufgaben	Organisationsform		
		Regiebetrieb	Eigenbetrieb	Eigengesellschaft
Wirtschaftliche Unternehmen	Versorgungsbetriebe Wasserwerke, Gaswerke, Elektrizitäts- und Fernheizwerke			
Voraussetzung:	Verkehrsbetriebe Straßenbahnen, Autobusse, Kleinbahnen, Bergbahnen, Hafenanlagen, Flughäfen, Parkhäuser			
– (dringender) öffentlicher Zweck	Betriebe der Urproduktion und darauf aufgebaute Verarbeitungsbetriebe Molkereien, Kies- und Sandgruben, Ziegeleien	nur vereinzelt, vornehmlich in kleineren Städten und Gemeinden	überwiegende Organisationsform	weitverbreitete Organisationsform
– (Subsidiarität gegenüber Privatwirtschaft) – Vereinbarkeit mit Leistungsfähigkeit und voraussichtlichem Bedarf der Gemeinde	Sonstige Betriebe Stadthallen, Messehallen, Kurbetriebe			
Hoheitsbetriebe	Schulen, Einrichtungen der Wissenschaft, Forschung- und Kulturpflege z. B. Museen, Theater, Volkshochschulen, Büchereien Einrichtungen der sozialen Sicherung z. B. Altenpflegeheime, Behindertenheime, Obdachlosenheime Einrichtungen für Gesundheit, Sport und Erholung z. B. Krankenhäuser, Unfallstationen, Sportanlagen, Badeanstalten Einrichtungen des Umweltschutzes z. B. Abwasserbeseitigung, Abfallwirtschaft, Friedhöfe	regelmäßige und überwiegend in der Praxis vorhandene Organisationsform	nur in einigen Bundesländern rechtlich zulässig; in der Praxis der jüngeren Vergangenheit vornehmlich im Abwasserbereich	nur vereinzelt in der Abfallwirtschaft praktiziert

454 Das vorstehende Schema verdeutlicht zugleich, daß ein unmittelbarer Zusammenhang zwischen der materiellen Bestimmung einer kommunalen Einrichtung als wirtschaftliches Unternehmen oder nichtwirtschaftliches Unternehmen einerseits sowie der zur Erledigung der konkreten Aufgabe in Frage kommenden Organisationsformen andererseits besteht:

– Sofern die Kommune – selbstverständlich unter Berücksichtigung der im **455** einzelnen unter 2. noch darzustellenden Zulässigkeitsvoraussetzungen der Kommunalverfassungen der Bundesländer – in rechtlich zulässiger Weise ein wirtschaftliches Unternehmen errichtet, stehen ihr grundsätzlich alle Organisationsformen zur Verfügung. Die Kommune kann also wählen zwischen der unmittelbaren Kommunalverwaltung (etwa Regiebetrieb), dem Eigenbetrieb oder den Kapitalgesellschaften GmbH und AG. Eine differenzierende Betrachtungsweise kann sich ausnahmsweise aus der jeweiligen Kommunalverfassung ergeben; so besteht z. B. in Baden-Württemberg eine Einschränkung dahingehend, daß ein Vorrang des Eigenbetriebs statuiert wird, d. h. die Kommune kann nur dann auf die Gesellschaftsformen des Privatrechts zurückgreifen, wenn von der Kommune der konkrete Nachweis erbracht wird, daß diese Organisationsform im Vergleich zum Eigenbetrieb insgesamt wirtschaftlicher und sparsamer ist.

– Sofern die öffentliche Einrichtung als Hoheitsbetrieb und damit nichtwirt- **456** schaftliches Unternehmen einzustufen ist, steht der Kommune in erster Linie der Regiebetrieb und damit die unmittelbare Kommunalverwaltung als Organisationsform zur Verfügung. Eigenbetriebslösungen sind in den Ländern Hessen, Nordrhein-Westfalen, Rheinland-Pfalz und Saarland möglich, privatrechtliche Organisationsformen sind in diesem nichtwirtschaftlichen Bereich in den einzelnen Bundesländern in unterschiedlichem Umfang zulässig. Eine Übersicht findet sich insoweit unter Kap. III Ziff. 6.2.

2. Rechtliche Grenzen wirtschaftlicher Betätigung

2.1 Verfassungsrechtliche Grenzen

Die verfassungsrechtliche Grenzziehung für die wirtschaftliche Betätigung der **457** Kommunen ermöglicht die grundlegende Kompetenzbestimmung des Art. 28 Abs. 2 GG. Die Einbindung der Kommunen in die bundesstaatliche Kompetenzordnung gilt auch für die wirtschaftliche Betätigung, wobei auch insoweit zwischen der Zuständigkeit der Gemeinden und der Kreise zu differenzieren ist:

Die Gemeinde ist im Rahmen ihrer Allzuständigkeit, also der Zuständigkeit **458** für alle Angelegenheiten der örtlichen Gemeinschaft, grundsätzlich jedenfalls verfassungsrechtlich berechtigt, wirtschaftliche Unternehmen zu errichten oder auch sich daran zu beteiligen.

Dem Kreis hingegen ist eine wirtschaftliche Betätigung und damit auch die **459** Gründung eines wirtschaftlichen Unternehmens nur insoweit erlaubt, als er auf seine Kompetenz für überörtliche Angelegenheiten zurückgreifen kann (vgl. Kap. I Ziff. 2.4).

2.2 Kommunalverfassungsrechtliche Grenzen

460   Im Anschluß an § 67 Abs. 1 DGO wird die Errichtung, Übernahme oder (wesentliche) Erweiterung wirtschaftlicher Unternehmen für die Kommunen von bestimmten Voraussetzungen abhängig gemacht. Dabei ist die Grundstruktur der DGO beibehalten worden; soweit in den Kommunalverfassungen einzelner Bundesländer Modifizierungen vorgenommen worden sind, sind diese regelmäßig nicht ins Gewicht fallend und können daher in diesem Zusammenhang vernachlässigt werden. Einer gesonderten Darstellung bedürfen lediglich die vom bisherigen Kommunalverfassungsrecht abweichenden Bestimmungen der DDR-Kommunalverfassung (§ 57).

461   Eine Sonderstellung innerhalb der wirtschaftlichen Unternehmen erfahren im Kommunalverfassungsrecht Bankunternehmen und Sparkassen. **Bankunternehmen** darf die Gemeinde nicht errichten, übernehmen oder betreiben (vgl. § 102 Abs. 4 GO Ba-Wü; Art. 89 Abs. 3 GO Bay; § 121 Abs. 4 GO Hess; § 108 Abs. 4 GO Nds; § 88 Abs. 3 GO NW; § 85 Abs. 3 GO RP; § 106 Abs. 3 KSVG Saarl; § 108 Abs. 1 GO SH). Die Errichtung und der Betrieb öffentlicher **Sparkassen** richtet sich ausschließlich nach den speziellen Landessparkassengesetzen (§ 102 Abs. 4 GO Ba-Wü; Art. 89 Abs. 3 GO Bay; § 121 Abs. 4 GO Hess; § 108 Abs. 5 GO Nds; § 88 Abs. 4 GO NW; § 85 Abs. 3 GO RP; § 106 Abs. 3 KSVG Saarl; § 101 Abs. 4 GO SH).

462   Abgesehen von diesen Besonderheiten stellen die Kommunalverfassungen der Bundesländer für die Errichtung, Übernahme oder Erweiterung wirtschaftlicher Unternehmen folgende drei Voraussetzungen auf:

2.2.1 Öffentlicher Zweck

463   Voraussetzung für die Errichtung, Übernahme oder Erweiterung wirtschaftlicher Unternehmen ist zunächst, daß ein **öffentlicher Zweck** (in NRW: dringender öffentlicher Zweck, § 88 Abs. 1 Ziff. 1 GO NW) das Unternehmen erfordert.

464   Mit der inhaltlich schwierig zu präzisierenden Formulierung des öffentlichen Zwecks wird den Kommunen ein weiter Gestaltungsspielraum eingeräumt: Ein öffentlicher Zweck liegt immer dann vor, wenn die Leistungen und Lieferungen eines Unternehmens im Aufgabenbereich der Gemeinde liegen und eine im öffentlichen Interesse gebotene Versorgung der Einwohner zum Ziel haben. Das Vorliegen einer öffentlichen kommunalen Aufgabe, etwa im Bereich der Daseinsvorsorge, erfüllt damit regelmäßig bereits das Tatbestandsmerkmal „öffentlicher Zweck".

465   Das Vorliegen eines öffentlichen Zwecks wird auch nicht etwa dadurch ausgeschlossen, daß die Kommune auch einen Gewinn mit dem Betrieb des Un-

120

ternehmens erzielen möchte. Die Kommunalverfassungen legen sogar insoweit regelmäßig ausdrücklich fest, daß wirtschaftliche Unternehmen auch einen Ertrag für den Haushalt der Gemeinde abwerfen sollen, soweit dadurch die Erfüllung des öffentlichen Zwecks nicht beeinträchtigt wird (vgl. z. B. § 94 Abs. 1 GO NW). Im Vordergrund steht somit – im Unterschied zur Privatwirtschaft – bei wirtschaftlichen Unternehmen einer Kommune das aus der öffentlichen Aufgabe abgeleitete und konkretisierte Sachziel, wie z. B. die Wasserversorgung. Das wirtschaftliche Unternehmen wird somit nicht primär mit Gewinnerzielungsabsicht betrieben, sondern um dieser öffentlichen Zweckverfolgung willen. Dies schließt allerdings andererseits nicht aus, daß – über die Verfolgung des öffentlichen Zwecks und die Wahrnehmung des öffentlichen Auftrages hinausgehend – das wirtschaftliche Unternehmen auch einen Gewinn für den Haushalt abwerfen sollte.

Andererseits dürfte die alleinige Absicht der Gewinnerzielung keinen öffent- **466** lichen Zweck begründen. Ein derartiges wirtschaftliches Unternehmen, dessen ausschließlicher oder vorrangiger Zweck die Gewinnerzielung ist, erweist sich als unvereinbar mit dem von der Kommune zu verfolgenden Gemeinwohlinteresse.

Im übrigen obliegt das Merkmal des öffentlichen Zwecks der Einschätzung **467** durch die kommunalen Entscheidungsträger vor Ort. Zu berücksichtigen sind im Einzelfall die konkreten Rahmenbedingungen der Kommune und die Ausfüllung dessen, was aus der spezifischen örtlichen Sicht heraus als sinnvoll, notwendig oder gar geboten angesehen wird. Eine gerichtliche Überprüfung oder auch eine Korrektur durch die Kommunalaufsicht ist dabei kaum möglich. Grenze der kommunalen Betätigung ist allerdings in jedem Falle die Grenze der Kompetenz der Gemeinde oder des Kreises im Hinblick auf die in Frage stehende Aufgabe.

2.2.2 *Leistungsfähigkeit und Bedarf*

Das wirtschaftliche Unternehmen einer Kommune muß außerdem nach Art **468** und Umfang in einem angemessenen Verhältnis zu der Leistungsfähigkeit der Kommune und zum voraussichtlichen Bedarf stehen.

Das Vorliegen dieser Voraussetzung will die Kommunen vor Aktivitäten be- **469** wahren, die ihre Verwaltungs- und/oder Finanzkraft überfordern. Die Voraussetzung entspricht damit dem allgemeinen Grundsatz, daß jede wirtschaftliche Betätigung der Kommune sich in den Grenzen halten muß, die ihrer Leistungsfähigkeit gezogen sind. Auch das Merkmal des Bedarfs dient dem Schutz der Kommune: Überkapazitäten sind zu vermeiden, eine Bedarfsprognose auf gesicherter Grundlage unter Berücksichtigung der zu erwartenden Bedarfssteigerungen in der Zukunft sollte in jedem Fall Entscheidungsgrundlage sein. Die für die Errichtung, Übernahme oder wesentliche Erweiterung eines wirtschaftlichen Unternehmens der Kommune erforderlichen Investitionen sind im übrigen in das vom Rat zu beschließende Investitionsprogramm aufzunehmen und werden damit Grundlage der fünfjährigen Finanzplanung, die den Kommunen kommunalverfassungsrechtlich vorgeschrieben ist.

470 Unwirtschaftliches Handeln verbietet sich der Kommune auch mit Rücksicht auf die ebenfalls in den Vorschriften der Haushaltswirtschaft normierte grundlegende Pflicht zur sparsamen und wirtschaftlichen Führung ihrer Haushaltswirtschaft (vgl. z. B. § 62 Abs. 2 GO NW). Insoweit wäre z. B. zu prüfen, ob das wirtschaftliche Unternehmen – wie bereits dargelegt – auch einen Ertrag für den Haushalt der Gemeinde abwirft, zumindest aber neben einer angemessenen Rücklagenbildung eine marktübliche Verzinsung des Eigenkapitals erwirtschaftet.

2.2.3 Subsidiarität

471 Mit Ausnahme von Baden-Württemberg und Hessen enthalten die Kommunalverfassungen der anderen Bundesländer als dritte Zulässigkeitsvoraussetzung, daß andere Unternehmen den Zweck des kommunalen Unternehmens nicht besser und wirtschaftlicher erfüllen können.

472 Mit dieser Voraussetzung soll die gemeindliche Wirtschaft in die Gesamtorganisation der deutschen Wirtschaft sinnvoll eingeordnet werden. Der Privatwirtschaft soll also der Vorrang bleiben, wenn sie dem von der Gemeinde beabsichtigten Zweck besser und wirtschaftlicher als ein gemeindliches Unternehmen entsprechen kann. Insoweit bezweckt diese Grenze der wirtschaftlichen Betätigung der Kommune wesentlich auch den Schutz privater Konkurrenten.

473 Auch die Konkretisierung dieser **Subsidiaritätsklausel** oder der sog. **Funktionssperre** läßt der Kommune im Einzelfall einen Beurteilungsspielraum, den im Grunde auch nur die Kommune aufgrund ihrer umfangreichen Kenntnisse der örtlichen Wirtschaftsverhältnisse ausfüllen kann. Als Anhaltspunkte für die Entscheidungsfindung kann die Zuverlässigkeit privater Wettbewerber, die gleichmäßige Versorgung der Einwohner, das soziale Bedürfnis der Leistungsempfänger und die daraus resultierende Notwendigkeit sozialausgerichteter Leistungsentgelte, die Wirtschaftlichkeit der Betriebsführung sowie sämtliche Qualitätsmerkmale der Leistung herangezogen werden.

474 Die Subsidiaritätsklausel ist im übrigen im Gesamtsystem der kommunalverfassungsrechtlichen Vorschriften über die wirtschaftliche Betätigung der Kommunen als durchaus rechtlich fragwürdig zu bezeichnen. Die Klausel setzt im Grunde einen Vergleich zwischen einem optimal wirtschaftenden Unternehmen eines Privaten und einer ebenso optimalen wirtschaftlichen Betätigung der Kommune im Einzelfall voraus. Dieser Vergleich ist jedoch im Grunde unmög-

lich, da die wirtschaftlichen Unternehmen der Kommune gerade nicht primär der Wirtschaftlichkeit und damit der Gewinnerzielung verpflichtet sind, sondern in erster Linie den öffentlichen Zweck nachhaltig erfüllen sollen (vgl. z. B. § 94 Abs. 1 GO NW; § 57 Abs. 4 KVDDR). Insoweit sollte auf dieses Merkmal bei etwaigen zukünftigen Novellierungen der Vorschriften des kommunalen Wirtschaftsrechts in den jeweiligen Kommunalverfassungen verzichtet werden.

2.2.4 Sonstige kommunalverfassungsrechtliche Bindungen

Neben den dargestellten Zulässigkeitsvoraussetzungen im Hinblick auf die **475** Errichtung, Übernahme oder Erweiterung eines wirtschaftlichen Unternehmens, der sog. Schrankentrias, stellen die Kommunalverfassungen der Bundesländer regelmäßig weitere grundlegende Bindungen für die kommunale Führung derartiger wirtschaftlicher Unternehmen voraus. Hervorzuheben sind in diesem Zusammenhang insbesondere folgende Tatbestände:

Die wirtschaftlichen Unternehmen der Kommune sind so zu führen, daß der **476** öffentliche Zweck nachhaltig erfüllt wird. Sie sollen einen Ertrag für den Haushalt der Gemeinde abwerfen, soweit dadurch die Erfüllung des öffentlichen Zwecks nicht beeinträchtigt wird (§ 102 Abs. 2 GO Ba-Wü; Art. 94 Abs. 1 und 2 GO Bay; § 127 a GO Hess; § 114 GO Nds; § 94 GO NW; § 90 GO RP; § 116 KSVG Saarl; § 7 GO SH). Im Vordergrund der Wirtschaftsführung kommunaler Unternehmen steht folglich die öffentliche Zweckerfüllung, darüber hinaus aber auch die Erwirtschaftung eines Gewinns. Falls letzteres nicht erreichbar ist, etwa weil keine kostendeckenden Entgelte erhoben werden können, wie z. B. im öffentlichen Personennahverkehr, oder aber die notwendige Berücksichtigung sozialer Gesichtspunkte Einnahmeausfälle bedingt, sind derartige Mindereinnahmen im Interesse der vorrangigen Erfüllung des öffentlichen Auftrages hinzunehmen und letztlich aus dem kommunalen Gesamthaushalt auszugleichen.

Bei der Auswahl privatrechtlicher Organisationsformen für die Führung eines **477** wirtschaftlichen Unternehmens hat die Kommune darauf zu achten, daß eine Rechtsform gewählt wird, die die Haftung der Kommune auf einen bestimmten Betrag begrenzt (§ 104 Abs. 1 Nr. 1 GO Ba-Wü; Art. 91 Abs. 1 Nr. 1 GO Bay; § 122 Abs. 1 Nr. 1 GO Hess; § 110 Abs. 1 GO Nds; § 89 Abs. 1 Nr. 1 GO NW; § 87 Abs. 1 GO RP; § 107 Abs. 2 KSVG Saarl; § 102 Abs. 2 GO SH). Das finanzielle Risiko einer Kommune soll damit kalkulierbar gemacht werden. Die Voraussetzungen dieser Haftungsbegrenzung erfüllen diejenigen Gesellschaften, bei denen die Haftung auf das Gesellschaftsvermögen beschränkt ist, wie z. B. AG, GmbH sowie bei einer KG der Kommanditist. Unzulässig ist damit andererseits die Beteiligung der Kommune an Gesellschaften, deren Gesellschafter unbeschränkt haften, also z. B. der BGB-Gesellschaft, der OHG oder als Komplementär bei der KG.

478   Darüber hinaus hat die Kommune bei derartigen Gesellschaften zu gewährleisten, daß eine bestimmte Aufstellung und Prüfung des Jahresabschlusses erfolgt, z. B. in entsprechender Anwendung der für große Kapitalgesellschaften
geltenden Vorschriften des HGB (§§ 238 ff. HGB) oder des Eigenbetriebsrechts
(vgl. hierzu: Kap. IV Ziff. 3).

479   Teilweise wird schließlich verlangt, daß der Kommune ein angemessener Einfluß im Aufsichtsrat oder einem entsprechenden Überwachungsorgan eingeräumt sein muß (vgl. § 122 Abs. 1 Nr. 3 GO Hess; § 107 Abs. 1 Nr. 3 KSVG
Saarl; § 102 Abs. 1 Nr. 3 GO SH).

480   Im Grunde geben die letztgenannten Vorschriften einzelner Bundesländer einen allgemeinen Grundsatz des Inhalts wieder, daß die Kommune bei der Führung eines kommunalen Unternehmens, insbesondere auch in der Form einer
privatrechtlichen Gesellschaft, in jedem Falle einen dominierenden oder – zumindest – überwiegenden Einfluß absichern sollte. Nur durch eine derartige,
auch andere Mitgesellschafter überlagernde Möglichkeit der Einflußnahme kann
die Erfüllung des öffentlichen Auftrages letztendlich sichergestellt werden.

2.2.5 Besonderheiten der DDR-Kommunalverfassung

481   Im Unterschied zu den dargestellten kommunalverfassungsrechtlichen Grenzen der wirtschaftlichen Betätigung der Kommunen im Hinblick auf die Gründung wirtschaftlicher Unternehmen weist die KVDDR eine deutlich geringere
Regelungsdichte auf. Im Ergebnis trifft damit die KVDDR eine grundsätzliche
Entscheidung dahingehend, den Kommunen die Gründung wirtschaftlicher Unternehmen zu erleichtern und ihnen einen weiten Spielraum insoweit einzuräumen.

482   Die Gründung, Unterhaltung, Erweiterung oder Übernahme wirtschaftlicher
Unternehmen gem. § 57 KVDDR weist im Vergleich zum bisherigen bundes-
deutschen Recht im einzelnen folgende Besonderheiten und – im Ergebnis –
Erleichterungen zugunsten der Kommunen auf:

483 – Gem. § 57 Abs. 1 KVDDR können Gemeinden zur Durchführung ihrer Aufgaben im Interesse des Gemeinwohls wirtschaftliche Unternehmen errichten.
Das Merkmal des öffentlichen Zwecks fehlt.

484 – Zusätzliche Voraussetzung ist gem. § 57 Abs. 1 KVDDR, daß diese Aufgaben nicht von Dritten erfüllt werden. In den Kommunalverfassungen der
alten Bundesländer ist diese Voraussetzung insoweit verschärft, als nicht auf
die tatsächliche Erfüllung, sondern auf die Möglichkeit der Erfüllung („besser oder wirtschaftlicher erfüllen können") abgestellt wird.

485 – Die Angemessenheitsklausel (Relation zur Leistungsfähigkeit und zum Bedarf) fehlt in der KVDDR.

Darüber hinaus fehlen weitere maßgebliche, insbesondere auch den Schutz **486** der Kommunen bezweckende Vorschriften, die in den Kommunalverfassungen der alten Bundesländer üblich sind:

- Eine Definition nichtwirtschaftlicher Unternehmen – wie z. B. in § 88 **487** Abs. 2 GO NW – fehlt. Die KVDDR kennt diesen Begriff nicht. Aus dem Fehlen von Vorschriften für diesen nichtwirtschaftlichen Bereich dürfte aber wohl kaum die Unzulässigkeit der Auswahl von der KVDDR als grundsätzlich zulässig anerkannter Organisationsformen auch für nichtwirtschaftliche Unternehmen zu schließen sein. Vielmehr haben die Kommunen aufgrund ihrer umfassenden Organisationshoheit nach Art. 28 Abs. 2 GG das Wahlrecht, nichtwirtschaftliche Einrichtungen entweder als Regiebetrieb oder aber als Eigenbetrieb oder in Privatrechtsform zu führen.

- Andererseits umschreibt die KVDDR in § 57 Abs. 3 den Begriff des wirt- **488** schaftlichen Unternehmens organisatorisch, indem sie die für kommunale wirtschaftliche Unternehmen zulässigen Unternehmensformen, nämlich Eigenbetrieb, Eigengesellschaft und Beteiligungsgesellschaft, auflistet.

- Die Beschränkung auf Rechtsformen, bei denen die Haftung der Kommune **489** auf einen bestimmten Betrag begrenzt ist, fehlt.

- Ebenfalls fehlen Vorschriften über die Aufstellung von Wirtschafts- und Fi- **490** nanzplänen sowie die Wahrnehmung von Informations- und Prüfungsrechten der Kommune.

- Das Verbot, Bankunternehmen zu errichten, zu übernehmen oder zu betrei- **491** ben, fehlt ebenfalls.

2.3 Wirtschaftsrechtliche Grenzen

Kernbestandteile des allgemeinen Wirtschaftsrechts, das die Ordnungsgrund- **492** sätze für die wirtschaftliche Betätigung innerhalb der sozialen Marktwirtschaft normiert, sind das Gesetz gegen unlauteren Wettbewerb (**UWG**) und das Gesetz gegen Wettbewerbsbeschränkungen (**GWB**). Während das GWB den im öffentlichen Interesse liegenden Schutz des Wettbewerbs absichern will, knüpft das UWG an diese Institution des freien Wettbewerbs an und bekämpft und untersagt die Anwendung unlauterer Wettbewerbsmethoden.

Zu fragen ist, inwieweit die Regelungen des GWB und des UWG auch auf **493** die wirtschaftliche Betätigung der Kommunen Anwendung finden.

Das GWB legt in § 98 Abs. 1 – ebenso wie der EG-Vertrag in Art. 90 EWGV **494** – die Anwendbarkeit des Gesetzes gegen Wettbewerbsbeschränkungen, des sog. Kartellrechts, auf „öffentliche Unternehmen" ausdrücklich fest. Die Betätigung der Kommunen in wirtschaftlichen Unternehmen unterfällt somit dem GWB.

495   In den Kommunalverfassungen der alten Bundesländer findet sich zudem regelmäßig auch selbst ein Verbot des Mißbrauchs kommunaler wirtschaftlicher Machtstellung (vgl. z. B. Art. 96 GO Bay; § 127 c GO Hess; § 116 GO Nds; § 95 GO NW; § 91 GO RP; § 117 KSVG Saarl; § 109 GO SH).

496   Im UWG fehlt zwar eine vergleichbare gesetzliche Festlegung des Normadressaten Kommune; dennoch findet nach allgemeiner Auffassung auch das UWG auf wirtschaftliche Unternehmen der Kommunen Anwendung, wenn diese sich in der Form des Privatrechts am Wirtschaftsverkehr beteiligen.

497   Nicht eindeutig in Rechtsprechung und Literatur wird die Anwendung des Kartell- und Wettbewerbsrechts für den Fall erörtert, daß die Kommune selbst oder ein öffentlich-rechtlich organisiertes kommunales Unternehmen, z. B. ein Eigenbetrieb, in den Handlungsformen des Öffentlichen Rechts Leistungen im Wettbewerb mit privaten Anbietern erbringt.

498   Soweit das Kartellrecht dem Öffentlichen Recht zuzurechnen ist, bestehen gegen seine Anwendbarkeit keine Bedenken. Fraglich ist insbesondere die Anwendbarkeit des privatrechtlichen UWG.

499   Die Rechtsprechung des BGH (z. B. BGHZ 66, 229, 237; 82, 375, 382 ff.) unterscheidet insoweit zwischen der Leistungsbeziehung zu den Abnehmern und dem zwischen der öffentlichen Hand und dem privaten Anbieter bestehenden Wettbewerbsverhältnis. Das letztgenannte Wettbewerbsverhältnis ist nach Auffassung des BGH nicht durch Über- und Unterordnung gekennzeichnet, so daß ein privatrechtliches Verhalten vorliege und damit das UWG anwendbar sei.

500   Ob diese These von der Doppelnatur wirklich notwendig ist, erscheint unter Berücksichtigung der Zielsetzungen des UWG-Gesetzgebers zweifelhaft. Das UWG will alle Tätigkeiten „im geschäftlichen Verkehr" und „zu Zwecken des Wettbewerbs" erfassen, und zwar unabhängig von der Organisationsform der Marktteilnehmer. Unter besonderer Berücksichtigung des notwendigen Schutzes der konkurrierenden Mitbewerber dürfte damit das UWG als Marktordnungsrecht generell auf die kommunale Wettbewerbsteilnahme anwendbar sein, also auch dann, wenn die Leistungserbringung im Einzelfall öffentlich-rechtlich erfolgt.

501   GWB und auch UWG finden demzufolge grundsätzlich auf die wirtschaftlichen Unternehmen der Kommunen Anwendung.

502   Abwehransprüche Dritter, insbesondere von Mitbewerbern, gegen eine unzulässige wirtschaftliche Betätigung der Gemeinde können insbesondere auf § 26 GWB gestützt werden. Fraglich ist darüber hinaus insbesondere, ob auch die kommunalverfassungsrechtlichen Vorschriften über die Zulässigkeit der Errichtung, Übernahme oder Erweiterung wirtschaftlicher Unternehmen für die konkurrierenden Privaten als Anspruchsgrundlage, etwa gerichtet auf die Unterlassung eines bestimmten kommunalen wirtschaftlichen Unternehmens, im Einzelfall herangezogen werden können. Dies setzt voraus, daß die einschlägigen kommunalverfassungsrechtlichen Vorschriften zumindest auch den Schutz privatrechtlicher Konkurrenten bezwecken.

In erster Linie verfolgen die kommunalverfassungsrechtlichen Vorschriften **503** über die Zulässigkeit und Grenzen wirtschaftlicher Betätigung der Kommunen den Zweck, die Kommunen vor den damit verbundenen wirtschaftlichen Risiken zu schützen. Darüber hinaus ist nicht zu übersehen, daß die Merkmale des „öffentlichen Zwecks" und insbesondere auch die „Subsidiaritätsklausel" den notwendigen Ausgleich zwischen der Privatwirtschaft einerseits und der verfassungsrechtlichen Gewährleistung kommunaler Wirtschaftstätigkeit andererseits gewährleisten wollen und damit letztendlich durchaus auch den Schutz der insoweit betroffenen Angehörigen der Privatwirtschaft mit bezwecken.

Folglich kann durchaus ein privater Konkurrent der Gemeinde, der durch eine **504** unzulässige wirtschaftliche Betätigung der Gemeinde beeinträchtigt wird, aus den kommunalverfassungsrechtlichen Vorschriften über die kommunale wirtschaftliche Betätigung einen Unterlassungsanspruch herleiten. Die Voraussetzungen für diesen Unterlassungsanspruch liegen dann vor, wenn die Kommune ein nach den vorgenannten Vorschriften unzulässiges wirtschaftliches Unternehmen betreibt und der private Konkurrent dadurch in seinem Gewerbebetrieb beeinträchtigt wird.

Für eine derartige Klage aus öffentlich-rechtlichen Vorschriften, ist der **505** Rechtsweg zu den Verwaltungsgerichten gem. § 40 Abs. 1 VwGO eröffnet.

3. Kommunalpolitische Schranken: Unmittelbare oder mittelbare Kommunalverwaltung

Neben den aufgezeigten rechtlichen Grenzen, insbesondere denjenigen kom- **506** munalverfassungsrechtlicher Natur, sind in jedem Einzelfall der Errichtung, Übernahme oder Erweiterung eines wirtschaftlichen Unternehmens durch die Kommune auch kommunalpolitische Schranken zu beachten. Diese beziehen sich sowohl auf die Frage des „ob" eines wirtschaftlichen Unternehmens überhaupt, als auch auf die Frage des „wie", also die Ausgestaltung des wirtschaftlichen Unternehmens durch die Wahl der konkreten Organisationsform.

Bei der Auswahl der Organisationsform hat die Kommune das bereits aus- **507** führlich dargestellte „Pro und Kontra" zugunsten der Ämterverwaltung einerseits bzw. zugunsten mehr oder weniger verselbständigter Organisationsformen andererseits in ihre Willensbildung einzubinden, die einzelnen Organisationsformen sehr sorgfältig zu prüfen und letztendlich eine Entscheidung auf dem schmalen Grad zwischen einer möglichen wirtschaftlichen Effizienzsteigerung sowie einer flexiblen Finanz- und Personalpolitik auf der einen Seite sowie einem möglichen Verlust der Kontrolle, Einflußnahme und der Steuerung durch das zentrale kommunale Gremium „Rat" auf der anderen Seite zu treffen (vgl. insbesondere Kap. II Ziff. 1.).

4. Annex: Privatisierung

508 Die Kommune kann – wie dargestellt – zur Erfüllung ihres Aufgabenbestandes Verwaltungseinheiten im Einzelfall verselbständigen und sich insbesondere auch der Organisationsformen des Privatrechts, also vornehmlich der AG oder der GmbH, bedienen. Da die vorbezeichneten Gesellschaften des Privatrechts AG und GmbH selbständige juristische Personen des Privatrechts sind, bedient sich die Kommune in einem solchen Falle eines privaten Trägers. Dabei wird dieser Tatbestand in der kommunalen Diskussion häufig auch als Privatisierung umschrieben, eine Qualifizierung, die zumindest mißverständlich ist und daher der präzisierenden Klarstellung bedarf. Geboten ist in diesem Zusammenhang vornehmlich die Grenzziehung zwischen einer derartigen lediglich formalen Privatisierung und einer „echten" materiellen Privatisierung.

4.1 Formale Privatisierung

509 Wenn die Kommune im Einzelfall eine Aufgabenstellung aus dem unmittelbaren Verwaltungsbereich herauslöst und mit ihrer Erfüllung ein kommunales wirtschaftliches Unternehmen in Gestalt einer Gesellschaft des Privatrechts (AG, GmbH) betraut, liegt eine lediglich **formale Privatisierung vor.**

510 Die Kommune bedient sich einer Gesellschaft des Privatrechts und schlüpft damit in eine zivilrechtliche Organisationsform, nimmt aber weiterhin materiell Verwaltungstätigkeit im Rahmen einer politisch administrativ gesteuerten Aufgabenerfüllung wahr. Das privatrechtliche Aktien- oder Gesellschaftskapital verbleibt in diesen Fällen auch ganz oder zumindest überwiegend in kommunaler Hand und stellt damit den nachhaltigen Einfluß der Städte, Gemeinden oder Kreise auf das private Unternehmen sicher. Die Aufgabe als solche wird nicht aus dem kommunalen Bereich entlassen, die Geltung des Verwaltungsprivatrechts (vgl. Kap. IV 6.) stellt die Fortgeltung der der Kommune als Träger öffentlicher Verwaltung auferlegten öffentlichen Bindungen auch im Falle einer privatrechtlich verfaßten AG oder GmbH sicher.

4.2 Materielle Privatisierung

511 Strikt zu trennen von dieser formalen Privatisierung ist der immer wieder in der allgemeinen politischen Diskussion befindliche Begriff der „echten" oder „materiellen" Privatisierung.

Unter einer derartigen **materiellen Privatisierung** ist die vollständige und **512** endgültige bzw. zeitlich befristete Übertragung kommunaler Aufgaben auf private Personen zu verstehen. In einem solchen Fall einer Übertragung auf Private wird die kommunale Aufgabe aus dem öffentlichen Bereich entlassen, zukünftig erfolgt eine ausschließlich marktwirtschaftlich gesteuerte Leistungserbringung. Weil sich die Kommune der Aufgabe als solcher entledigt, sie auf einen Dritten überträgt, liegt zukünftig auch keine kommunale Aufgabenerfüllung, sondern eine ausschließlich private vor.

Eine derartige materielle Privatisierung ist demnach keine Aufgabenerfüllung **513** durch kommunale Unternehmen und infolgedessen außerhalb des hier zu behandelnden Themas angesiedelt, wenngleich formale und materielle Privatisierung in der politischen Diskussion nicht sorgfältig voneinander getrennt werden. Daher seien an dieser Stelle einige wenige Sätze zur materiellen Privatisierung hinzugefügt.

Das „Für" und „Wider" einer Ausweitung der Privatisierung öffentlicher Auf- **514** gaben und kommunaler Leistungen ist in der politischen Diskussion der Bundesrepublik Deutschland nahezu ein Dauerthema, das häufig mit dem Schlagwort „Private Dienstleistungen sind besser und billiger, öffentliche Dienstleistungen sind schlechter und teurer" nur verkürzt präsentiert wird. Gleichzeitig wird die Privatisierung als Allheilmittel zur Sanierung öffentlicher, insbesondere kommunaler Haushalte propagiert.

In Frage steht aber sicherlich nicht nur die Schließung von Haushaltslücken, **515** sondern auch vielfach die gesellschafts- und ordnungspolitisch kontrovers diskutierte Grundsatzfrage nach der Höhe der Staatsquote, also das Problem „Mehr oder weniger Staat" und damit die Festlegung der Grenzen staatlicher Tätigkeit im wirtschaftlichen Bereich schlechthin. Schließlich erscheint das Thema Privatisierung betroffenen Kreisen der gewerblichen Wirtschaft geeignet, eigenen unternehmerischen Zielsetzungen zum Durchbruch verhelfen zu können.

Gerade angesichts des ungeheuren Finanzbedarfs der Städte und Gemeinden **516** in den neuen Bundesländern wird z. Zt. das Thema der Privatisierung unter dem Aspekt „Private Finanzierung öffentlicher Infrastrukturinvestitionen" wieder einmal besonders intensiv diskutiert. Zur raschen Ausschöpfung aller Möglichkeiten einer schnellen Errichtung von öffentlicher Infrastruktur sollen die Städte und Gemeinden die Errichtung und den Betrieb von öffentlichen Infrastrukturvorhaben auch privatwirtschaftlich organisieren. In einem solchen Falle soll dann die öffentliche Hand im wesentlichen auf eine Kontrollfunktion im Hinblick auf die Einhaltung geforderter Standards – insbesondere bei Umweltschutzanlagen – konzentriert und beschränkt werden (vgl. hierzu die ausführliche Darstellung von Schweisfurth, DST-Beiträge zur Finanzpolitik, Heft 11).

517 Sicherlich ist es einerseits richtig, eine sinnvolle Nutzung privater Finanzierungswege und damit eine stärkere Nutzung privater Initiative im Bereich der Infrastruktur als unabdingbare Voraussetzung für private Investitionen, wirtschaftliches Wachstum und die Schaffung von Arbeitsplätzen zu prüfen. Andererseits ist nicht zu übersehen, daß das geltende Recht aus guten Gründen einer schrankenlosen Privatisierung Grenzen setzt.

518 Als **Beispiel** mag insoweit die **Abwasserbeseitigung** gelten: Die Gemeinde muß in jedem Falle Aufgabenträger der Abwasserbeseitigung bleiben, unabhängig davon, wer im Einzelfall die Aufgabe tatsächlich durchführt. Die Gemeinde ist nämlich in jedem Falle als öffentlich-rechtliche Körperschaft Adressat der einschlägigen wasserrechtlichen Rechtsvorschriften des Bundes und der Länder, etwa im Hinblick auf den Schutz und die Bewirtschaftung des Wasserhaushalts als Bestandteil des Naturhaushalts, der Vermeidung von Verunreinigungen des Wassers, der Sicherstellung einer sparsamen Verwendung des Wassers sowie der Gewährleistung der Versorgung der Bevölkerung mit Trinkwasser. Diese originäre und nicht übertragbare Pflichtigkeit der Gemeinde bedingt, daß ihr selbstverständlich auch der maßgebliche Einfluß hinsichtlich der Aufgabenerfüllung und tatsächlichen Aufgabendurchführung vorbehalten sein muß. In Frage kann daher insoweit nicht eine vollständige Übertragung dieser Aufgabe auf ein privates Unternehmen kommen, sondern lediglich die Betrauung eines Privatunternehmens mit der tatsächlichen Wahrnehmung der Aufgabe unter voller Aufrechterhaltung der Rechte und Pflichtenstellung der Gemeinde (**Fall des kommunalen Erfüllungsgehilfen**).

519 Das vorbezeichnete Beispiel zeigt, daß in der Privatisierungsdiskussion, jedenfalls soweit die Kommunen betroffen sind, pauschale und schlagwortartige Aussagen nicht weiterhelfen. Entscheidend ist nicht der Gesichtswinkel einer bestimmten Ideologie oder Dogmatik, sondern die einzelfallbezogene Entscheidung der Frage, ob die Entlassung einer kommunalen Aufgabe in den privaten Raum rechtlich zulässig, möglich, zweckmäßig und wünschenswert ist. Dieser Entscheidung kann nur im Einzelfall – unter Abwägung der örtlichen Gegebenheiten und Verhältnisse – getroffen werden.

520 Was insbesondere die rechtlichen Schranken einer Privatisierung betrifft, so muß auf das in Art. 20 GG verankerte Sozialstaatsprinzip, den die öffentliche Hand bindenden Gleichheitsgrundsatz des Art. 3 GG sowie den Zulassungs- und Nutzungsanspruch gemeindlicher Einwohner im Hinblick auf die kommunalen öffentlichen Einrichtungen (vgl. z. B. § 14 Abs. 1 KVDDR) hingewiesen werden. Als Beispiel mag insoweit der Art. 3 GG herausgearbeitet werden:

521 Aufgrund des Gleichheitsgrundsatzes des **Art. 3 GG** ist die Kommune den Bürgern gegenüber zu einer gleichmäßigen Erfüllung z. B. ihrer im Bereich der Daseinsvorsorge übernommenen Aufgaben verpflichtet. Dies gilt auch für den

Fall, daß die öffentliche Hand sich bei der Erfüllung öffentlicher Aufgaben der Formen des Privatrechts bedient (z. B. bei einer städtischen Eigengesellschaft – formale Privatisierung -). Im Unterschied hierzu greift der Gleichheitsgrundsatz nach herrschender Auffassung im Verhältnis von Privatunternehmen zum Bürger nicht. Im Falle der Privatisierung einer Aufgabe kann deren gleichmäßige Erfüllung gegenüber dem Bürger kaum ausreichend sichergestellt werden; jedenfalls entfällt bei einer Privatisierung die Grundrechtsbindung des privaten Aufgabenträgers, so daß im Einzelfall die gleichmäßige materielle Sicherstellung bestimmter Grundbedürfnisse und Grundforderungen zur Gewährleistung eines befriedigenden Lebensstandards und der Wertgleichheit der Lebenschancen für alle Bürger in Frage gestellt ist.

KAPITEL VIII
Das Verfahren bei der Gründung kommunaler Unternehmen – Überblick

Der Gründung eines kommunalen Unternehmens sollte in jedem Einzelfall in **522** der Kommune ein sorgfältiger Planungs-, Abwägungs- und Entscheidungsprozeß voraufgehen. Die Auswahl der Organisationsform und der Aufgabenübergang auf eine derartige verselbständigte Einrichtung einer Kommune ist nämlich regelmäßig mit schwierigen rechtlichen, organisatorischen, betriebswirtschaftlichen, personellen und finanziellen Problemen verbunden.

Hinzu tritt insbesondere bei kleineren Städten und Gemeinden das Problem, **523** daß die zuständigen Gemeindeverwaltungen und Gemeindevertretungen vielfach nicht über die notwendigen Kenntnisse und Erfahrungen zur alleinigen Bewältigung der in Frage stehenden Problemstellungen verfügen und daher die rechtzeitige Inanspruchnahme erfahrener und unabhängiger externer Sachverständiger geboten ist.

Die nachfolgende Darstellung der Verfahrensschritte will daher den Kommu- **524** nen eine praktische Hilfestellung im Hinblick auf die Lösung der mit der Gründung kommunaler Unternehmen verbundenen komplizierten Fragestellungen vermitteln.

1. Entscheidungsvorbereitung

Zu unterscheiden sind insoweit die interne Vorbereitung der Gründung eines **525** kommunalen Unternehmens durch die Kommunalverwaltung und die – möglicherweise im Einzelfall gebotene – Inanspruchnahme externer Sach- und Fachkunde durch die Hinzuziehung unabhängiger und unparteiischer Sachverständiger.

1.1 Interne Organisationsuntersuchung durch die Verwaltung

Die internen Vorüberlegungen der Kommunalverwaltung umfassen regelmä- **526** ßig die Untersuchung und Prüfung organisatorischer, rechtlicher, personalwirtschaftlicher und finanzieller Aspekte.

1.1.1 Checkliste

527 Die interne Organisationsuntersuchung durch die Kommunalverwaltung hat insbesondere die nachfolgenden Fragestellungen zu berücksichtigen:

– Umschreibung und Abgrenzung der zu verselbständigenden Selbstverwaltungsaufgabe und damit des Unternehmenszwecks,

– Verselbständigung – ja oder nein? Unmittelbare oder mittelbare Kommunalverwaltung?

– Auswahl der Organisationsform und Einrichtung, Zuständigkeitsabgrenzung und Besetzung diesbezüglicher Organe (Zielsetzung: Absicherung des kommunalen Einflusses),

– Beteiligung privater Dritter oder anderer Träger öffentlicher Verwaltung bei der Aufgabenerfüllung,

– Berücksichtigung der Möglichkeiten interkommunaler Zusammenarbeit,

– rechtliche Zulässigkeit und rechtliche Grenzen der Verselbständigung unter besonderer Berücksichtigung des kommunalen Wirtschaftsrechts, insbesondere Prüfung der Voraussetzungen für eine wirtschaftliche Betätigung der Kommune (öffentlicher Zweck, Verhältnis zur Leistungsfähigkeit und zum Bedarf, Subsidiarität),

– Ausarbeitung der vertragsrechtlichen und/oder satzungsrechtlichen Grundlagen (Gesellschafterverträge, Eigenbetriebs- und Zweckverbandssatzungen, Benutzungs- und Entgeltsatzungen im Hinblick auf die Inanspruchnahme des Bürgers, Geschäftsordnungen für Werkleitung, Geschäftsführung und Aufsichtsrat),

– personalwirtschaftliche Fragestellungen: Änderung der Rechtsstellung des Personals? (Beachtung des § 613 a BGB, Personalüberleitungsvertrag zwischen der Kommune und einer rechtlich selbständigen Gesellschaft oder Personalüberlassung durch die Kommune an die verselbständigte Einrichtung, Auswirkungen auf den Stellenplan und die Stellenobergrenzen der unmittelbaren Kommunalverwaltung, Fragen der Mitbestimmung und Mitwirkung der Arbeitnehmer),

– finanzielle Folgen der Verselbständigung (Kapitalausstattung, Prüfung von Finanzierungsformen, einschließlich etwaiger Sonderformen, wie z. B. Leasing, mehrjährige Investitions- und Finanzierungsrechnung, Ausgestaltung der Entgelte für den Bürger, Gründungs- und Prüfungskosten),

– steuerliche Fragen, insbesondere Steuerbelastung der unterschiedlichen Organisationsformen,

– Steuerung und Kontrolle der verselbständigten Einrichtungen durch die Kommune.

1.1.2 Wahl der Organisationsform: Eigenbetrieb oder Eigengesellschaft

Die **Wahl der optimalen Organisationsform** für ein kommunales Unternehmen ist in jedem Einzelfall unter Berücksichtigung der konkreten örtlichen Rahmenbedingungen zu treffen. Unabdingbar ist und bleibt allerdings die Sicherung des maßgebenden kommunalen Einflusses auf alle Entscheidungsabläufe. **528**

Im Spektrum der für die Kommune in Betracht kommenden verschiedenen Handlungs- und Organisationsformen wird häufig „vor Ort" insbesondere die Frage kontrovers diskutiert, ob ein rechtlich unselbständiger Eigenbetrieb oder eine rechtlich selbständige Eigengesellschaft (AG, GmbH) vorzugswürdig sind. Im Rahmen der Abwägung des „Pro und Kontra" zugunsten der einen oder anderen Organisationsform stehen in der kommunalen Praxis namentlich die Gesichtspunkte der unterschiedlichen Unternehmensorganisation, der Wirtschaftsführung, des Personalwesens und der Steuerbelastung (Körperschaftsteuer) im Mittelpunkt. **529**

Aus der nachfolgenden Übersicht sind die wesentlichen Unterschiede zwischen Eigenbetrieb und Eigengesellschaft im Hinblick auf die maßgeblichen Entscheidungsgrundlagen ersichtlich: **530**

	Eigenbetrieb	Eigengesellschaft
Unternehmens-organisation	Rechtlich unselbständige, allerdings wirtschaftlich und organisatorisch weitgehend verselbständigte und damit innerhalb der Kommunalverwaltung herausgehobene Organisation, die sich im Rahmen der Aufgaben der Gemeinde zu halten hat und insoweit von den Entscheidungen der Gemeindevertretung letztlich abhängig ist.	Selbständige juristische Person des Privatrechts mit haushaltsmäßiger und vermögensmäßiger Trennung des Gemeinde- und Gesellschaftsvermögens sowie der Haushalts- und Betriebswirtschaft; Organe der Eigengesellschaft handeln selbständig und sind nicht unmittelbar an die Mitwirkung gemeindlicher Gremien gebunden.
Wirtschafts-führung	Enge Bindung an die öffentliche Aufgabe und Wahrung der Verantwortlichkeit an das demokratisch gewählte Hauptorgan Rat durch die Kontrolle der Werkleitung.	Organe einer Eigengesellschaft handeln selbständig und primär unternehmensbezogen; indirekte Wahrnehmung des Gemeindeeinflusses über interne Kontrollsysteme: bei der Geschäftsführung einer GmbH durch Aufsichtsrat und Gesellschaftsversammlung bzw. bei dem Vorstand einer AG – in Grenzen – durch Aufsichtsrat und – in erster Linie – durch Hauptversammlung.
Personal-wirtschaft	Anwendung öffentlich-rechtlicher Besoldungsordnungen und damit grundsätzliche Gleichbehandlung der Beschäftigten des Eigenbetriebs und derjenigen der Kommunalverwaltung, Besoldung der Werkleitung auf der Grundlage der Werkleiterbesoldungsverordnung des Bundes, auch Privatdienstverträge mit der Kommune möglich.	Eigene Personalhoheit und damit Wegfall der Bindungen des öffentlichen Dienstes, flexible Besoldung ohne entsprechende Besoldungsgrenzen und damit finanzielle Besserstellung, Gewinnung qualifizierter Fachkräfte des Managements.
Steuerrecht	Körperschaftsteuersatz 46 %.	Körperschaftsteuersatz im Falle der Gewinnausschüttung einschließlich Kapitalertragsteuer 44 %, bei nicht ausgeschüttem Gewinn 50 %.

1.1.3 Finanzierung

Die Finanzierung des kommunalen Unternehmens und damit die finanzielle Leistungsfähigkeit und auch finanzielle Verträglichkeit mit dem kommunalen **531**

Haushalt ist für die Kommune von entscheidender Bedeutung. Insoweit sind die finanziellen Auswirkungen für die Kommune unter Ausschöpfung betriebswirtschaftlicher Instrumentarien für einen längerfristigen Zeitraum darzustellen (z. B. durch eine auf einen 10-Jahreszeitraum bezogene Erfolgsvorschaurechnung).

532   In der Frage der **Eigenkapitalausstattung** ist zu berücksichtigen, daß das Stammkapital einer GmbH mind. 50.000 DM, das Grundkapital einer AG mind. 100.000 DM betragen muß. Für die übrigen Rechtsformen des privaten Rechts sind insoweit keine rechtlichen Vorgaben zu beachten.

533   Der Eigenbetrieb ist mit einem angemessenen Stammkapital auszustatten; die Höhe des Stammkapitals ist in der Betriebssatzung festzusetzen (vgl. z. B. § 9 Abs. 2 EigVO NW).

534   Eine allgemeingültige und abschließende Aussage zum „richtigen" **Verhältnis von Eigenkapital zu Fremdkapital** ist angesichts der unterschiedlichen kommunalen Aufgabenstellungen und der zur Wahrnehmung zur Verfügung stehenden verschiedenartigen Organisationsformen nicht möglich. Die Angemessenheit ist in jedem Einzelfall – möglicherweise unter Hinzuziehung externer Beratung – festzulegen. Ein Aspekt ist z. B. die Haftungs- und Garantiefunktion des Eigenkapitals, die insbesondere bei den Gesellschaftsformen des Privatrechts wesentlich ist. Kreditinstitute verlangen z. B. regelmäßig eine Eigenkapitalausstattung kommunaler Gesellschaften in Höhe von 40 %. Bei Eigenbetrieben tritt hingegen dieser Aspekt mit Rücksicht auf die umfassende Haftung des Gesamtvermögens der Trägerkommune zurück. Einen Anhaltspunkt bieten insoweit z. B. Länderdurchführungsvorschriften zum Eigenbetriebsrecht, wie z. B. die Verwaltungsvorschrift zu § 12 Abs. 4 EigBetrVO RP oder die Ausführungsanweisung zu § 7 EigBetrVO SH, die für Eigenbetriebe im Versorgungsbereich eine Eigenkapitalausstattung von 30–40 % der um die passivierten Ertragszuschüsse verminderten Bilanzsumme als wünschenswert ansehen.

535   Die Eigenkapitalausstattung ist aus dem kommunalen Haushalt zu finanzieren. Sie kann in der Übertragung von Barwerten oder Sachwerten bestehen, wobei Sachwerte im Rahmen einer ordnungsgemäßen Bilanzierung angemessen zu bewerten sind.

536   Eine maßgebliche Bedeutung kommt auch der **Ausgestaltung der Entgelte für die Leistungserbringung gegenüber dem Bürger** zu. Insoweit steht die Kommune grundsätzlich vor der Wahl, ob sie das Benutzungsverhältnis zum Bürger öffentlich-rechtlich (Satzung, Benutzungsordnung) oder aber privatrechtlich (Vertragsabschluß, allgemeine Geschäfts- bzw. Versorgungsbedingungen) ausgestalten will; im erstgenannten Fall kommt die Erhebung einer Gebühr nach den Grundsätzen des Kommunalabgabenrechts der einzelnen Bundeslän-

der, im letztgenannten Fall ein vertragliches privatrechtliches Entgelt als Gegenleistung für die Leistung der Kommune in Betracht.

Für die Versorgung der Bürger mit Strom, Gas, Fernwärme und Wasser sind **537** bei einer privatrechtlichen Ausgestaltung besondere Versorgungsbedingungen zu beachten, die auf der Bundesebene als Rechtsverordnung erlassen worden sind:

- Verordnung über allgemeine Bedingungen für die Elektrizitätsversorgung von Tarifkunden (AVBEltV) vom 21. 6. 1979 (BGBl. I S. 684),

- Verordnung über allgemeine Bedingungen für die Gasversorgung von Tarifkunden (AVBGasV) vom 21. 06. 1979 (BGBl. I S. 676),

- Verordnung über allgemeine Bedingungen für die Versorgung mit Fernwärme (AVBFernwärmeV) vom 20. 6. 1980 (BGBl. I S. 750),

- Verordnung über allgemeine Bedingungen für die Versorgung mit Wasser (AVBWasserV) vom 20. 06. 1980 (BGBl. I S. 742).

Sofern die Kommune im Einzelfall durch die Erhebung spezieller Entgelte **538** keine Kostendeckung hinsichtlich der verselbständigten Einrichtung erzielt oder erzielen will, fallen die nicht über Entgelte abgedeckten Kosten dem allgemeinen Haushalt der Trägerkommune zur Last.

Falls die Kommune eine Gesellschaftsform des Privatrechts wählt, also z. B. **539** eine GmbH, kann diese Gesellschaft selbst für ihre Leistungen lediglich privatrechtliche Entgelte festsetzen. Die Zuständigkeit der Kommune für die Festsetzung öffentlich-rechtlicher Benutzungsgebühren kann auf die juristische Person des Privatrechts nicht übertragen werden.

Allerdings bedeutet dies nicht, daß die Wahl der privatrechtlichen Organisa- **540** tionsform grundsätzlich die Erhebung öffentlich-rechtlicher Entgelte durch die Kommune ausschließt: Vielmehr kann der Rat der Kommune öffentlich-rechtliche Gebühren für Leistungen der GmbH im Rahmen einer gebührenrechtlichen Satzung festsetzen und die GmbH lediglich mit der Einziehung dieser Gebühren beauftragen.

Soweit Eigenbetriebe Kredite aufnehmen, ist zu beachten, daß eine derartige **541** Kreditaufnahme für das Sondervermögen ebenso der Genehmigungspflicht durch die Aufsichtsbehörde unterliegt wie der Gesamtbetrag der für den kommunalen Zentralhaushalt vorgesehenen Kreditaufnahmen (vgl. z. B. §§ 53 Abs. 1 Ziff. 3, Abs. 3 i. V. m. § 44 Abs. 2 KVDDR).

Eine Genehmigungspflicht für Kreditaufnahmen durch rechtlich verselbstän- **542** digte Gesellschaften des privaten Rechts besteht nicht.

1.1.4 Beteiligung Dritter

543   Zu überlegen ist auch im Einzelfall, ob nicht eine Beteiligung privaten Kapitals für das in Aussicht genommene kommunale Unternehmen sinnvoll oder gar notwendig ist. Diese Frage wird sich insbesondere in den neuen Bundesländern angesichts des erheblichen Investitions- und damit Kapitalbedarfs sowie der rechtlichen und organisatorischen Rahmenbedingungen stellen. So kann z. B. bei der Bildung eines kommunalen Energieversorgungsunternehmens die Einbindung privater Regionalversorger oder aber auch westdeutscher Stadtwerke in Frage kommen.

544   Eine derartige Beteiligung privater Dritter eröffnet lediglich die Gesellschaftsformen des Privatrechts, hingegen ist der Eigenbetrieb als Organisationsform nicht auf die Beteiligung Dritter ausgelegt.

1.1.5 Steuerung und Kontrolle

545   Aufgrund ihrer Eigentümerstellung und ihrer umfassenden Zuständigkeit für alle Angelegenheiten der örtlichen Gemeinschaft und der daraus resultierenden Verantwortung für die Einheitlichkeit der örtlichen Politik sind die Kommunen zur Steuerung und Kontrolle ihrer verselbständigten Organisationen nicht nur berechtigt, sondern auch verpflichtet. Dieser Aufgabe kommt kommunalpolitisch besonderes Gewicht zu, insbesondere auch dann, wenn mehrere kommunale Aufgaben durch verselbständigte Organisationseinheiten erledigt werden.

546   Die „Atomisierung" der herkömmlichen Kommunalverwaltung durch zahlreiche verselbständigte Organisationseinheiten bei gleichzeitigem Zurücklassen der Kommune als „Restholding" beinhaltet die Gefahr, daß nicht mehr der Rat der Kommune als Zentralorgan, sondern Aufsichtsräte, Beiräte und Verwaltungsräte, Werkausschüsse und Gesellschafterversammlungen den Inhalt kommunaler Selbstverwaltung ausfüllen und diesbezügliche maßgebliche Entscheidungen treffen. Damit wird die Verpflichtung aller Gemeinden, als Grundlage des demokratischen Staatsaufbaus das Wohl der Einwohner in freier Selbstverwaltung durch ihre von der Bürgerschaft gewählten Organe zu fördern (vgl. § 1 KVDDR), in ihrem Wesensgehalt beeinträchtigt.

547   Notwendig ist daher ein ausgewogenes Verhältnis zwischen der Selbständigkeit der Beteiligungen einerseits und der Steuerung und Kontrolle durch die Kommune andererseits. Die KGSt hat hierzu in ihren Berichten Nr. 8/1985 „Kommunale Beteiligungen I: Steuerung und Kontrolle der Beteiligungen" und Nr. 9/1985 „Kommunale Beteiligungen II: Organisation der Beteiligungsverwaltung" vom 26. 8. bzw. 03. 9. 1985 detaillierte Vorschläge erarbeitet. Wesentlich ist in diesem Zusammenhang insbesondere:

– die Ausschöpfung gesellschaftsrechtlicher Gestaltungsmöglichkeiten bei der

Besetzung und Zuständigkeitsverteilung von Aufsichts- und Geschäftsführungsgremien im Falle von Organisationsformen des Privatrechts,

– die regelmäßige Vorlage der Wirtschaftspläne, Jahresabschlüsse, Geschäftsberichte und Prüfungsberichte der verselbständigten Organisationsformen an den Rat als Zentralorgan sowie

– eine Koordinierung und Bündelung der Steuerungsfunktionen sowohl auf der Ebene des Rates, etwa durch eine umfassende Zuständigkeit des Haupt- und Finanzausschusses, und der Verwaltung, z. B. durch die zentrale Zuständigkeit der Kämmerei, oder aber – in größeren Städten und bei einer größeren Anzahl von gesonderten Organisationsformen – die Einrichtung eines gesonderten Amtes für Beteiligungen.

1.2 Externe Sachverständigenhilfe

Die Gründung kommunaler Unternehmen wird vielfach die sachlichen und **548** fachlichen Ressourcen der Kommunalverwaltung, insbesondere bei kleineren Städten und Gemeinden, überfordern. Insoweit ist die Einschaltung externer Sachverständiger, die im wohlverstandenen Interesse der Kommunen unabhängig und unparteiisch die Problemstellungen begutachten, geboten.

Einen bemerkenswerten Ansatz enthält insoweit – im Anschluß an vergleich- **549** bare Ministerialerlasse in den alten Bundesländern, wie z. B. dem RdErl. des Innenministers NW vom 24. 2. 1989 „Abschluß von Verträgen auf dem Gebiet der Energiewirtschaft durch Gemeinden“, MBl.NW. S. 248 – § 60 KVDDR, der die Vorlage eines Gutachtens eines unabhängigen Sachverständigen vor dem Abschluß von Energieverträgen durch die Kommune verlangt. Zwar beschränkt sich diese kommunalverfassungsrechtliche Verpflichtung ihrem Wortlaut nach auf Energieverträge, vornehmlich auf die für die Städte und Gemeinden besonders wichtigen Konzessionsverträge; der Bestimmung läßt sich jedoch durchaus der allgemeine grundlegende Ansatz entnehmen, daß jede Kommune – etwa auch im Hinblick auf die Einhaltung der maßgeblichen haushaltswirtschaftlichen Grundsätze der Sparsamkeit und Wirtschaftlichkeit (vgl. z. B. § 34 Abs. 2 KVDDR) – gehalten ist, sich im Einzelfall externer Sach- und Fachkunde zur Auf- und Ausfüllung der eigenen internen Ressourcen zu bedienen. Bei der Gründung kommunaler Unternehmen kann sich regelmäßig ein derartiger externer Bedarf insbesondere zur Abklärung finanzieller und steuerrechtlicher Fragestellungen ergeben; auch Kosten- und Leistungsvergleiche oder vergleichende Betrachtungen der in Frage kommenden Organisationen können im Einzelfall Gegenstand externer Untersuchungen sein.

Als derartige Sachverständige kommen konkret Angehörige beratender Berufe **550** in Betracht, also z. B. in erster Linie Wirtschaftsprüfungs- und Steuerberatungsunternehmen, aber auch insbesondere im Falle technisch-betriebswirtschaftlicher Problemstellungen Ingenieurbüros. Schwierige juristische Detailprobleme verlangen möglicherweise die Hinzuziehung eines Rechtsanwaltes. Bei der Auswahl sollte die Kommune größte Sorgfalt und sorgfältige Prüfung walten lassen; gerade in den neuen Bundesländern gibt es insoweit bereits eine Fülle von Negativbeispielen.

551 Externe Hilfe bieten selbstverständlich auch – im Rahmen ihrer Möglichkeiten – kommunale Spitzenverbände. Dies gilt regelmäßig vornehmlich für die Prüfung rechtlicher Aspekte. So ist z. B. der Nordrhein-Westfälische Städte- und Gemeindebund unabhängiger Sachverständiger im Sinne des bereits zitierten Runderlasses des Innenministers zum Abschluß von Verträgen auf dem Gebiet der Energiewirtschaft durch Gemeinden, dem sog. Beratungserlaß; der Verband ist somit anderen unabhängigen Sachverständigen gleichgestellt und kann sowohl selbst gutachtlich tätig werden, aber auch etwa andere externe Sachverständige auf Rückfrage seiner Mitgliedsstädte und -gemeinden benennen.

552 Externe Hilfe bietet letztendlich sicherlich auch der interkommunale Erfahrungsaustausch, etwa mit Nachbarstädten und -gemeinden. Auch die Kommunalaufsichtsbehörden können im Einzelfall, insbesondere zur Abklärung einzelner konkreter Fragestellungen, ein geeigneter Ansprechpartner sein.

2. Entscheidungsfindung

553 Die Entscheidung über die Errichtung, Übernahme, Erweiterung, Einschränkung, Umwandlung oder auch Auflösung kommunaler Unternehmen sowie bezüglicher Beteiligungen ist nach den Kommunalverfassungsgesetzen der Bundesländer dem Rat als dem zentralen und höchsten Entscheidungsgremium auf kommunaler Ebene vorbehalten (vgl. z. B. § 21 Abs. 3 1 KVDDR, § 28 Abs. 1 lm GO NW).

554 Mit der Grundsatzentscheidung sollte der Rat sinnvollerweise die notwendigen begleitenden Maßnahmen verbinden, wie z. B.

– die Kapitalausstattung,

– die Benennung kommunaler Vertreter in der Gesellschafter- und Hauptversammlung sowie – soweit kommunalverfassungsrechtlich zulässig und gesellschaftsrechtlich möglich – im Aufsichtsrat und ggfs. der Geschäftsführung einer GmbH,

– die Festsetzung allgemein geltender öffentlicher Abgaben und privatrechtlicher Entgelte (vgl. § 21 Abs. 3 j KVDDR, § 28 Abs. 1 i GO NW); allerdings obliegt bei dem von der Gemeinde verselbständigten kommunalen Eigengesellschaften die Festsetzung der Tarife den nach dem Gesellschaftsrecht hierfür vorgesehenen Organen, also regelmäßig den Vorständen bzw. den Geschäftsführungen, die ihrerseits der Zustimmung des – mit Vertretern der Gemeinde besetzten – Aufsichtsrates bedürfen, sowie

– die Bündelung der kommunalen Steuerung und Kontrolle auf der Ratsebene.

3. Entscheidungsumsetzung

Ist die Beschlußfassung durch den Rat erfolgt, so bedarf die Entscheidung **555** der Kommune regelmäßig der Anzeige an die bzw. möglicherweise sogar der Genehmigung durch die Kommunalaufsichtsbehörde. Darüber hinaus sind weitere Schritte kommunalerseits in die Wege zu leiten.

3.1 Anzeige bzw. Antrag auf Genehmigung an die Kommunalaufsichtsbehörde

Entscheidungen der Kommune über die Errichtung, die Übernahme oder eine **556** wesentliche Erweiterung eines wirtschaftlichen Unternehmens sowie die Gründung einer Gesellschaft, die erstmalige Beteiligung an einer Gesellschaft und die wesentliche Erhöhung einer Beteiligung an einer Gesellschaft, unabhängig davon, ob es sich um ein wirtschaftliches oder nichtwirtschaftliches Unternehmen handelt, bedarf nach den Kommunalverfassungen der Bundesländer **zumindest** der **Anzeige gegenüber der Kommunalaufsichtsbehörde** (vgl. z. B. § 108 Abs. 1 GO BaWü; § 127 b GO Hess; § 96 GO NW). Darüber hinaus bestehen in den Kommunalverfassungen einzelner Bundesländer für bestimmte Tatbestände Genehmigungsvorbehalte, z. B. in Bayern Art. 91, 89 Abs. 4 GO Bay für die Gründung eines wirtschaftlichen Unternehmens in der Rechtsform des privaten Rechts oder § 115 GO Nds für die Umwandlung des Eigenbetriebs in ein rechtlich selbständiges Unternehmen (vgl. auch § 92 Abs. 5 GO RP; § 115 Abs. 2 KSVG Saarl; § 108 Abs. 2 GO SH).

In den neuen Bundesländern besteht keine gesonderte Anzeige- oder Geneh- **557** migungspflicht; insoweit sind die Kommunalaufsichtsbehörden auf das allgemeine Instrumentarium der Rechtsaufsicht, z. B. das Informationsrecht gem. § 65 KVDDR oder das Beanstandungs- und Aufhebungsrecht gem. § 66 KVDDR, beschränkt.

Die Anzeige bedarf in den aufgezeigten Fällen auch der sorgfältigen Begrün- **558** dung. Insbesondere muß aus der Anzeige zu ersehen sein, ob im Einzelfall die gesetzlichen Voraussetzungen erfüllt sind (vgl. z. B. § 96 Abs. 1 Satz 2 GO NW), d. h. die Stadt ist z. B. darlegungspflichtig, ob sie die Gesellschaft als wirtschaftliches Unternehmen ansieht oder die Gesellschaft ausschließlich nichtwirtschaftliche Zwecke verfolgen soll, ob die kommunalverfassungsrechtlichen Voraussetzungen für die Gründung eines wirtschaftlichen Unternehmens vorliegen, ob und auf welche Weise der kommunale Einfluß auf eine Gesellschaft und eine angemessene Kontrolle der Gesellschaftstätigkeit sichergestellt sind und ob sich die Kommune die notwendigen Informations- und Prüfungsrechte vorbehalten hat.

559 Die Organisation der Kommunalaufsichtsbehörden in den einzelnen Bundesländer ist dem nachfolgenden Schema zu entnehmen, wobei auf etwaige Besonderheiten verzichtet wurde.

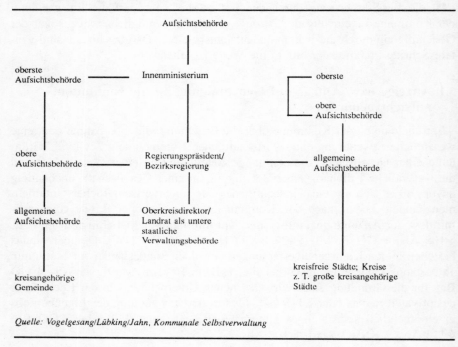

Quelle: Vogelgesang/Lübking/Jahn, Kommunale Selbstverwaltung

560 In den neuen Bundesländern bedarf die Ausgestaltung der Kommunalaufsicht im einzelnen den noch zu erlassenden Kommunalverfassungen der neuen Länder. Bis zu diesem Zeitpunkt ist – aufgrund der §§ 63 ff. KVDDR – davon auszugehen, daß oberste Rechtsaufsichtsbehörde in jedem Fall das jeweilige Innenministerium des Bundeslandes ist. Ob überhaupt eine obere Kommunalaufsichtsbehörde vorhanden sein wird, hängt davon ab, ob die Länder im einzelnen eine allgemeine Landesmittelbehörde, also etwa den Regierungspräsidenten, einrichten werden. Solange das nicht geschehen ist, besteht für kreisfreie Städte lediglich das Innenministerium als Rechtsaufsichtsbehörde. Für kreisangehörige Städte und Gemeinden ist gem. § 64 Abs. 1 KVDDR der Landrat als unterste staatliche Verwaltungsbehörde Rechtsaufsichtsbehörde.

3.2 Weitere Maßnahmen

Darüber hinaus hat die Kommune weitere Schritte im Hinblick auf die tat- **561** sächliche Arbeits- bzw. Geschäftsaufnahme des neugegründeten kommunalen Unternehmens in die Wege zu leiten, so z. B.

– Verträge mit Geschäftsführern und Vorstandsmitgliedern vorbereiten;

– Eröffnungsbilanz vorbereiten,

– Haushaltsmittel für das Grundkapital bereitstellen,

– Eintrag in das Handels- oder Vereinsregister beantragen,

– weitere Verträge vorbereiten bzw. abschließen, wie z. B. Versicherungen, Beschaffungen von Ausstattungsgegenständen.

KAPITEL IX
Fallbeispiele aus der kommunalen Praxis

Der Handlungs- und Gestaltungsrahmen der Kommunen hinsichtlich der **562** Gründung kommunaler Unternehmen einschließlich etwaiger Alternativen soll im folgenden an den beiden klassischen Bereichen gemeindlicher wirtschaftlicher Betätigung, nämlich der Energie- und Wasserversorgung, aufgezeigt und damit für die kommunale Praxis konkretisiert werden. Zugrunde gelegt wird dabei die tatsächliche und rechtliche Ausgangssituation in den fünf neuen Bundesländern, also die Überwindung bisheriger zentralistischer DDR-Kombinatstrukturen auf der Basis des kommunalen Handlungsrahmens der DDR-Kommunalverfassung vom 17. 5. 1990.

1. Energieversorgung

Entscheidungen über die Durchführung der Energieversorgung haben unter **563** energiepolitischen, energiewirtschaftlichen, volkswirtschaftlichen, betriebswirtschaftlichen, haushaltsrechtlichen, ökologischen und stadtentwicklungspolitischen Gesichtspunkten eine herausragende Bedeutung für jede Gemeinde. Dabei ist neben der Zielsetzung einer sicheren, ausreichenden und preisgünstigen Energieversorgung der Gewährleistung umweltschonender, sparsamer und rationeller Energienutzung besondere Aufmerksamkeit zu widmen.

Insoweit fällt den Städten und Gemeinden in der früheren DDR im Rahmen **564** ihres Selbstverwaltungsrechtes eine Schlüsselrolle bei dem Übergang zu einer zukünftig pluralistisch ausgerichteten Energieversorgungsstruktur zu.

Die Neuordnung der Energieversorgungsstruktur in den neuen Bundesländern **565** erschöpft sich damit keineswegs in der Umwandlung der bestehenden Versorgungskombinate in Aktiengesellschaften und Gesellschaften mit beschränkter Haftung, sondern vielmehr haben die Städte und Gemeinden unter Zugrundelegung und Ausschöpfung des Handlungsrahmens des Gesetzes über die Selbstverwaltung der Gemeinden und Landkreise in der DDR (Kommunalverfassung) vom 17. 5. 1990 eine eigenständige Entscheidung im Hinblick auf ihre jeweilige Energiezukunft zu treffen. Angesprochen ist grundsätzlich jede Gemeinde, unabhängig von der Größenordnung; Patentrezepte sind nicht verfügbar, allerdings wird wohl vielfach auch externer Sachverstand herangezogen werden müssen.

145

566   Die Gewichtigkeit, Langfristigkeit und Finanzwirksamkeit der von jeder Gemeinde zu treffenden Entscheidung über die Gestaltung ihrer Energiezukunft verlangt einen eingehenden gemeindlichen Abwägungs- und Entscheidungsprozeß, in dessen Verlauf insbesondere alle in Betracht kommenden Versorgungsalternativen einer eingehenden Prüfung und Begutachtung unterzogen werden sollten.

1.1 Gestaltungsrahmen der DDR-Kommunalverfassung

1.1.1 Stellung der Gemeinden in der Energieversorgung

567   Gem. § 2 Abs. 1 KVDDR haben die Gemeinden das Recht und im Rahmen ihrer Leistungsfähigkeit die Pflicht, alle Angelegenheiten der örtlichen Gemeinschaft in eigener Verantwortung zu regeln **(Regelungskompetenz)**. Zu diesen Selbstverwaltungsaufgaben einer Gemeinde gehören gem. **§ 2 Abs. 2 KVDDR u. a. „die Versorgung mit Energie und Wasser".**

568   Die Kommunalverfassung der DDR geht somit davon aus, daß die Gewährleistung der Versorgung von Bürgern und Unternehmen mit Energie (Elektrizität, Gas, Fernwärme) und Wasser zum selbstverständlichen originären Aufgabenbestand jeder Gemeinde gehört, eine Sichtweise, die nicht nur dem bisherigen Verständnis der Städte und Gemeinden von der Selbstverwaltungsgarantie des Art. 28 Abs. 2 GG, sondern auch der ständigen Rechtsprechung des Bundesverfassungsgerichts entspricht. Das Bundesverfassungsgericht hat zuletzt in seinem Beschluß vom 16. 5. 1989 (1 BvR 705/88 –, Mitt.NWStGB 1989, S. 363; ebenso: BGH, Urteil vom 24. 09. 1987 – III ZR 91/86 –, S. 5 f; vgl. auch Art. 83 Abs. 1 der Bayer. Verfassung) noch einmal deutlich herausgestellt:

569   „Die Durchführung der Wasser- und Energieversorgung gehört zu den typischen die Daseinsvorsorge betreffenden Aufgaben der kommunalen Gebietskörperschaften."

570   Die Herausarbeitung der gemeindlichen Trägerschaft für die Energieversorgung (Regelungskompetenz) bedeutet zweierlei:

571   – Zuständig sind insoweit gem. § 2 Abs. 2 KVDDR die Gemeinden, nicht aber die Kreise. Energieversorgung ist damit eine örtliche Angelegenheit, nicht jedoch eine solche übergemeindlicher Natur i. S.v. § 72 Abs. 1 KVDDR (vgl. hierzu ausführlich: Cronauge, STuG, 1991, S. 264, 269 ff.).

572   – Die Städte und Gemeinden sind nicht nur berechtigt, sondern auch verpflichtet, die Versorgung ihrer Gemeindegebiete mit Energie, also insbesondere den leitungsgebundenen Energieträgern Strom, Gas und Fernwärme, aber auch den sog. regenerativen Energiequellen, zu regeln.

573   Zu trennen von dieser originären Frage der gemeindlichen Verantwortung für die Versorgung der Bevölkerung mit Energie und damit der Regelungskompetenz ist die von jeder Gemeinde selbständig zu entscheidende Frage der **Erfüllungskompetenz,** d. h. wie die Aufgabe der Energieversorgung im Einzelfall durchzuführen ist, insbesondere welcher Rechtsform und Organisationsstruktur die Gemeinde sich bedienen will. Insoweit kann die Gemeinde im Rahmen ihrer Organisationshoheit und damit des gemeindlichen Selbstverwaltungsrechts frei und selbstverantwortlich darüber befinden, wer konkret die Verantwortung der Gemeinde ausfüllt, wer also die Aufgabe tatsächlich wahrnimmt und durchführt.

Grundsätzliche Lösungswege sind insoweit die Aufgabenwahrnehmung durch **574** ein eigenes gemeindliches Versorgungsunternehmen (**Eigenversorgung**) oder die Übertragung der Durchführung der Aufgabe im Wege des Abschlusses eines Konzessionsvertrages auf ein Fremdunternehmen als Erfüllungsgehilfe der Gemeinde (**Fremdversorgung**).

1.1.2 Gestaltungsmöglichkeiten

Die DDR-Kommunalverfassung bietet insoweit den Gemeinden zur tatsäch- **575** lichen Aufgabenerfüllung verschiedene Handlungsmöglichkeiten und Organisationsformen an, die sich insgesamt bereits in der alten Bundesrepublik Deutschland bewährt haben und die die dort bestehende pluralistische Versorgungsstruktur, bestehend aus Energieversorgungsunternehmen der Verbund-, Regional- und Kommunalstufe, bei entsprechendem gemeindlichen Einfluß ermöglicht haben. Im 6. Abschnitt des 1. Teils „Wirtschaftliche Betätigung und Beteiligung" (§§ 57 – 62 KVDDR) werden diese verschiedenartigen Gestaltungsmöglichkeiten im einzelnen erläutert.

Die nachfolgende Darstellung verdeutlicht diese gemeindlichen Gestaltungs- **576** möglichkeiten in der Energieversorgung auf der Grundlage der KVDDR.

**Gemeindliche Gestaltungsmöglichkeiten
bei der Wahrnehmung einer kommunalen Aufgabe**
(dargestellt am Beispiel der Energieversorgung)

G e m e i n d e

Aufbau eines eigenen kommunalen
Unternehmens – Stadtwerke
(Eigenversorgung)

Abschluß eines Konzessionsvertrages
mit einem privatwirtschaftlichen
Energieversorgungsunternehmen
der Regional- und Verbundstufe
(Fremdversorgung)

Interkommunale Zusammenarbeit:
Kooperation zwischen mehreren
Gemeinden

Einzelgemeinde

Regiebetrieb	Eigenbetrieb	Eigengesellschaft	Beteiligungsgesellschaft	Zweckverband
(vollintegrierter Bestandteil der Verwaltung, Haushalt ist Teil des Gemeindehaushalts)	(weitgehende wirtschaftliche und organisatorische Selbständigkeit, rechtlich allerdings Teil der Gemeindeverwaltung)	(selbständige juristische Person des Privatrechts, Aktiengesellschaft – AG – und Gesellschaft mit beschränkter Haftung – GmbH)	(gemischt-wirtschaftliches Unternehmen unter privater Beteiligung)	(Körperschaft des öffentlichen Rechts zur gemeinsamen Erfüllung der Aufgabe)

1.2 Eigenversorgung (Stadtwerk)

577   Grundsätzlich hat jede Gemeinde zunächst eine Weichenstellung darüber zu treffen, ob sie den Aufbau eines eigenen Stadtwerkes und damit eine Eigenversorgung anstreben oder aber sich im Wege eines Konzessionsvertrages mit einem Regionalunternehmen als Rechtsnachfolger der noch bestehenden Kombinate fremdversorgen lassen will.

578   **Eigenversorgung** besteht, wenn die Gemeinde über ein eigenes Versorgungsunternehmen verfügt, das die Kunden über ein eigenes Verteilungsnetz unmittelbar beliefert. Dabei kann Energie und/oder Wasser von dem kommunalen Unternehmen selbst erzeugt bzw. gefördert oder aber von einem anderen Unternehmen bezogen und dann verteilt werden. Letzteres ist bei Strom und Gas in der Bundesrepublik Deutschland die Regel, während Fernwärme häufig von gemeindeeigenen Stadtwerken – überwiegend in Kraft-Wärme-Kopplung – selbst erzeugt wird.

579   Natürlich wird der Aufbau eigener Stadtwerke in den neuen Bundesländern im Moment noch durch die kontrovers beurteilte problematische Rechtslage wesentlich geprägt (vgl. Püttner, Rückgewinnung, a.a.O., Weigt, a.a.O.). Das bekannte Problem der Vereinbarkeit der zwischen der damaligen DDR-Regierung, der Treuhandanstalt und westdeutscher Verbundunternehmen abgeschlossenen Stromverträge und der sie flankierenden bzw. absichernden Regelungen des Kommunalvermögensgesetzes und des Einigungsvertrages sowie diesbezüglicher weiterer verfahrensrechtlicher Bestimmungen mit der KVDDR sowie dem Treuhand- und Kommunalvermögengesetz kann und soll an dieser Stelle nicht vertiefend behandelt werden. Eine diesbezügliche Klage zahlreicher Städte aus den fünf neuen Bundesländern, mit dem diese die Verletzung ihres Rechtes auf kommunale Selbstverwaltung gem. § 28 GG rügen, ist derzeit bereits beim Bundesverfassungsgericht anhängig (2 BvR 1043/91) und wird in den nächsten Monaten entschieden werden.

Unabhängig von diesen sicherlich erheblichen rechtlichen Unsicherheiten ist **580** dennoch der Aufbau einer Eigenversorgung bereits auch im Moment schon eine Option für die Städte in den neuen Bundesländern, eine Position, die im übrigen auch der zwischen den Vertragspartnern des Stromvertrages aus der Verbundwirtschaft, der Treuhandanstalt, dem Verband Kommunaler Unternehmen, dem Deutschen Städtetag und Vertretern ostdeutscher Städte vereinbarten „**Grundsatzverständigung zur künftigen Rolle von Stadtwerken für die leitungsgebundenen Energien**" vom 1. 2. 1991 sowie der nunmehr vorgesehenen Einrichtung der „**Clearingstelle zur Beseitigung von Hemmnissen beim Aufbau der leitungsgebundenen kommunalen Energieversorgung in den neuen Bundesländern**" zugrunde liegt. Diese beim VKU eingerichtete Clearingstelle, der Vertreter des VKU, des Deutschen Städte- und Gemeindebundes und des Deutschen Städtetages, westdeutscher Elektrizitätsversorgungsunternehmen und westdeutscher kommunaler Unternehmen, ostdeutscher Städte sowie der Treuhandanstalt angehören, soll einvernehmliche Lösungen erleichtern und ermöglichen und damit weitere gerichtliche Auseinandersetzungen vermeiden helfen. Dabei wird bei der konkreten Ausgestaltung der Organisationsform den Besonderheiten der derzeitigen rechtlichen und faktischen Randbedingungen in der ehemaligen DDR Rechnung zu tragen sein.

Was vergleichsweise die kommunale Trägerschaft in der Energieversorgung **582** in den alten Bundesländern betrifft, so hat diese in den letzten Jahren zunehmend an Bedeutung gewonnen. Gemessen an der nutzbaren Abgabe an den Letztverbraucher nehmen die Kommunen als Anbieter leitungsgebundener Energien eine beachtliche Position ein. Im Jahre 1990 wurden von kommunalen Energieversorgungsunternehmen 46 % des gesamten Gasaufkommens, 58 % der Fernwärme und 30 % der Strommenge an den Netzverbraucher verteilt. Besonders bedeutsam ist die Leistung der Kommunen im Zubau von Blockheizkraftwerken als besonders umweltverträgliche dezentrale Energieerzeugungsanlagen. In kommunaler Regie sind bis Ende 1989 Blockheizkraftwerke mit einer Leistung von 270 Megawatt elektrisch installiert worden. Dies entspricht 92,5 % der elektrischen Leistung und 95,7 % der Wärmeleistung sämtlicher öffentlicher

Blockheizkraftwerke. Die regionalen und überregionalen Energieversorgungs-unternehmen spielen insoweit kaum eine Rolle.

1.2.1 Organisationsformen

583 Gem. § 57 Abs. 1 KVDDR können die Gemeinden „zur Durchführung ihrer Aufgaben wirtschaftliche Unternehmen im Interesse des Gemeinwohls über-nehmen, gründen, unterhalten oder erweitern, sofern diese Aufgaben nicht von Dritten erfüllt werden."

584 Der letzte Halbsatz ist leider sprachlich mißglückt und könnte daher zu Miß-verständnissen führen; er kann allerdings nicht so interpretiert werden, daß hier-mit schlechthin ein Vorrang Dritter, insbesondere etwa der Rechtsnachfolger der Kombinate, in der Frage der Versorgung festgeschrieben werden soll. Viel-mehr hat insoweit die grundlegende Zuständigkeitszuweisung des § 2 Abs. 2 KVDDR Vorrang, wonach zunächst einmal die Energie- und Wasserversorgung eine originäre gemeindliche Aufgabe darstellt und daher auch die Gemeinde eine Entscheidung über die praktische Wahrnehmung und Durchführung dieser Aufgabe zu treffen hat. In der Vergangenheit bereits bestehende „Dritte" kön-nen, folgt man dem Sinn der KVDDR, nicht vorrangig zuständig sein, da mit der KVDDR vom 17. 5. 1990 erstmalig die gemeindliche Selbstverwaltung in der DDR eingeführt wird und diese nicht durch in der Vergangenheit errichtete zentralistische Strukturen faktisch ausgehöhlt werden kann.

585 Am Anfang aller Überlegungen zur zukünftigen Ausgestaltung der Energie- und Wasserversorgung in der jeweiligen Gemeinde hat demzufolge eine dies-bezügliche Richtungsentscheidung der Gemeinde zu stehen.

586 Die **KVDDR** stellt für die **Eigenversorgung** folgende **Rechtsformen** zur Ver-fügung:

– Eigenbetriebe, d. h. „Unternehmen ohne eigene Rechtspersönlichkeit" (i. V. m. § 58);

– Eigengesellschaften, d. h. „Unternehmen mit eigener Rechtspersönlichkeit, deren sämtliche Anteile den Gemeinden gehören" (§ 57 Abs. 3 Ziff. 2): Da-bei handelt es sich um rechtlich selbständige Kapitalgesellschaften des Pri-vatrechts (GmbH oder AG), wobei die Gemeinde Inhaber sämtlicher Anteile einer derartigen handelsrechtlichen Gesellschaft ist.

– „Beteiligungen der Gemeinde an wirtschaftlichen Unternehmen" (§ 57 Abs. 3 Ziff. 3): Dabei handelt es sich um gemischtwirtschaftliche Unterneh-men, also Unternehmen, an denen außer der Gemeinde auch andere Private, regelmäßig Energieversorgungsunternehmen der dortigen Regionalstufe als Rechtsnachfolger der ehemaligen Kombinate oder aber auch kommunale

Energieversorgungsunternehmen aus den alten Bundesländern, beteiligt sind;

– Für die interkommunale Zusammenarbeit auf dem Gebiet der Energie- und **587** Wasserversorgung bietet sich in erster Linie der Zweckverband gem. § 61 KVDDR an; dieser Zweckverband kann dann Träger des wirtschaftlichen Unternehmens sein, das entsprechend der Vorschriften über den Eigenbetrieb geführt wird (§ 61 Abs. 3 KVDDR). Selbstverständlich können sich auch mehrere Gemeinden unmittelbar an einer handelsrechtlichen Gesellschaft beteiligen, indem sie die Aktien oder Geschäftsanteile unter sich aufteilen.

Unter Berücksichtigung der bestehenden Rechtsunsicherheiten und sicherlich **588** auch des erheblichen Kapitalbedarfs im Hinblick auf Erneuerungs- und Erweiterungsinvestitionen sowie zur Umsetzung notwendiger Erfordernisse des Umweltschutzes dürfte in den neuen Bundesländern wohl das Stadtwerk als gemischtwirtschaftliches Unternehmen eine sehr viel breitere Basis finden als bislang in den Städten und Gemeinden der alten Bundesrepublik. Die Regionalversorgungsunternehmen in den neuen Bundesländern verhalten sich in der konkreten Ausgestaltung, insbesondere in der Frage einer etwaigen Mehrheitsbeteiligung der Gemeinde, durchaus unterschiedlich; Lösungen sollten aber im allseitigen Konsens und zur Verwirklichung eines angemessenen Interessenausgleichs zwischen einer Stadt, den regionalen Energieversorgungsunternehmen und den kommunalen Partnern möglich sein.

Die nachfolgenden Schaubilder vermitteln einen Einblick in die Struktur ge- **589** mischtwirtschaftlicher Lösungen.

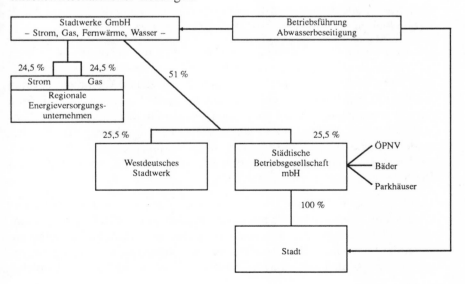

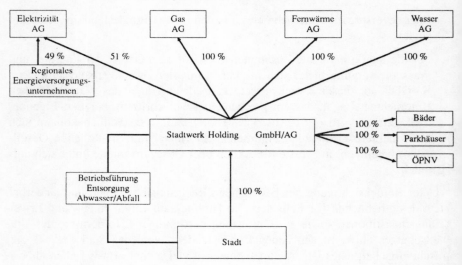

590 Unter Berücksichtigung der schwierigen rechtlichen Rahmenbedingungen sollten aus gemeindlicher Sicht bei Stadtwerkegründungen als gemischtwirtschaftliche Beteiligungsgesellschaft möglichst folgende Bedingungen erfüllt werden:

591 – Die **Kapitalanteile** sollten **mehrheitlich,** also zumindest zu 51 %, bei der betreffenden **Gemeinde** liegen. In diesem Zusammenhang kann durchaus die Beteiligung eines westdeutschen Stadtwerkes oder eines Konsortiums mehrerer westdeutscher Stadtwerke hilfreich sein, so daß der 51 %ige Anteil letztendlich als kommunaler Anteil zu präzisieren ist.

592 – Die Herstellung des versorgungswirtschaftlichen **Querverbunds** Elektrizität – Fernwärme – Gas, unter Umständen zuzüglich Wasser, sollte gewährleistet sein. Nur eine derartige Zusammenfassung der einzelnen Versorgungssparten auf der Ortsstufe unter einheitlicher Leitung gewährleistet eine koordinierte Versorgungsplanung und vor allem auch eine unmittelbare und optimale Umsetzung des als Teilbestandteil der Stadtentwicklungsplanung sich darstellenden örtlichen Energieversorgungskonzeptes. Außerdem sind nur durch eine derartige Zusammenfassung möglichst weitgehende Synergieeffekte und Rationalisierungsreserven zu aktivieren.

593 Demgegenüber bedingt die Gründung eigener Unternehmen für jede Versorgungssparte – eventuell noch mit unterschiedlichen Kapitaleignern, Vorständen, Aufsichtsräten und Interessen – schwierige Abstimmungsaufgaben, wenn die kommunale Beteiligung unter einer kommunalen Holding zusammengeführt werden soll. Auf die betroffene Stadt kommt im Falle solcher

Holdinglösungen ein Koordinierungsbedarf zu, der vielfach die vorhandenen personellen und sachlichen Kapazitäten der betroffenen Stadt übersteigen dürfte.

– Ein nichtkommunaler Minderheitsgesellschafter sollte nach Möglichkeit **594** nicht auch **Vorlieferant** von Elektrizät, Gas und Fernwärme, ggf. von Wasser, des örtlichen Querverbundunternehmens sein. Einzuräumen ist allerdings, daß diese Voraussetzung unter den in den neuen Bundesländern derzeit gegebenen Randbedingungen nicht leicht erfüllt erfüllt werden kann.

Soweit gelegentlich kommunalwirtschaftsrechtliche Bedenken gegen ein auch **595** finanzielles Engagement westdeutscher Versorgungsunternehmen gegenüber ostdeutschen Stadtwerkepartnern, etwa mit Rücksicht auf die Begrenztheit des örtlichen Wirkungskreises oder das Vorliegen eines öffentlichen Zweckes gem. § 88 Abs. 1 GO NW, geäußert worden sind, dürften diese Bedenken angesichts der Größe der Aufgabe und der Einmaligkeit der Situation kaum tragfähig sein. Der Unterausschuß „Kommunale Wirtschaft" des AK III der Arbeitsgemeinschaft der Innenministerien der Bundesländer hat insoweit im Rahmen seiner Sitzung vom 22./23. 3. 1990 Einvernehmen darüber erzielt, „daß die Zulässigkeit von finanziellen Unterstützungen im Einzelfall einer sorgfältigen Prüfung unter Beteiligung der Rechtsaufsichtsbehörden bedarf, daß dabei grundsätzlich von einer wohlwollenden Haltung der Rechtsaufsichtsbehörden ausgegangen werden kann."

Noch präziser äußert sich der Innenminister des Landes Nordrhein-Westfalen **596** in seinem Runderlaß vom 6. 7. 1990 betreffend **„Anlaufhilfen für den Aufbau kommunaler Unternehmen in der DDR durch kommunale Unternehmen aus NRW"** (AZ.: III B 4 – 5/701 3031/90):

„In vielen Fällen wird der Aufbau solcher Unternehmen ohne Hilfestellung **597** hiesiger Stadtwerke kaum möglich sein. Ich halte daher Beratungshilfen, personelle Hilfen und Sachhilfen durch hiesige kommunale Unternehmen – insbesondere im Rahmen bestehender kommunaler Partnerschaften – grundsätzlich für zulässig und empfehlenswert.

Im Interesse eines zügigen Aufbaus eigenständiger kommunalwirtschaftlicher **598** Kapazitäten in der DDR und unter Berücksichtigung der besonderen politischen Gegebenheiten halte ich es kommunalrechtlich auch für vertretbar, wenn hiesige Stadtwerke für eine mittelfristige Übergangszeit finanzielle Starthilfen zum Aufbau kommunaler Unternehmen in der DDR leisten. Dabei ist an die Hergabe von Darlehen zu Sonderkonditionen, aber auch an finanzwirtschaftliche Beteiligungen oder Finanzzuweisungen an einen entsprechenden kommunalen Aufbaufonds zu denken. Derartige finanzielle Hilfen müssen jedoch in einem angemessenen Verhältnis zur Leistungsfähigkeit des kommunalen Unternehmens stehen.

599 Die Kommunalaufsichtsbehörden werden gebeten, gegen derartige Hilfestellungen unter dem Gesichtspunkt der Einhaltung der Wirtschaftsgrundsätze des § 94 GO Bedenken nicht zu erheben." (vgl. auch die Zusammenstellung der Ländererlasse bei Schmitt/Jacobi/Steinhauer/Weigt, Kooperation zwischen west- und ostdeutschen kommunalen Versorgungsunternehmen, Köln, 1991, S. 60 ff.)

600 Als weitere, allerdings möglichst temporär zu beschränkende organisatorische Mischform kommt – unter Berücksichtigung der verworrenen Rechtslage – auch eine **Betriebsführung** im Einzelfall in Betracht. Diese Lösung bietet sich insbesondere dann an, falls die Gemeinde selbst nicht über einen ausreichenden personellen und technischen Apparat zum Betrieb eines eigenen kommunalen Unternehmens verfügt.

601 In einem solchen Fall wird auf der Grundlage eines Betriebsführungsvertrages einem anderen Energieversorgungsunternehmen als Betriebsführer die technische und kaufmännische Leitung des Unternehmens für Rechnung und im Namen des Betriebsinhabers, also der Gemeinde, übertragen. Die Gemeinde verbleibt als Betriebsinhaber Eigentümer der vorhandenen Anlagen; sie hat auch neu zu errichtende Anlagen zu finanzieren, die dann ebenfalls in ihr Eigentum übergehen. Das Personal wird von dem betriebsführenden Unternehmen gestellt, wobei die insoweit entstehenden personellen und sachlichen Kosten dem Betriebsinhaber angelastet werden. Das betriebsführende Versorgungsunternehmen erhält zudem für seine Tätigkeit eine Vergütung, die meist durch einen Zuschlag auf die ihm entstehenden Personal- und Sachkosten abgegolten wird.

602 Das Beispiel eines Betriebsführungsvertrages zwischen einer Gemeinde und einem Energieversorgungsunternehmen der Regionalstufe befindet sich im Anhang.

1.2.2 *Vorteile der Eigenversorgung*

603 Gemeindeeigene Unternehmen bieten die besten Voraussetzungen für eine im Interesse aller Bürger und der örtlichen Wirtschaft möglichst optimale Abstimmung versorgungswirtschaftlicher Entscheidungen mit denen der Stadtentwicklungsplanung und dem Städtebau, der Wirtschaftsförderung, der Stadthygiene und dem Umweltschutz. Die wesentlichen Vorteile für die Gemeinde lassen sich im Überblick wie folgt darstellen:

604 a) Wirtschaftliche Vorteile

– angemessener Gewinn, der bei Fremdversorgung aus der Stadt abfließen würde,

– i.d.R. höhere Gewerbesteuer,

– Konzessionsabgaben, die bei Eigenversorgung mindestens gleichhoch, meist jedoch höher als bei Fremdversorgung sind (zur Frage der Abgrenzung Betriebsausgabe/verdeckte Gewinnausschüttung, vgl. Abschn. 32 KStR),

– Kostenvorteile und Synergieeffekte durch die Zusammenfassung mehrerer Betriebszweige im Querverbund,

– Steuervorteile durch steuerrechtlich zulässige Verrechnung von Gewinnen (z. B. beim Strom) mit Verlusten (z. B. bei Wasser oder Verkehr, auch Einbeziehung etwa von Bädern),

– kundennahe Versorgung unter besonderer Berücksichtigung der Interessen der Stadt und ihrer Bürger; kundennahe Energieberatung.

b) Ökologische Vorteile **605**

– sparsame und rationelle Energie- und Wasserbedarfsdeckung durch verbrauchernahe, örtlich angepaßte Maßnahmen,

– Planung örtlich angepaßter Energie- und Wasserversorgung unter Berücksichtigung entsprechender siedlungsstruktureller Gesichtspunkte,

– Sicherung von Fernwärmevorranggebieten zur Nutzung von Potentialen der Kraft-Wärme-Kopplung sowie industrieller Abwärme,

– Minderung des Energieverbrauchs durch bauliche und städtebauliche Maßnahmen (z. B. passive Sonnenenergienutzung durch Ausrichtung der Gebäude),

– Ausstattung der gemeindeeigenen Liegenschaften und Anlagen unter Berücksichtung sparsamer und rationeller Energieverwendung.

c) Stadtentwicklungsplanerische Vorteile **606**

– Unterstützung von Maßnahmen der Wirtschaftsförderung,

– Unterstützung der Wohnungswirtschaft (z. B. Umrüstung von Einzelfeuerstätten auf leitungsgebundene Energieversorgung, Wärmedämmung),

– Investitionstätigkeit im Hinblick auf städtische Belange,

– Gestaltung von Folgekostenregelungen bei Straßenbaumaßnahmen,

– günstige Ausgestaltung des Straßenbeleuchtungsvertrages.

1.3 Fremdversorgung (Konzessionsvertrag)

Die zweite grundlegende Möglichkeit im Hinblick auf die tatsächliche Wahr- **607** nehmung der gemeindlichen Aufgabe der Energieversorgung ist die sog.

Fremdversorgung, auch B-Versorgung genannt, d. h. die Übertragung der Erfüllung der Aufgabe im Rahmen eines Konzessionsvertrages durch die Gemeinde auf einen Dritten, regelmäßig ein Energieversorgungsunternehmen der Regional- oder Verbundstufe.

608 Auch der Abschluß eines derartigen Konzessionsvertrages ändert nichts an der verbleibenden originären Trägerschaft der Gemeinde für die Energieversorgung gem. § 2 Abs. 2 KVDDR; die Gemeinde hat lediglich im Falle der Fremdversorgung auf die eigene unmittelbare Kompetenzausübung durch die Errichtung eines eigenen kommunalen Unternehmens verzichtet und einen Dritten als **„kommunalen Erfüllungsgehilfen"** mit der faktischen Durchführung der Aufgabe beauftragt. Die ausschließliche Trägerschaft der Gemeinde bedeutet zugleich, daß derartige Konzessionsverträge auch nur durch die Gemeinde, nicht aber durch den insoweit unzuständigen Kreis abgeschlossen werden können (vgl. Cronauge, StG 1991, S. 264, 269 ff.).

609 Die Entscheidung für oder gegen die Eigen- bzw. Fremdversorgung ist eine Entscheidung, die jede Gemeinde selbst zu treffen hat.

610 Sie ist naturgemäß maßgeblich geprägt von den jeweiligen örtlichen Rahmenbedingungen, wie z. B. der Einwohnergröße, der Einwohnerdichte, der Durchmischung der Abnehmer (insbesondere der Existenz energiewirtschaftlich interessanter Gewerbe- und Industriekunden), der siedlungs- und städtebaulichen Struktur, vorhandener Energiesparten und Erzeugungskapazitäten. Selbstverständlich kann die Errichtung eines eigenen kommunalen Unternehmens nur dann in Betracht gezogen werden, wenn der Betrieb mittel- bis langfristig auf wirtschaftlich sicheren Füßen steht. Auch insoweit sind im Einzelfall detaillierte Wirtschaftlichkeitsberechnungen und Energiekonzepte, insbesondere auch eine Erfolgsvorschaurechnung, notwendige Basis für die zu treffende Organisationsentscheidung.

611 Für jede fremdversorgte Gemeinde ist der Konzessionsvertrag das zentrale gemeindliche Instrument zur Wahrnehmung der ihr obliegenden Daseinsvorsorgeaufgabe Energieversorgung. Die inhaltliche Ausgestaltung dieses mit einem regionalen Energieversorgungsunternehmen als Rechtsnachfolger der früheren Energiekombinate abzuschließenden Konzessionsvertrages ist daher von herausragender Bedeutung.

612 Der jeweilige Inhalt eines Konzessionsvertrages hat für jede Gemeinde und ihre Bürger unmittelbare energiewirtschaftliche, finanzielle, stadtplanerische und ökologische Auswirkungen. Insbesondere muß die Ausgestaltung des Konzessionsvertrages die zukünftige Gesamtentwicklung jeder Gemeinde fördern. Dies gilt vornehmlich hinsichtlich der städtebaulichen Absichten der Gemeinde, etwa bei der zukünftigen Durchführung von Sanierungs- und Modernisierungs-

maßnahmen im Stadtbild oder im eigenen Wohnungsbestand der Gemeinde oder bei der Ansiedlung von Industrie und Gewerbe. Darüber hinaus hat der Konzessionsvertrag eine umweltschonende, sparsame und rationelle Energienutzung zu gewährleisten, ein Aspekt, der gerade angesichts der in der ehemaligen DDR sichtbar gewordenen Umweltbelastungen, vornehmlich auch im Sektor Energie, von herausragender Bedeutung sein dürfte.

Die Ausgestaltung jeder einzelnen vertraglichen Bestimmung eines Konzes- **613** sionsvertrages erfordert daher besondere Aufmerksamkeit und besondere Sorgfalt jeder Gemeinde; zu beachten sind insbesondere auch die zentralen Verpflichtungen der gemeindlichen Haushaltswirtschaft, nämlich der **Grundsatz der Sparsamkeit und Wirtschaftlichkeit** (vgl. § 34 Abs. 2 KVDDR) sowie die Verpflichtung, das Vermögen pfleglich und wirtschaftlich zu verwalten (§ 48 Abs. 2 KVDDR). Besonderer Hervorhebung bedarf zudem die Beachtung der **Beratungsverpflichtung gem. § 60 KVDDR.**

Konzessionsverträge werden im übrigen regelmäßig auch zwischen der Ge- **614** meinde und ihrer Eigengesellschaft bzw. einer gemischtwirtschaftlichen Gesellschaft geschlossen. Auch im Rahmen dieses Konzessionsvertrages ist insbesondere die Vereinbarung einer Konzessionsabgabe unter Beachtung der nach Gemeindegrößenklassen gestaffelten Höchstsätze der KAV vom 9. 1. 1992 bzw. für Wasser der KAE vom 4. 3. 1941 (vgl. Ziff. 637) möglich; soweit diese preisrechtlichen Höchstsätze KAV und beachtet werden, liegt auch steuerrechtlich keine verdeckte Gewinnausschüttung vor, vielmehr sind insoweit bei Beteiligungsfällen die Konzessionsabgaben als Betriebsausgaben abziehbar (vgl. Abschn. 32 KStR).

Soweit allerdings sich die Gemeinde im Falle einer Eigenversorgung nicht **615** zugunsten einer Gesellschaft des privaten Rechts als Organisationsform, sondern für den öffentlich-rechtlichen Eigenbetrieb entschieden hat, ist der Abschluß eines Konzessionsvertrages nicht möglich, da dem Eigenbetrieb – wie dargelegt – keine eigene Rechtspersönlichkeit zukommt. In einem solchen Fall der Eigenbetriebslösung sollte aber eine gemeindeinterne Regelung, z. B. durch die Ausgestaltung einer „Benutzungsordnung", getroffen werden, die inhaltlich einem „echten" Konzessionsvertrag entspricht.

1.3.1 Beratungspflicht der Gemeinde

Die DDR-Kommunalverfassung mißt gerade dem Abschluß und der inhaltli- **616** chen Ausgestaltung des Konzessionsvertrages besonderes Gewicht und große Bedeutung zu. Dies kommt in § 60 KVDDR dadurch zum Ausdruck, daß nicht nur Mindesterfordernisse im Hinblick auf den Inhalt des Konzessionsvertrages aufgestellt werden, sondern darüber hinaus – zum besonderen Schutz jeder Gemeinde – eine besondere Beratungsverpflichtung vor Vertragsabschluß gesetzlich statuiert wird.

617 Die Vorschrift des § 60 KVDDR knüpft damit in ihrer Zielsetzung und Ausgestaltung an vergleichbare Regelungen in den alten Bundesländern an, die allerdings insoweit lediglich in rechtlich minderbedeutsamen Verwaltungsvorschriften ihren Niederschlag gefunden haben, wie z. B. dem nordrhein-westfälischen Beratungserlaß des Innenministers vom 24. 2. 1989, MBl.NW. S. 248. Die DDR-Kommunalverfassung gibt dieser bislang in einer Verwaltungsvorschrift niedergelegten Beratungsverpflichtung nunmehr Gesetzesqualität und bringt damit deutlich den Stellenwert eines Konzessionsvertrages im Hinblick auf die Ausgestaltung der gemeindlichen Energieversorgung zum Ausdruck.

618 Die Regelung des § 60 KVDDR enthält zwei unterschiedliche grundlegende Momente, nämlich einerseits **Zulassungsvoraussetzungen** für den Abschluß eines Konzessionsvertrages und andererseits ein **formelles Verfahrenselement** durch die Verpflichtung zur Einholung eines unabhängigen Sachverständigengutachtens, mit dem das Vorliegen der Zulassungsvoraussetzungen unter Berücksichtigung der notwendigen Sach- und Fachkunde bestätigt werden soll.

619 Die Gemeinde darf gem. § 60 Abs. 1 KVDDR einen Konzessionsvertrag nur dann abschließen, falls drei Voraussetzungen vorliegen:

620 – Die Erfüllung der Aufgaben der Gemeinde darf nicht gefährdet werden.

621 Dies bedeutet zunächst, daß der Vertragspartner der Gemeinde energiewirtschaftlich hinlänglich Gewähr für eine ordnungsgemäße und stetige Durchführung der Energieversorgung bieten muß. Darüber hinaus darf aber auch der Konzessionsvertrag inhaltlich keine Aussagen treffen, die die gemeindliche Aufgabenerfüllung behindern können; z. B. muß der Vorrang der gemeindlichen Bauleitplanung vor etwaigen Planungsabsichten des Energieversorgungsunternehmens gewahrt sein; der Konzessionsvertrag muß zudem vor dem Hintergrund veränderter energiepolitischer und ökologischer Rahmenbedingungen auch ein Instrument zur Verwirklichung einer sparsamen und rationellen Energieverwendung als Teilbestandteil der gemeindlichen Aufgabe Energieversorgung darstellen.

622 – Die berechtigten wirtschaftlichen Interessen der Gemeinde müssen gewahrt sein.

623 Insoweit sind insbesondere die bereits aufgezeigten Grundsätze gemeindlicher Haushaltswirtschaft zu berücksichtigen, d. h. diejenigen vertraglichen Bestimmungen eines Konzessionsvertrages, die unmittelbare finanzielle Auswirkungen haben, müssen zugunsten der Gemeinde einen angemessenen Interessenausgleich sicherstellen. Dies gilt sicherlich in erster Linie für die Höhe der Konzessionsabgabe, aber auch z. B. für die Ausgestaltung der Folgekostenregelung und auch die sog. Endschaftsbestimmungen, die das Problem einer etwaigen Netzübernahme durch die Gemeinde nach Vertragsablauf im einzelnen ausgestalten.

– Schließlich sind die berechtigten wirtschaftlichen Interessen der Einwohner **624** der Gemeinde zu wahren.

Insoweit hat die Gemeinde sicherzustellen, daß insbesondere auch eine ver- **625** gleichsweise preisgünstige Energieversorgung der Bevölkerung sichergestellt wird.

Die Prüfung dieser „Zulassungsvoraussetzungen" im Hinblick auf den Ab- **626** schluß eines Konzessionsvertrages hat die Gemeinde durch die Einholung eines Gutachtens eines unabhängigen Sachverständigen vorzunehmen; dieses Gutachten soll der Gemeindevertretung vor der Beschlußfassung über den Konzessionsvertrag vorgelegt werden.

Gerade diese Beratungspflicht jeder Gemeinde, die leider allerdings in der **627** kommunalen Praxis in den letzten Monaten in vielen Fällen nicht die notwendige Beachtung erfahren hat, ist von erheblicher Bedeutung. Die möglichen Vertragspartner der Gemeinden im Bereich der Energieversorgung, also die Energieversorgungsunternehmen der Regional- und Verbundstufe, verfügen aufgrund jahrzehntelanger Erfahrungen über umfangreiche Sach- und Fachkunde, der die Gemeinde regelmäßig kein entsprechendes Äquivalent entgegensetzen kann. Um zu verhindern, daß insbesondere kleinere Städte und Gemeinden dem Sachverstand der Energieversorgungsunternehmen unterlegen sind und für sie nachteilige langfristige vertragliche Bindungen eingehen, ist daher rechtzeitig vor der anstehenden Entscheidung erfahrener und unabhängiger Sachverstand hinzuzuziehen.

Die Beratungspflicht wird der Gemeinde in § 60 Abs. 1 KVDDR durch eine **628** Sollvorschrift auferlegt. Nach ständiger Verwaltungsrechtsprechung bedeutet dies praktisch eine zwingende Verpflichtung, es sei denn, die besonderen Umstände des Einzelfalles lassen es ausnahmsweise geboten erscheinen, von dieser Verpflichtung Abstand nehmen zu können.

Es kann daher im Ergebnis allen Städten und Gemeinden nur dringend die **629** Beachtung des § 60 KVDDR empfohlen werden. Die Gemeinden sollten ihnen von den Energieversorgungsunternehmen vorgelegte Konzessionsvertragsentwürfe sehr sorgfältig prüfen, sachverständige externe Hilfe in Anspruch nehmen, z. B. auch in diesem Zusammenhang auf Musterkonzessionsverträge der kommunalen Spitzenverbände zurückgreifen, und keinesfalls vorschnelle und übereilte Konzessionsvertragsschlüsse eingehen.

1.3.2 Wesentlicher Inhalt eines Konzessionsvertrages

630 Der wesentliche Inhalt eines Konzessionsvertrages läßt sich im Überblick wie folgt darstellen:

631 – Einräumung des **ausschließlichen Wegebenutzungsrechtes** an den öffentlichen Straßen, Wegen und Plätzen zugunsten des Energieversorgungsunternehmens zum Zwecke der Verlegung von Versorgungsleitungen und -einrichtungen bei gleichzeitigem Verzicht der Gemeinde auf eine anderweitige Regelung der Versorgung; Grundlage für das Versorgungsrecht ist somit neben der Übertragung der tatsächlichen Durchführung der gemeindlichen Pflichtaufgabe das Eigentum der Gemeinde an den öffentlichen Verkehrsräumen, über das die Städte und Gemeinden in den neuen Bundesländern zum 01. 01. 1992 unbeschränkt verfügen können (vgl. Anlage II zum Einigungsvertrag, Kap. V, Sachgebiet D, Abschn. III, Ziff. 4b, BGBl. II S. 885);

632 – Verpflichtung des Energieversorgungsunternehmens, die Gemeinde und ihre Einwohner mit der jeweiligen Energiesparte (Strom, Gas oder Fernwärme) zu versorgen;

633 – Verpflichtung des Energieversorgungsunternehmens, an der **Aufstellung und Umsetzung eines gemeindlichen Energieversorgungskonzeptes** mitzuwirken, insbesondere auch die erforderlichen Informationen der Gemeinde zur Verfügung zu stellen. Ein derartiges örtliches Energieversorgungskonzept dient dem Ziel, im Gebiet einer Gemeinde eine möglichst rationelle, sparsame und umweltfreundliche Energieversorgung langfristig zu sichern. Den Schwerpunkt bildet dabei die Deckung des Wärmebedarfs von Haushalten, Industrie und Gewerbe. Energieversorgungskonzepte sind somit keine Energieabsatzkonzepte, sondern in erster Linie Konzepte zur Schonung der Ressourcen und der Entlastung der Umwelt;

634 – vertragliche Absicherung des gemeindlichen Rechts auf Errichtung von **Eigenenergieerzeugungsanlagen** (z. B. Kraft-Wärme-Kopplung, Klär- und Deponiegasnutzung, Ausschöpfung regenerativer Potentiale) verbunden mit der Verpflichtung des Energieversorgungsunternehmens, erzeugte Überschußenergie in das öffentliche Netz zu übernehmen und der Gemeinde angemessen zu vergüten; für den regenerativen Energiebereich ergeben sich Übernahme- und Vergütungsverpflichtung aus dem Gesetz über die Einspeisung von Strom aus erneuerbaren Energien in das öffentliche Netz (Stromeinspeisungsgesetz) vom 7. 12. 1990 (BGBl. I S. 2633), das zum 1. 1. 1991 in Kraft getreten ist;

635 – sorgfältige Ausgestaltung der gegenseitigen Abstimmungs-, Fürsorge- und Obhutspflichten, einschließlich der **Gewährleistungspflichten** (Mindestrahmen: 3 Jahre), bei Baumaßnahmen des Versorgungsunternehmens oder der Gemeinde im öffentlichen Verkehrsraum;

– Vereinbarung über **Folgepflicht,** d. h. die Verpflichtung des Energieversor- **636** gungsunternehmens bei nachträglicher Umlegung oder Änderung der öffentlichen Verkehrsräume mit den Energieanlagen zu folgen, und – besonders wichtig – **gemeindegerechte Kostenverteilung;** der Vertragspartner der Energieversorgungswirtschaft hat sich auch dann in einem angemessenen Umfang an etwaigen Folgekosten zu beteiligen, wenn die Gemeinde im Einzelfall durch eine Änderung der öffentlichen Verkehrsräume auch die Verlegung der Energieversorgungsanlagen verursacht. Insoweit sind sehr unterschiedliche vertragliche Ausgestaltungen denkbar, wie z. B. eine 50%ige pauschale Kostenteilung zwischen Gemeinde und Energieversorgungsunternehmen in einem derartigen Fall oder aber ein aufgefächertes und abgestuftes prozentuales Beteiligungsverhältnis je nach Alter, nach Anlage und Zeitpunkt der Änderungsmaßnahme dahingehend, daß mit fortschreitender Vertragslaufzeit das Energieversorgungsunternehmen immer stärker prozentual in die Kostentragungsverpflichtung hineinwächst;

– Zahlung einer **Konzessionsabgabe** durch das Energieversorgungsunterneh- **637** men als wesentliche Gegenleistung für die Benutzung der öffentlichen Verkehrsräume, den Verzicht der Gemeinde auf eine eigene bzw. anderweitige Versorgung sowie dieZurverfügungstellung eines Absatzmarktes zugunsten des Energieversorgungsunternehmens durch infrastrukturelle Vorleistungen. Die Konzessionsabgabe ist mit einem Gesamtvolumen in den alten Bundesländern in Höhe von über 4 Mrd DM jährlich finanzwirtschaftlich von erheblicher Bedeutung für die Gemeinden. Maßgebliche Rechtsgrundlage ist nunmehr für Strom und Gas die Verordnung über Konzessionsabgaben für Strom und Gas (Konzessionsabgabenverordnung – KAV) vom 9. 1. 1992 (BGBl. I S. 12) und für Wasser die Anordnung über die Zulässigkeit von Konzessionsabgaben (KA) der Unternehmen und Betriebe zur Versorgung mit Elektrizität, Gas und Wasser an Gemeinden und Gemeindeverbände vom 04. 03. 1941 (KAE; Reichsanzeiger Nr. 57 vom 8. 3. 1941, BGBl. III S. 721–3, zuletzt geändert durch die Verordnung PR Nr. 1/75 zur Änderung der KAE vom 7. 3. 1975, Bundesanzeiger Nr. 49 vom 12. 3. 1975). Nach der grundlegenden Entscheidung des BVerwG vom 20. 11. 1990 (Mitt.NWStGB 1991, S. 35) haben grundsätzlich alle Gemeinden das Recht, Konzessionsabgaben in einem Konzessionsvertrag vereinbaren und auch verlangen zu können, allerdings nur im Rahmen der nach Gemeindegrößenklassen gestaffelten prozentualen Höchstsätze der KAE (10 % bei Gemeinden bis zu 25.000 Einwohner, 12 % bei Gemeinden mit 25.001 bis 100.000 Einwohner, 15 % bei Gemeinden mit 100.001 bis 500.000 Einwohner sowie 18 % bei Gemeinden mit mehr als 500.000 Einwohner bei Tarifleistungen und generell 1,5 % bei Sonderabnehmerlieferungen) oder – für Strom und Gas – nach der gleichen Gemeindegrößenklassenstaffelung vorgesehenen Pfennigfestbeträge je gelieferter Kilowattstunde gemäß § 2 KAV. Diese Festbetragsregelung koppelt den Zuwachs der Konzessionsabgabe von der Preisentwicklung ab, d. h. der – bisher übliche – Anstieg des Konzessionsabgabenaufkommens mit jedwedem Anstieg der Energiepreise wird zukünftig nicht mehr möglich sein. Inhaltlich entsprechen die in der KAV vorgesehenen Festbeträge für die jeweiligen Gemeindegrößenklassen den bisherigen Prozentsätzen, d. h. der bisherige kommunale Besitzstand wird in vollem Umfang gewahrt. Folgende Höchstbeträge je Kilowattstunde sind in § 2 Abs. 2 KAV zum Beispiel für Strom vorgesehen: bis 25 000 Einwohner 2,60 Pf, bis 100 000 Einwohner 3,12 Pf, bis 500 000 Einwohner 3,91 Pf und über 500 000 Einwohner 4,69 Pf.

638   Die Gemeinden in den neuen Bundesländern sollten angesichts ihrer schwierigen finanziellen Situation in den Konzessionsvertragsverhandlungen mit den Energieversorgungsunternehmen auf jeden Fall zu erreichen versuchen, daß das Unternehmen der Gemeinde die vorbezeichneten gesetzlich zulässigen Höchstsätze an Konzessionsabgaben einräumt.

639 – gemeindefreundliche Abfassung der **sog. Endschaftsbestimmungen,** also der Bestimmungen, die die mögliche spätere Übernahme der Anlagen durch die Gemeinde und damit eine denkbare zukünftige Eigenversorgung nach Ablauf des Konzessionsvertrages regeln; hierzu zählen z. B. eine Auskunftspflicht des Energieversorgungsunternehmens in einem angemessenen Zeitraum vor Vertragsablauf, eine den beiderseitigen Interessen Rechnung tragende Bemessungsgrundlage für die Bewertung der Versorgungsanlagen, eine möglichst weitgehende Kostentragungsverpflichtung des Energieversorgungsunternehmens für **Entflechtungskosten** (vgl. OLG München, Urteil vom 6. 12. 1990, Mitt.NWStGB 1991, S. 76: Das veräußernde Energieversorgungsunternehmen hat analog § 448 BGB allein die Entflechtungskosten zu tragen; ebenso: LG Kassel, Urteil vom 6. 12. 1990, Mitt.NWStGB 1991, S. 174), eine **Personalübernahme** nur im Rahmen der gesetzlichen Vorgabe des § 613 a BGB;

640   Wichtig ist also, daß bereits jetzt die Option für den zukünftigen Aufbau eines eigenen Stadtwerkes durch eine entsprechende Abfassung des Konzessionsvertrages nicht verbaut wird. Entscheidungen auf dem Gebiet der Energieversorgung sind äußerst langfristig angelegt; insoweit gilt es bereits jetzt, bei der Ausgestaltung des Konzessionsvertrages an „Morgen" zu denken;

641 – Beachtung der **kartellrechtlich** vorgesehenen **Höchstlaufzeitregelung von 20 Jahren** (§ 103 a Abs. 1 des des Gesetzes gegen Wettbewerbsbeschränkungen); auch die Frage der Laufzeit ist im Lichte der mittel- bis langfristigen Vorstellungen jeder Gemeinde zu beurteilen: Die Gemeinde sollte den Höchstlaufzeitrahmen von 20 Jahren in jedem Fall unterschreiten, falls bereits jetzt absehbar ist, daß nach einigen Jahren die Frage der zukünftigen Energieversorgung einer Gemeinde neu zu diskutieren sein wird. Auch für die Frage der Laufzeit gilt es, alle Optionen für die Zukunft möglichst offenzuhalten.

Die vorbezeichnete kartellrechtlich festgelegte Laufzeitbefristung für Konzessionsverträge auf max. 20 Jahren ist für die Städte und Gemeinden von herausragender Bedeutung. Diese gesetzliche Höchstlaufzeit ist durch die sog. **4. Kartellgesetznovelle** (BGBl. I 1980, S. 458) im Jahre 1980 in das GWB erstmalig eingefügt worden. Bis zu dieser GWB-Änderung wurden Konzessionsverträge üblicherweise mit Laufzeiten zwischen 40 und 70 Jahren abgeschlossen. Sinn der gesetzlichen Laufzeitbefristung, die im übrigen damals politisch einvernehmlich von allen Bundestagsfraktionen getragen worden ist, war es, der Gemeinde spätestens alle 20 Jahre die volle rechtliche, wirtschaftliche und faktische Entscheidungsfreiheit über die Vertragsfortführung oder deren Beendigung einzuräumen. Die Gemeinde soll damit nach Ablauf von max. 20 Jahren die Regelung der versorgungswirtschaftlichen Verhältnisse in ihrem Gebiet mit Blick auf die Zukunft neu überdenken und unter Einbeziehung aller in Frage kommenden Versorgungsalternativen die für sie günstigste Entscheidung treffen. Diese Zielsetzung der 4. Kartellgesetznovelle ist – entgegen starker Widerstände aus der Regional- und Verbundwirtschaft – durch die bislang vorliegende Rechtsprechung des BGH aus dem Jahre 1986 (vgl. hierzu: Cronauge, Zur Laufzeit von Konzessionsverträgen, StGB 1986, S. 517) sowie zuletzt durch die bereits zitierte Entscheidung des OLG München im Jahre 1990 in vollem Umfang bestätigt worden. Dabei hat der BGH ausdrücklich nicht auf eine formale, sondern auf eine materielle Beurteilung abgestellt. Demnach kommt es nicht entscheidend auf die formale Befristung der Vertragslaufzeit auf 20 Jahre, sondern vielmehr darauf an, daß die Vereinbarungen nach ihren tatsächlichen Auswirkungen nicht dazu führen dürfen, eine 20 Jahre überdauernde wettbewerbsbeschränkende Bindung herbeizuführen. Somit ist höchstrichterlich klargestellt, daß alle vertraglichen Vereinbarungen in einem Konzessionsvertrag im Hinblick auf die gesetzliche Laufzeitbegrenzung einer Gesamtbeurteilung unter Berücksichtigung aller rechtlichen und tatsächlichen Bindungen zu unterziehen sind. Besonderer gemeindliche Aufmerksamkeit bedürfen insoweit die Endschaftsbestimmungen, da diese vielfach von der Zielsetzung geprägt sind, eine „quasi automatische" Verlängerung des bestehenden Konzessionsvertrages festzuschreiben und damit im Ergebnis die vom Kartellgesetzgeber gewollte Handlungs- und Verhandlungsfreiheit der Gemeinde inhaltlich auszuhöhlen. Die Abfassung und konkrete inhaltliche

642

Ausgestaltung dieser Endschaftsbestimmungen ist daher in jedem Einzelfall in besonderem Maße an der Zielsetzung der 4. Kartellgesetznovelle zu messen.

1.4 Beteiligung der Gemeinden an zukünftigen Regionalunternehmen

643   Soweit die Städte und Gemeinden zukünftig auf die Energieversorgung durch regionale Energieversorgungsunternehmen als Rechtsnachfolger der früheren Kombinate im Rahmen eines Konzessionsvertrages angewiesen sein werden, also den Weg der Fremdversorgung gehen, gilt es, den gemeindlichen Einfluß auch auf dieses regionale Unternehmen sicherzustellen. § 4 Abs. 2 Kommunalvermögensgesetz eröffnet unter Berücksichtigung der durch den Einigungsvertrag vorgenommenen Ergänzung ausdrücklich den Städten und Gemeinden, die Möglichkeit zumindest bis zu einer Größenordnung von 49 % das Kapital einer Kapitalgesellschaft für die Versorgung mit leitungsgebundenen Energien (für den Bereich Wasser gilt die Begrenzung nicht!) zu erwerben.

644   Mit Rücksicht auf die durch den westdeutschen Einfluß geprägte Stellung der dortigen zukünftigen regionalen Unternehmen einerseits sowie der Größenordnung der Städte und Gemeinden andererseits ist insoweit zu bedenken, ob nicht an die Stelle einer Zerlegung der kommunalen Anteile durch Aufsplittung auf jede einzelne Gemeinde sinnvollerweise eine Zusammenführung und Bündelung der gemeindlichen Interessen als vorzugswürdig anzusehen ist („Anteile-Pool"). Ein in der kommunalen Praxis westdeutscher Bundesländer bereits bewährtes Handlungsinstrument ist auch insoweit der Zweckverband, dessen Zulässigkeit in den neuen Bundesländern durch §.61 KVDDR gewährleistet ist.

645   Wesentliche Beispiele für die kommunale Zusammenarbeit im Rahmen von Zweckverbänden gerade auch auf dem Gebiet der Energie- und Wasserversorgung bietet insbesondere das Land Baden-Württemberg (z. B. Neckar-Elektrizitätsverband, Landeselektrizitätsverband Württemberg oder auch der Gemeindeelektrizitätsverband Schwarzwald-Donau). Der Zweckverband ist Treuhänder des Aktienbesitzes seiner Mitgliedsgemeinden und nimmt deren Interessen gegenüber den betreffenden Energieversorgungsunternehmen wahr.

2. Wasserversorgung

646   Auch im Bereich der Wasserversorgung gilt es für die Kommunen, die bisherige zentralistische WAB-Struktur unter Berücksichtigung der gemeindlichen Aufgabenträgerschaft (vgl. § 2 Abs. 2 KVDDR) nach Maßgabe des Handlungsrahmens der KVDDR zu überwinden und zukunftsorientierte Organisationsstrukturen zu entwickeln.

647   Die **Wasserversorgung** ist eine **gemeindliche Pflichtaufgabe** gem. § 2 Abs. 2 KVDDR und zählt darüber hinaus als Bestandteil der Daseinsvorsorge zum Kernbereich gemeindlicher Selbstverwaltung (vgl. BVerfG, Beschluß vom 16. 5. 1989, a.a.O.). Auch insoweit ist eine Zuständigkeit der Kreise nicht ersichtlich, so daß ausschließlich die Städte und Gemeinden aufgerufen sind, die früheren Bezirkskombinate „Wasserversorgung und Abwasserbehandlung" den kommunalverfassungsrechtlich gewährleisteten dezentralen Organisationsformen zuzuführen.

2.1 Kommunalisierung der WAB-Struktur

Im Anschluß an die grundsätzliche Übereinstimmung vom 19. 12. 1990 zwi- **648** schen Bundesregierung und Treuhandanstalt einerseits sowie den Städten und Gemeinden und den sie repräsentierenden kommunalen Spitzenverbänden andererseits (vgl. hierzu: Cronauge, KA 1991, S. 476; „Richtlinie für die Kommunalisierung von Betrieben der Wasserversorgung und Abwasserbehandlung", herausgegeben von der Treuhandanstalt – Direktorat Kommunalvermögen –, veröffentlicht im Info-Dienst Kommunal Nr. 18/1. 2. 1991), die erstmalig einen Konsens darüber herstellte, daß die Betriebe der Trinkwasseraufbereitung und Abwasserbehandlung ausschließlich den Städten und Gemeinden sowohl nach dem Grundgesetz (Art. 28 Abs. 2 GG) als auch der fortgeltenden KVDDR (§ 2 Abs. 2) als Eigentümer zustehen und daher die Kapitalanteile der Rechtsnachfolger der WABs folgerichtig auf die Städte und Gemeinden zu übertragen sind, haben sich zwischenzeitlich in den neuen Bundesländern bezirksweise gemeindliche Eigentümergemeinschaften in der Rechtsform eingetragener Vereine gebildet, denen die Kapitalanteile an den Rechtsnachfolgern der WABs von der Treuhandanstalt bereits übertragen worden sind oder noch übertragen werden sollen. Die Treuhandanstalt hatte selbst auf eine zeitraubende Entflechtung der bisherigen WABs verzichtet, um sich auf die Übertragung der Kapitalanteile auf die Städte und Gemeinden in den Eigentümervereinen zu beschränken und diesen dann selbst die Entwicklung zukünftiger Organisationsformen und damit auch die Entflechtung des WAB-Vermögens zu überlassen, ein Verfahren, das in höchstmöglichem Maße die gemeindliche Einflußnahme durch Selbstgestaltung und Selbstverwirklichung sicherstellt.

Diese **gemeindlichen Eigentümervereine** haben zwei zentrale satzungsrecht- **649** lich festgelegte Aufgabenstellungen:

– vorrangig und in einem ersten Schritt die Übernahme der Kapitalanteile des **650** WAB-Rechtsnachfolgers von der Treuhandanstalt; dabei sollen sämtliche gemeindlichen Kapitalanteile auf die zu bildende Eigentümergemeinschaft treuhänderisch übergehen, wobei die Treuhandanstalt selbst Vereinsmitglied für noch nicht beitrittswillige Städte und Gemeinden wird;

– in einem zweiten, zeitlich nachfolgenden Schritt die Entflechtung des bis- **651** herigen WAB durch die Herausarbeitung zukunftsorientierter neuer Organisationsstrukturen unter Berücksichtigung der wasserwirtschaftlichen Rahmenbedingungen und der Gewährleistung von Wirtschaftlichkeit und Versorgungssicherheit.

652 Insoweit ist der Verein letztlich eine **Interimslösung:** Die Städte und Gemeinden werden als Vereinsmitglieder in eigener Verantwortung – selbstverständlich auch unter Hinzuziehung externen Sachverstandes – ein zukunftsorientiertes Konzept für die endgültige Ver- und Entsorgungsstruktur in dem jeweiligen ehemaligen Bezirk und damit dem WAB-Einzugsbereich erarbeiten.

2.2 Herausbildung zukünftiger Organisationsstrukturen

654 Auch für die Wasserversorgung stehen die in der fortgeltenden DDR-Kommunalverfassung im 6. Abschnitt des 1. Teils „Wirtschaftliche Betätigung und Beteiligung" (§§ 57 – 62) bereitgestellten Organisationsformen den Städten und Gemeinden zur Verfügung.

655 Im Mittelpunkt gemeindlicher Überlegungen dürften vornehmlich folgende **Alternativen** angesiedelt sein:

656 – Bildung eines Zweckverbandes im Rahmen der interkommunalen Zusammenarbeit:

657 Gerade unter besonderer Berücksichtigung von Größenordnung und Struktur der betroffenen Städte und Gemeinden in den neuen Bundesländern wird vornehmlich der in den alten Bundesländern im Bereich der Wasserversorgung vielfach bewährte Zweckverband das richtige Instrument sein. Ein derartiger zwischengemeindlicher Zusammenschluß orientiert sich nicht an politisch gezogenen Gemeinde- oder Kreisgrenzen, sondern vornehmlich an wasserwirtschaftlichen Rahmenbedingungen, wie z. B. dem Einzugsbereich bestimmter fließender Gewässer.

658 Der Zweckverband wird auch in den Fallgestaltungen die sinnvolle Lösung sein, in denen eine Zerschlagung gewachsener Bindungen und Strukturen als wirtschaftlich nachteilig bezeichnet werden muß, z. B. im Falle einer übergemeindlichen Zuordnung zentraler Einrichtungen, etwa eines Wasserwerkes oder einer Kläranlage.

659 Schließlich erleichtert eine Zweckverbandslösung die Entflechtung des WAB-Rechtsnachfolgeunternehmens, da insoweit eine Zuordnung der Anteile und auch der Anlagen an jede einzelne Gemeinde und die hiermit verbundenen schwierigen Bewertungs- und Auseinandersetzungsfragen vermieden werden.

660 – Die Bildung eigener gemeindlicher Betriebe und Unternehmen als Stadtwerke, wobei insoweit die unterschiedlichen Organisationsformen gem. § 57 Abs. 3 KVDDR, also Eigenbetrieb, Eigengesellschaft und Beteiligungsgesellschaft, zur Verfügung stehen:

Die Stadtwerkelösung und damit die Eigenversorgung von Städten und Ge- **661**
meinden wird namentlich in den Fällen in Betracht zu ziehen sein, in denen
eine Gemeinde ohnehin ein Stadtwerk auch mit Blickrichtung auf andere Versorgungssparten, wie z. B. für Strom, Gas und Fernwärme, zu errichten beab-
sichtigt. Hier bietet es sich an, auch die Wasserversorgung dem kommunalen
Querverbund einzureihen.

– Betriebsführungen: **661**

Als möglich erscheinen gerade im Bereich der Wasserversorgung und Abwasserbeseitigung auch Betriebsführungslösungen. Einem „abgespeckten" und
eventuell teilentflochtenen WAB-Rechtsnachfolgeunternehmen könnte von denjenigen Städten und Gemeinden, die keine eigene Organisationsform verfolgen
möchten, die Betriebsführung für die jeweiligen Versorgungsgebiete übertragen
werden.

Darüber hinaus erscheinen Betriebsführungen auch insoweit denkbar, als dem **662**
WAB-Rechtsnachfolger nicht die Erfüllung der Gesamtaufgabe, sondern – bei
grundsätzlicher Entflechtung – Teilbestandteile der Versorgungs- und Entsor-
gungsaufgabe weiterhin übertragen werden, wie z. B. der Betrieb eines Zen-
trallabors oder anderer vergleichbarer zentraler Einrichtungen.

– Betreibermodell: **663**

Das Betreibermodell wird seit einigen Jahren in mehreren Gemeinden in Niedersachsen im Bereich der Abwasserbeseitigung auf der Basis einer speziellen
wasserrechtlichen gesetzlichen Ermächtigungsgrundlage (§ 49 Abs. 6 NWG
Nds.) praktiziert. Bei diesem Betreibermodell plant, finanziert, baut und betreibt der private Betreiber die zum Transport und zur Reinigung des Abwassers
notwendigen Einrichtungen. Die Anlagen stehen im Eigentum des Betreibers,
werden aber von der Gemeinde als öffentliche Einrichtung gewidmet. Der Betreiber wird durch eine VOL-Ausschreibung ermittelt. Er erhält von der Kommune für seine Leistungen einmalige und laufende Vergütungen, regelmäßig
einen Festbetrag in DM/cbm Abwasser. Die Gemeinde erhebt von den Benutzern Gebühren, in die sie neben dem Entgelt, das sie an dem Betreiber zahlt,
auch eigenen Aufwand sowie kalkulatorische Abschreibungen auf den beitrags-
oder zuweisungsfinanzierten Vermögensteil einbezieht. Dies bedeutet, daß zusätzliche Rechtsbeziehungen nur zwischen der Gemeinde und dem Betreiber
entstehen, im übrigen das öffentlich-rechtliche Verhältnis der Körperschaft zum
Bürger keine Änderung erfährt.

Die Einschaltung eines privaten Dritten als Erfüllungsgehilfe zur tatsächlichen **664**
Aufgabenwahrnehmung ändert nichts an der öffentlich-rechtlichen Zuständig-
keit und Pflichtigkeit der Gemeinde, z. B. im Hinblick auf die Kontrolle und
Haftung. Im Falle der Beendigung des regelmäßig über einen Zeitraum von

20–30 Jahren abgeschlossenen Betreibervertrages ist der Private verpflichtet, die Anlagen an die Gemeinde gegen einen Kaufpreis zu übertragen.

665 Ob das Betreibermodell für die Kommunen eher Vorteile, insbesondere auch solche finanzieller Art, mit sich bringt oder aber hingegen mit Nachteilen verbunden ist, ist in der Diskussion sehr umstritten (vgl. die Zusammenstellung der Argumente bei Kamphausen/Veelken/Schmeken, a.a.O.; Schweisfurth, a.a.O., S. 30 ff.). Als Vorteile werden vorwiegend genannt:

666 – Nutzung externer Finanzierungsquellen und des speziellen Know-hows von Fachfirmen, die über große Erfahrungen verfügen und Synergieeffekte nutzen können,
   – Wegfall der Eigenfinanzierung durch die Gemeinde und eine dadurch bedingte schnellere Durchführung der Baumaßnahme mit möglichen Kostenentlastungen für den Bürger,
   – Übergang des Investitions-, Finanzierungs- und Betriebsrisikos auf den Betreiber,
   – keine Bindung des privaten Investors an strenge öffentlich-rechtliche Vorgaben, etwa im Vergabebereich,
   – Kostensenkungen, die sich angeblich nach den Erfahrungen in Niedersachsen auf eine Größenordnung zwischen 13,6 % und 30 % bezogen auf die Laufzeit der Kläranlage belaufen; dieser Vorteil ist jedoch jedenfalls z. Z. nicht nachweisbar und daher äußerst umstritten, da die Kostenvorteile möglicherweise auf die ganz konkrete Planung in den betroffenen Fällen zurückzuführen sind, z. B. auf die geringere und technisch weniger aufwendige Dimensionierung der Anlage durch den Privaten.

667 Nachteilig für das Betreibermodell werden in der bisherigen Diskussion insbesondere folgende Aspekte herausgestellt:

   – Monopolbildung durch den privaten Dritten und damit im Ergebnis Aushöhlung der kommunalen Einflußnahme,
   – ausschließlich ökonomisch orientierte Betrachtungs- und Handlungsweise des privaten Unternehmers unter Außerachtlassung ökologischer Erfordernisse,
   – Problem der Zuwendungsfähigkeit, d. h. bei einem erheblichen Teil der Bundesländer im bisherigen Bundesgebiet ist die Durchleitung von Zuschüssen an private Dritte subventionsrechtlich nicht zulässig,
   – steuerliche Nachteile (vgl. hierzu: Bellefontaine, a.a.O.), da zwar der private Dritte den Vorsteuerabzug bei Investitionen nutzen kann, andererseits aber auch der Nachteil der von der Gemeinde zu tragenden Umsatzsteuerbelastung des von ihr zu entrichtenden Betreiberentgelts entsteht. Die Umsatzsteuer auf die im Betreiberentgelt mit enthaltenen Abschreibungen und Kapitalzinsen zehrt die in einer geringeren Zins- und Tilgungsbelastung beste-

hende Kostenersparnis durch den Vorsteuerabzug aus den Baukosten auf. Nachteilig sind im übrigen die steuerlichen Folgen des Betreibermodells auf dem Gebiet der übrigen Steuern, etwa im Bereich der Gewerbe-, Vermögen- und Körperschaftsteuer.

– Vorhaltung eigener administrativer Kapazitäten in der Gemeinde im Hinblick auf die Kontrolle und Überwachung des Betreibers.

Bereits die kontroverse Diskussion der Vor- und Nachteile des Betreibermo- **668** dells zeigt, daß für die Gemeinde bei der Auswahl dieser Organisationsformen Vorsicht geboten ist. Nur falls das Modell im konkreten Einzelfall nach Abwägung aller Vor- und Nachteile als die wirschaftlichere Alternative unter gleichzeitiger Aufrechterhaltung voller Betriebssicherheit bezeichnet werden kann, dürfte diese Organisationsform überhaupt in Betracht kommen. Dabei vollzieht sich der Abwägungsprozeß auf folgendem Hintergrund:

Wesentlich für jede Gemeinde ist die Feststellung, daß der **Betreiber** lediglich **669** **Erfüllungsgehilfe** ist. Die Gemeinde bleibt somit weiterhin selbst abwasserbeseitigungspflichtig, d. h. die eigentliche Zuständigkeit, Aufgabenverantwortung, Weisungsbefugnis und Gebührenerhebung verbleibt bei der Gemeinde. Darüber hinaus muß die Gemeinde sicherstellen, daß ihre Verantwortung für die ordnungsgemäße Erfüllung der Abwasserbeseitigungspflicht erhalten bleibt und ihr infolgedessen eine umfassende Möglichkeit zur Kontrolle und Einflußnahme eröffnet sein muß. Die Gemeinde bleibt ordnungsrechtlich verantwortlich für die Einhaltung der Überwachungswerte in der Erlaubnis der Abwassereinleitung, die Gemeinde trifft weiterhin Haftung und eventuell strafrechtliche Verantwortlichkeit; die Gemeinde ist auch weiterhin Betreiberin der Kläranlage, so daß sie verantwortlich für deren Zustand, deren Wartung und deren Betrieb verbleibt und sich von der ordnungsgemäßen Funktion der Anlage im Rahmen der Selbstüberwachung regelmäßig überzeugen muß.

Die Gemeinde kann sich folglich nicht der an sie als Adressaten gerichteten **670** öffentlich-rechtlichen Pflichten und Verantwortlichkeiten der wasserrechtlichen Vorgaben des Bundes und des jeweiligen Landes entziehen.

Insgesamt ist den Kommunen bei diesem Modell, das in der Diskussion pri- **671** vatwirtschaftlicher Finanzierungsmodelle zunehmend Bedeutung in den neuen Bundesländern erlangt, Vorsicht und Zurückhaltung zu empfehlen. Die behaupteten Kostenvorteile lassen sich aufgrund der Tatsache, daß in Niedersachsen lediglich einige wenige Gemeinden das Modell praktizieren, jedenfalls zum derzeitigen Zeitpunkt nicht nachweisen.

Was die steuerrechtliche Problematik betrifft, so besteht einerseits der Vorteil **672** der Vorsteuerabzugsberechtigung des Betreibers, andererseits aber auch der Nachteil der von der Kommune zu tragenden Umsatzsteuerbelastung des von ihr zu entrichtenden Betreiberentgelts. Der Bundesminister der Finanzen hat mit Erlaß vom 27. 12. 1990 (BStBl. I 1991, S. 81, Betreff: Umsatzsteuerrechtliche Beurteilung der Einschaltung von Unternehmen in die Erfüllung hoheitlicher Aufgaben) klargestellt, daß alle Leistungsbeziehungen zwischen Kommune und Betreiber gem. § 3 Abs. 9 UStG umsatzsteuerpflichtig sind, da er im Rahmen hoheitlicher Aufgabenerledigung der Kommune lediglich zur „tatsächlichen Durchführung" in Anspruch genommen werde und somit Leistungen für die Kommune erbringe. Danach unterliegen alle Zahlungen der Kommune an den Betreiber, also auch z. B. an ihn durchgeleitete Zuschüsse und Beiträge, der Umsatzsteuerpflicht.

673 Im Zusammenhang mit der Herausbildung zukünftiger Organisationsstrukturen wird schließlich insgesamt die grundsätzliche Frage der auch zukünftig beizubehaltenden organisatorischen Zusammenfassung von Wasserversorgung und Abwasserentsorgung oder aber einer diesbezüglichen Trennung beider Aufgabenfelder zu beantworten sein – eine Antwort, die gerade auch aus dem besonderen Blickwinkel der Städte und Gemeinden in den alten Bundesländern mit besonderem Interesse verfolgt wird.

674 Die Verknüpfung von Wasserversorgung und Abwasserentsorgung ist in der alten Bundesrepublik Deutschland nicht sehr verbreitet. Allerdings hat gerade in der jüngeren Vergangenheit tendenziell die Diskussion hinsichtlich einer möglichen Zusammenfassung von Ver- und Entsorgungsaufgaben unter „einem Dach" deutlich an Intensität zugenommen. Die Gesichtspunkte einer einheitlichen Betriebsführung und der damit verbundenen Synergieeffekte legen eine derartige Zusammenfassung nahe; andererseits hat jedenfalls die Finanzverwaltung bisher einem derartigen Querverbund unter Berücksichtigung der herkömmlichen Zweiteilung Wasserversorgung = wirtschaftliches Unternehmen einerseits und Abwasserbeseitigung = Hoheitsbetrieb andererseits die steuerliche Anerkennung versagt. Insoweit sind Rückwirkungen zukünftiger Organisationsstrukturen in den neuen Bundesländern auf die Gemeinden im alten Länderbestand nicht auszuschließen, ja im Falle einer fortbestehenden Zusammenfassung sogar erwünscht. Ein derartiger organisatorischer Impuls wäre jedenfalls geeignet, die vielfach nur historisch zu erklärende Einteilung in Wirtschaftsunternehmen und Hoheitsbetriebe mit den damit verbundenen rechtlichen, etwa kommunalverfassungsrechtlichen, und steuerlichen Konsequenzen in einem neuen Licht erscheinen zu lassen. So könnten z. B. Stadtwerke von Städten und Gemeinden nicht nur – wie bisher – Versorgungsaufgaben, sondern zukünftig auch Entsorgungsaufgaben im Bereich der Abwasserbeseitigung und Abfallwirtschaft im Querverbund und damit unter Ausschöpfung betriebswirtschaftlicher und auch – eine diesbezügliche Anerkennung der Finanzverwaltung vorausgesetzt – steuerlicher Vorteile durch einen umfänglichen Gewinn- und Verlustausgleich wahrnehmen.

Anhänge

Anhang 1

Muster einer Betriebssatzung für Eigenbetriebe in Nordrhein-Westfalen,

erarbeitet vom Nordrhein-Westfälischen Städte- und Gemeindebund, Städtetag Nordrhein-Westfalen sowie dem Verband kommunaler Unternehmen e. V. – Landesgruppe Nordrhein-Westfalen –, abgestimmt mit dem Innenminister des Landes Nordrhein-Westfalen (Mitt.NWStGB 1989, S. 206 ff.)

Betriebssatzung

der Stadt/Gemeinde . . . für den Eigenbetrieb[1]) . . . vom . . .

Aufgrund der §§ 4 und 93 der Gemeindeordnung für das Land Nordrhein-Westfalen (GO) in der Fassung der Bekanntmachung vom 13.08.1984 (GV NW, S. 475) zuletzt geändert durch Gesetz vom 06.10.1987 (GV NW, S. 343) in Verbindung mit der Eigenbetriebsverordnung für das Land Nordrhein-Westfalen (EigVO) in der Fassung der Bekanntmachung vom 01.06.1988 (GV NW, S. 324) hat der Rat der Stadt/Gemeinde . . . am . . . folgende Betriebssatzung beschlossen:

§ 1
Gegenstand des Eigenbetriebes

Entweder:
(1)　Die Stadt-/Gemeindewerke der Stadt/Gemeinde . . . werden als Eigenbetrieb auf der Grundlage der gesetzlichen Vorschriften und den Bestimmungen dieser Betriebssatzung geführt.

Oder:
(1)　Die . . . werke (Versorgungsbetriebe) und die . . . betriebe (Verkehrsbetriebe) der Stadt/Gemeinde . . . bilden einen Eigenbetrieb und werden auf der Grundlage der gesetzlichen Vorschriften und den Bestimmungen dieser Betriebssatzung geführt[2]).

(2)　Zweck des Eigenbetriebes einschließlich etwaiger Hilfs- und Nebenbetriebe sind . . . (z. B. bei Versorgungsbetrieben: die Versorgung mit Elektrizität, Fernwärme, Gas, Wasser . . .) und alle den Betriebszweck fördernden Geschäfte[3]).

---

1) Name gemäß § 2 einsetzen; im folgenden Stadt-/Gemeindewerke genannt.

2) vergleiche § 8 EigVO.

3) Auf die Möglichkeit, gemeindliche Einrichtungen (vgl. § 88 Abs. 2 GO) mit den Stadt-/Gemeindewerken zu verbinden oder die Verwaltung oder die Betriebsführung derselben auf die Stadt-/Gemeindewerke zu übertragen, wird hingewiesen.

§ 2
Name des Eigenbetriebes

Der Eigenbetrieb führt den Namen (Firma) Stadt-/Gemeindewerk(e) (Betrieb(e)) . . .

§ 3
Werkleitung

Entweder:
(1)   Zur Leitung der Stadt-/Gemeindewerke . . . wird ein Werkleiter bestellt.

Oder:
(1)   Die Werkleitung besteht aus . . . Mitgliedern. Ein Mitglied der Werkleitung wird vom Rat zum Ersten Werkleiter bestellt. Seine Stimme gibt den Ausschlag bei Stimmengleichheit.

Oder:
(1)   Die Werkleitung besteht aus . . . gleichgeordneten Mitgliedern; bei Meinungsverschiedenheiten entscheidet die Mehrheit der Stimmen, bei Stimmengleichheit der Gemeindedirektor (Stadt-, Oberstadtdirektor).

(2)   Die Stadt-/Gemeindewerke . . . werden von der Werkleitung selbständig geleitet, soweit nicht durch Gemeindeordnung, Eigenbetriebsverordnung oder diese Satzung etwas anderes bestimmt ist. Der Werkleitung obliegt insbesondere die laufende Betriebsführung. Dazu gehören alle Maßnahmen, die zur Aufrechterhaltung des Betriebes laufend notwendig sind, insbesondere Einsatz des Personals, Anordnung der notwendigen Instandhaltungsarbeiten und der laufenden Netzerweiterungen, Beschaffung von Roh-, Hilfs- und Betriebsstoffen sowie Investitionsgütern des laufenden Bedarfs, Abschluß von Werkverträgen und von Verträgen mit Tarif- und Sonderkunden.

(3)   Die Werkleitung ist für die wirtschaftliche Führung der Stadt-/Gemeindewerke verantwortlich.

§ 4
Werksausschuß

(1) Der Werksausschuß besteht aus . . . Mitgliedern, die gemäß § 93 Abs. 3 GO
i. V. m. der Wahlordnung für Eigenbetriebe (Eig-WO) gewählt werden¹).

(2) Der Werksausschuß entscheidet in den Angelegenheiten, die ihm durch die
Gemeindeordnung und die Eigenbetriebsverordnung übertragen sind. Darüber
hinaus entscheidet der Werksausschuß in den ihm vom Gemeinderat (Stadtrat)
ausdrücklich übertragenen Aufgaben sowie in den folgenden Fällen:

a) Zustimmung zu Verträgen, wenn der Wert im Einzelfalle den Betrag
von . . . DM übersteigt; ausgenommen sind die Geschäfte der laufenden
Betriebsführung und Angelegenheiten, die nach der Gemeindeordnung,
der Eigenbetriebsverordnung oder durch die Hauptsatzung der Zuständigkeit des Rates vorbehalten sind,

b) Stundung von Zahlungsverbindlichkeiten, wenn sie im Einzelfall . . . DM übersteigen,

c) Erlaß und Niederschlagung von Forderungen, wenn sie im Einzelfall
. . . DM übersteigen²).

(3) Der Werksausschuß berät die Angelegenheiten vor, die vom Rat zu entscheiden sind. Er entscheidet in den Angelegenheiten, die der Beschlußfassung
des Rates unterliegen, falls die Angelegenheit keinen Aufschub duldet. In Fällen
äußerster Dringlichkeit kann der Bürgermeister (Oberbürgermeister) mit dem Vorsitzenden des Werkausschusses entscheiden. § 43 Abs. 1, Satz 4 und 5 GO gelten entsprechend.

(4) In Angelegenheiten, die der Beschlußfassung des Werksausschusses unterliegen, entscheidet, falls die Angelegenheit keinen Aufschub duldet, der Bürgermeister (Oberbürgermeister) im Einvernehmen mit einem Mitglied des Werksausschusses.

§ 5
Rat

Der Rat entscheidet in allen Angelegenheiten, die ihm durch die Gemeindeordnung, die Eigenbetriebsverordnung oder die Hauptsatzung vorbehalten sind.

---

1) Hingewiesen sei auf die Vorschriften der §§ 23 GO und 5 Abs. 2 EigVO.

2) Bei der Festlegung dieser Beträge kann z. B. auf einen prozentualen Anteil bestimmter betrieblicher Kennzahlen
(durchschnittliches jährliches Bruttoinvestitionsvolumen, durchschnittliche jährliche betriebliche Erträge gemäß G + V-
Posten, Anlage 4, Nr. 1-4 u. a.) abgestellt werden.

§ 6
Gemeindedirektor (Stadt-, Oberstadtdirektor)

(1)   Im Interesse der Einheitlichkeit der Verwaltungsführung kann der Gemeindedirektor (Stadt-, Oberstadtdirektor) der Werkleitung Weisungen erteilen[1]).

(2)   Die Werkleitung hat den Gemeindedirektor (Stadt-, Oberstadtdirektor) in wichtigen Angelegenheiten der Stadt-/Gemeindewerke . . . rechtzeitig zu unterrichten und ihm auf Verlangen Auskunft zu erteilen. Der Gemeindedirektor (Stadt-, Oberstadtdirektor) bereitet im Benehmen mit der Werkleitung die Vorlagen für den Werksausschuß und den Rat vor.

(3)   Glaubt die Werkleitung, nach pflichtmäßigem Ermessen die Verantwortung für die Durchführung einer Weisung des Gemeindedirektors (Stadt-, Oberstadtdirektors) nicht übernehmen zu können und führt ein Hinweis auf entgegenstehende Bedenken der Werkleitung nicht zu einer Änderung der Weisung, so hat sie sich an den Werksausschuß zu wenden. Wird keine Übereinstimmung zwischen dem Werksausschuß und dem Gemeindedirektor (Stadt-, Oberstadtdirektor) erzielt, so ist die Entscheidung des Hauptausschusses herbeizuführen.

§ 7
Kämmerer[2])

Die Werkleitung hat dem Kämmerer oder dem sonst für das Finanzwesen zuständigen Beamten den Entwurf des Wirtschaftsplanes und des Jahresabschlusses, die Vierteljahresübersichten, die Ergebnisse der Betriebsstatistik und die Selbstkostenrechnungen zuzuleiten; sie hat ihm ferner auf Anfordern alle sonstigen finanzwirtschaftlichen Auskünfte zu erteilen.

---

1) Der Gemeindedirektor (Stadt-, Oberstadtdirektor) kann sich bei der Wahrnehmung seiner Aufgaben durch den zuständigen Beigeordneten vertreten lassen.
2) Ist der Kämmerer Beigeordneter, so ist für die Teilnahme des Kämmerers an Sitzungen des Werksausschusses § 48 Abs. 2 GO zu beachten.

§ 8
Personalangelegenheiten

(1)   Bei den Stadt-/Gemeindewerken . . . sind in der Regel Angestellte und Arbeiter zu beschäftigen.

Entweder[1]):
(2)   Die Angestellten und Arbeiter werden durch die Werkleitung angestellt, höhergruppiert und entlassen.

Oder[1]):
(2)   Angestellte bis zur Vergütungsgruppe . . . BAT einschließlich oder der entsprechenden Gruppe der jeweiligen Tarifvereinbarung und Arbeiter werden durch die Werkleitung, alle übrigen Angestellten auf Vorschlag der Werkleitung durch den Gemeindedirektor (Stadt-, Oberstadtdirektor) angestellt, höhergruppiert und entlassen.

Oder[1]):
(2)   Die Angestellten und Arbeiter werden auf Vorschlag der Werkleitung durch den Gemeindedirektor (Stadt-, Oberstadtdirektor) angestellt, höhergruppiert und entlassen.

(3)   Die bei den Stadt-/Gemeindewerken . . . beschäftigten Beamten werden in den Stellenplan der Stadt aufgenommen und in der Stellenübersicht der Stadt-/Gemeindewerke . . . vermerkt.

---

1) Diese Alternativen kommen neben den in § 6 Abs. 1 EigVO vorgesehenen Regelungen in Betracht. In den alternativen Fällen des Abs. 2 ist eine Regelung in der Hauptsatzung erforderlich. Im übrigen ist darauf zu achten, daß personalrechtliche Regelungen der Hauptsatzung und der Betriebssatzung sich entsprechen (vgl. § 6 Abs. 1, S. 3 und 4 EigVO).

§ 9
Vertretung der Stadt-/Gemeindewerke¹)

Entweder:

(1)   Unbeschadet der anderen Organen zustehenden Entscheidungsbefugnisse wird die Stadt/Gemeinde in den Angelegenheiten der Stadt-/Gemeindewerke . . . durch die Werkleitung vertreten.

Oder:

(1)   Die Werkleitung vertritt die Stadt/Gemeinde in den Angelegenheiten der Stadt-/Gemeindewerke . . . , die ihrer eigenen Entscheidung oder der Entscheidung des Werksausschusses unterliegen.

In den übrigen Angelegenheiten der Stadt-/Gemeindewerke . . . vertritt der Gemeindedirektor (Stadt-, Oberstadtdirektor) die Stadt/Gemeinde.

(2)   Die Werkleitung unterzeichnet unter dem Namen der Stadt-/Gemeindewerke . . . ohne Angabe eines Vertretungsverhältnisses, wenn die Angelegenheit ihrer Entscheidung unterliegt, die übrigen Dienstkräfte „Im Auftrag". In den Angelegenheiten, die der Entscheidung anderer Organe unterliegen und in denen die Werkleitung mit der Vertretung beauftragt wird, ist unter der Bezeichnung „Der Gemeindedirektor (Stadt-, Oberstadtdirektor) — Stadt-/Gemeindewerke der Stadt/Gemeinde . . . — " unter Angabe des Vertretungsverhältnisses zu unterzeichnen.

(3)   Der Kreis der Vertretungsberechtigten und der Beauftragten sowie der Umfang ihrer Vertretungsbefugnis werden von der Werkleitung in . . . öffentlich bekanntgemacht²).

---

1) Bei verpflichtenden Erklärungen ist § 3 Abs. 3 EigVO zu beachten. Besteht die Werkleitung aus einem Mitglied, kann z. B. festgelegt werden, daß bei der Abgabe der Verpflichtungserklärung ein Angehöriger der kaufmännischen/technischen Abteilung mitunterzeichnet. Die Form der Unterzeichnung kann in einer Dienstanweisung geregelt werden.

2) Die Form der öffentlichen Bekanntmachung richtet sich nach dem geltenden Ortsrecht.

§ 10
Wirtschaftsjahr

Wirtschaftsjahr ist . . .

§ 11
Stammkapital

Das Stammkapital der Stadt-/Gemeindewerke . . . beträgt . . . DM.

§ 12
Wirtschaftsplan

(1)   Der Eigenbetrieb hat vor Beginn eines jeden Wirtschaftsjahres einen Wirtschaftsplan aufzustellen. Dieser besteht aus dem Erfolgsplan, dem Vermögensplan und der Stellenübersicht.

(2)   Ausgaben für verschiedene Vorhaben des Vermögensplans, die sachlich eng zusammenhängen, sind gegenseitig deckungsfähig (vgl. § 16 Abs. 5, Satz 1 EigVO)[1]). Mehrausgaben für Einzelvorhaben des Vermögensplans, die . . . % des Ansatzes im Vermögensplan überschreiten, bedürfen der Zustimmung des Werksausschusses.

---

1) Diese Erklärung kann auch in dem jeweiligen Vermögensplan erfolgen.

§ 13
Zwischenberichte

Die Werkleitung hat den Gemeindedirektor (Stadt-, Oberstadtdirektor) und den Werksausschuß vierteljährlich[1]) über die Entwicklung der Erträge und Aufwendungen sowie über die Abwicklung des Vermögensplans schriftlich zu unterrichten.

§ 14
Jahresabschluß, Lagebericht, Erfolgsübersicht[2])

Der Jahresabschluß, der Lagebericht und die Erfolgsübersicht[2]) sind bis zum Ablauf von drei Monaten[3]) nach Ende des Wirtschaftsjahres von der Werkleitung aufzustellen und über den Gemeindedirektor (Stadt-, Oberstadtdirektor) dem Werksausschuß vorzulegen.

§ 15

Die Satzung tritt am Tage nach ihrer Bekanntmachung in Kraft. Gleichzeitig tritt die Betriebssatzung der Stadt-/Gemeindewerke . . . vom . . . außer Kraft.

---

1) Die Betriebssatzung kann eine andere Frist von nicht mehr als sechs Monaten bestimmen (vgl. § 20 Satz 2 EigVO).

2) Eine Erfolgsübersicht ist nur bei Eigenbetrieben mit mehr als einem Betriebszweig aufzustellen (vgl. § 23 Abs. 3, Satz 1 EigVO).

3) Die Betriebssatzung kann eine andere Frist von nicht mehr als sechs Monaten bestimmen (vgl. § 26 Abs. 1, Satz 4 EigVO).

Muster eines Gesellschaftsvertrages einer Stadtwerke GmbH 676

Gesellschaftsvertrag

der Stadtwerke .... GmbH

§ 1

Firma und Sitz

(1) Die Firma der Gesellschaft lautet:

"Stadtwerke ....
Gesellschaft mit beschränkter Haftung"

(2) Die Gesellschaft hat ihren Sitz in ....

§ 2

Gegenstand des Unternehmens

(1) Gegenstand des Unternehmens ist die öffentliche Versorgung mit Strom, Gas, evtl. anderen Energien und Wasser, die Errichtung, der Erwerb, die Erweiterung und der Betrieb der diesem Zweck dienenden Anlagen sowie dazugehörige und ähnliche Geschäfte.

(2) Die Gesellschaft ist berechtigt, zur Förderung des Gesellschaftszwecks andere Unternehmen zu betreiben, sich an ihnen zu beteiligen oder solche Unternehmen sowie Hilfs- und Nebenbetriebe zu erwerben, zu errichten, zu pachten oder als Gesellschaft aufzunehmen.

(3) Werden durch Planungen bzw. sonstige Vorhaben der Stadtwerke .... GmbH die Interessen der Stadt .... berührt, so ist der Stadtdirektor zu unterrichten.

Zu diesem Zweck kann der Stadtdirektor vom Geschäftsführer jederzeit Auskunft und Einsicht in die Akten verlangen.

Werden durch Planungen bzw. sonstige Vorhaben der Stadt die Interessen der Stadtwerke ....
berührt, so steht dem Geschäftsführer ein gleiches Informationsrecht zu gegenüber der Stadt.

§ 3

Geschäftsjahr

Das Geschäftsjahr ist das Kalenderjahr.

§ 4

Stammkapital und Stammeinlagen

(1) Das Stammkapital beträgt .... DM (in Worten .... Deutsche Mark).

(2) Alleiniger Gesellschafter ist die Stadt ...., die eine Stammeinlage von .... DM übernimmt.

(3) Die Stammeinlage ist durch Einbringung des Betriebsvermögens "Stadtwerke ...." im Wege der Umwandlung nach § 58 des Gesetzes zur Ergänzung handelsrechtlicher Vorschriften über die Änderung der Unternehmensform vom 15.8.1969 (UmwG) voll geleistet.*)

§ 5

Verfügung über Geschäftsanteile

Die Übertragung oder Verpfändung von Geschäftsanteilen oder von Teilen der Geschäftsanteile bedarf der vorherigen Zustimmung des Aufsichtsrates und der Gesellschafterversammlung.

Der Beschluß des Aufsichtsrates bedarf einer Mehrheit von drei Vierteln seiner satzungsmäßigen Mitglieder, der Beschluß der Gesellschafterversammlung der Einstimmigkeit.

*) Fn.: Umwandlung von Eigenbetrieb in Eigengesellschaft

Anhang 2

§ 6

Organe der Gesellschaft

Organe der Gesellschaft sind:
die Geschäftsführung,
der Aufsichtsrat und
die Gesellschafterversammlung.

§ 7

Geschäftsführung und Vertretung der Gesellschaft

(1) Die Gesellschaft hat einen Geschäftsführer.

(2) Der Geschäftsführung obliegt die Führung der Geschäfte der Gesellschaft, soweit das Gesetz oder der Gesellschaftsvertrag nicht etwas anderes bestimmen.

§ 8

Zusammensetzung und Amtsdauer des Aufsichtsrates

(1) Die Vorschriften des Aktienrechtes über den Aufsichtsrat finden keine Anwendung.

(2) Der Aufsichtsrat besteht aus:

a) dem Stadtdirektor der Stadt .... kraft Amtes,
b) 8 vom Rat der Stadt .... entsandten Mitgliedern, die nach den Grundsätzen der Verhältniswahl (d' Hondtsches Verfahren) gewählt werden.

(3) Die Amtsdauer des Aufsichtsrates endet mit Ablauf der Wahlperiode des Rates der Stadt .... Der alte Aufsichtsrat führt seine Geschäfte bis zur Bildung eines neuen Aufsichtsrates weiter.

(4) Jedes Mitglied des Aufsichtsrates kann sein Amt unter Einhaltung einer vierwöchigen Frist durch schriftliche Erklärung niederlegen.

(5) War für die Bestellung eines Aufsichtsratsmitgliedes seine Zugehörigkeit zum Rat oder zur Verwaltung der Stadt .... bestimmend, endet sein Amt mit dem Ausscheiden aus Rat oder Verwaltung. Von dieser Bestimmung unberührt bleibt Abs. 3 Satz 2.

(6) Aufsichtsratsmitglieder können durch Beschluß der Gesellschafterversammlung abberufen werden.

(7) Scheidet ein Aufsichtsratsmitglied aus, entsendet der Rat der Stadt .... für die restliche Amtszeit einen Nachfolger.

§ 9

Vorsitz, Einberufung und Beschlußfassung des Aufsichtsrates

(1) Der Aufsichtsrat wählt aus seiner Mitte den Vorsitzenden und seinen Stellvertreter für die in § 8 Abs. 3 festgelegte Amtsdauer. Der Stellvertreter handelt bei Verhinderung des Vorsitzenden. Scheiden der Vorsitzende oder sein Stellvertreter vorzeitig aus, so hat der Aufsichtsrat unverzüglich eine Ersatzwahl vorzunehmen.

(2) Der Aufsichtsrat wird vom Vorsitzenden einberufen, so oft es die Geschäfte erfordern oder wenn es von der Geschäftsführung oder von mindestens einem Drittel der Aufsichtsratsmitglieder beantragt wird. Die Geschäftsführung nimmt an den Sitzungen des Aufsichtsrates teil, sofern der Aufsichtsrat im Einzelfall nicht etwas anderes beschließt.

(3) Die Einberufung muß schriftlich unter Mitteilung der Tagesordnung mit einer Frist von mindestens einer Woche erfolgen. In dringenden Fällen können eine andere Form der Einberufung und eine kürzere Frist gewählt werden.

(4) Der Aufsichtsrat ist beschlußfähig, wenn sämtliche Mitglieder zur Sitzung ordnungsgemäß geladen sind und mindestens die Hälfte, darunter der Vorsitzende oder sein Stellvertreter, anwesend sind. Ist der Aufsichtsrat in einer ordnungsgemäß einberufenen Sitzung nicht beschlußfähig, so kann binnen einer Woche eine neue Sitzung mit gleicher Tagesordnung anberaumt werden. Bei der Einberufung ist darauf hinzuweisen, daß der Aufsichtsrat in der neuen Sitzung beschlußfähig ist, wenn mindestens die Hälfte der Mitglieder an der Beschlußfassung teilnehmen.

(5) Der Aufsichtsrat faßt seine Beschlüsse mit einfacher Stimmenmehrheit, soweit sich nicht aus dem Gesellschaftsvertrag etwas anderes ergibt. Bei Stimmengleichheit gilt ein Antrag als abgelehnt.

(6) Über die Verhandlungen und Beschlüsse des Aufsichtsrates ist eine Niederschrift zu fertigen, die vom Vorsitzenden und einem weiteren Mitglied zu unterzeichnen ist.

(7) Erklärungen des Aufsichtsrates werden vom Vorsitzenden unter der Bezeichnung "Aufsichtsrat der Stadtwerke .... GmbH" abgegeben.

(8) Der Aufsichtsrat gibt sich eine Geschäftsordnung.

§ 10

Aufgaben des Aufsichtsrates

(1) Der Aufsichtsrat überwacht die Tätigkeit der Geschäftsführung.

(2) Der Aufsichtsrat ist außerdem zuständig für:

a) Feststellung des Wirtschaftsplanes und seiner Nachträge,

b) Festsetzung und Änderung der allgemeinen Versorgungsbedingungen mit Ausnahme der allgemeinen Tarifpreise,

c) Abschluß von
   - Bezugsverträgen über Strom, Gas, evtl. andere Energien und Wasser sowie
   - Konzessions- und Demarkationsverträgen,

d) Erwerb, Veräußerung und Belastung von Grundstücken und grundstücksgleichen Rechten,

e) Aufnahme und Gewährung von Darlehen sowie Schenkungen,

f) Übernahme von Bürgschaften, Abschluß von Gewährsverträgen und Bestellung sonstiger Sicherheiten, soweit im Einzelfall eine in der Geschäftsordnung des Aufsichtsrates festzulegende Wertgrenze überschritten wird,

g) Führung von Rechtsstreitigkeiten und Abschluß von Vergleichen, soweit im Einzelfall eine in der Geschäftsordnung des Aufsichtsrates festzulegende Wertgrenze überschritten wird,

h) Bestellung und Abberufung von Prokuristen und Handlungsbevollmächtigten,

i) Bestellung des Abschlußprüfers,

j) Zustimmung über Verfügungen von Geschäftsanteilen,

k) Zustimmung zu Verträgen, wenn der Wert im Einzelfall den Betrag von 20.000,-- DM übersteigt. Ausgenommen sind die Geschäfte der laufenden Betriebsführung.

In Fällen äußerster Dringlichkeit kann die Geschäftsführung mit Zustimmung des Aufsichtsratsvorsitzenden und eines weiteren Aufsichtsratsmitgliedes selbständig handeln. Die getroffenen Entscheidungen sind dem Aufsichtsrat in seiner nächsten Sitzung zur Genehmigung vorzulegen.

Der Aufsichtsrat kann die Dringlichkeitsentscheidung aufheben, soweit nicht Rechte anderer durch die Ausführung des Beschlusses entstanden sind.

§ 11

Einberufung, Vorsitz und Beschlußfassung der Gesellschafterversammlung

(1) Die Gesellschafterversammlung wird durch den Vorsitzenden des Aufsichtsrates einberufen, soweit das Gesetz nichts anderes bestimmt.

(2) Die Gesellschafterversammlung, die den Jahresabschluß feststellt, (ordentliche Gesellschafterversammlung) findet spätestens bis Ende September des folgenden Geschäftsjahres statt.

(3) Die Gesellschafterversammlung wird schriftlich unter Mitteilung der Tagesordnung mit einer Frist von zwei Wochen einberufen. Wenn kein Gesellschafter widerspricht, kann auf die Form und Frist verzichtet werden.

(4) Den Vorsitz in der Gesellschafterversammlung führt der Aufsichtsratsvorsitzende.

(5) Beschlüsse werden, soweit das Gesetz oder dieser Gesellschaftsvertrag nichts anderes vorschreiben, mit einfacher Mehrheit gefaßt.

(6) Über die Verhandlungen und Beschlüsse der Gesellschafterversammlung ist eine Niederschrift anzufertigen, die vom Vorsitzenden zu unterzeichnen ist.

(7) Der Geschäftsführer nimmt an der Gesellschafterversammlung teil.

§ 12

Aufgaben der Gesellschafterversammlung

(1) Die Gesellschafterversammlung kann dem Aufsichtsrat und der Geschäftsführung Weisungen erteilen, an welche diese gebunden sind.

(2) Der Beschlußverfassung der Gesellschafterversammlung unterliegen:

a) Änderung des Gesellschaftervertrages,
b) Auflösung der Gesellschaft,
c) Feststellung des Jahresabschlusses,
d) Verwendung des Reingewinnes bzw. Vortrag oder Abdeckung eines Bilanzverlustes,
e) Entlastung des Aufsichtsrates,
f) Bestellung und Abberufung des Geschäftsführers,
g) Entlastung des Aufsichtsrates,
h) Abberufung von Aufsichtsratsmitgliedern,
i) Geltendmachung von Ersatzansprüchen gegen Mitglieder des Aufsichtsrates und der Geschäftsführung,
j) Festsetzung und Änderung der allgemeinen Tarifpreise,
k) Übernahme neuer Aufgaben,
l) Erwerb und Veräußerung von Unternehmen und Beteiligungen.

(3) Die Gesellschafterversammlung wird von einem vom Rat der Stadt .... zu benennenden Vertreter wahrgenommen. Der Rat weist diesen an, welche Beschlüsse er in der Gesellschafterversammlung zu fassen hat.

§ 13

Wirtschaftsplan

(1) Die Geschäftsführung stellt so rechtzeitig einen Wirtschaftsplan auf, daß der Aufsichtsrat vor Beginn des Geschäftsjahres seine Zustimmung erteilen kann.

(2) Auf den Wirtschaftsplan finden die Vorschriften der §§ .... EigVO NW vom .... sinngemäß Anwendung.

§ 14

Jahresabschluß, Geschäftsbericht

Die Geschäftsführung hat innerhalb von sechs Monaten nach Ablauf des Geschäftsjahres die Jahresbilanz mit Gewinn- und Verlustrechnung und den Geschäftsbericht aufzustellen und nach Prüfung durch den Abschlußprüfer unverzüglich dem Aufsichtsrat vorzulegen. Die Vorschriften der §§ 151 - 160 AktG finden sinngemäß Anwendung.

§ 15

Steuerklausel

Der gesamte Leistungsverkehr zwischen Gesellschaft und Gesellschafter(n) ist angemessen abzurechnen. Dabei sind die steuerlichen Grundsätze über verdeckte Gewinnausschüttungen zu beachten. Bei Verstößen ist der zu Unrecht begünstigte Gesellschafter verpflichtet, den ihm zugeflossenen Vorteil zu erstatten oder wertmäßig zu ersetzen.

§ 16

Gründungsaufwand

Die Kosten der Gründung trägt die Gesellschaft.

§ 17

Änderungen und Ergänzungen

Sollten einzelne Bestimmungen dieses Vertrages und etwaiger Nachträge rechtlich unwirksam sein oder werden, so wird die Wirksamkeit der übrigen Vereinbarungen hierdurch nicht berührt.

§ 18

Bekanntmachungen

Die Bekanntmachungen der Gesellschaft erfolgen im Bundesanzeiger, soweit eine Veröffentlichung nach dem Gesetz betreffend Gesellschaften mit beschränkter Haftung zwingend vorgeschrieben ist.

Im übrigen gelten die Vorschriften der Bekanntmachungs-Verordnung des Landes NW vom 12.9. 1969 (GV NW 1969 S. 684).

§ 19

Schlußbestimmungen

(1) Der Vertrag tritt am .... in Kraft.

(2) Die Kosten dieses Vertrages trägt die Gesellschaft.

677 **Muster einer Zweckverbandssatzung, einer Geschäftsordnung für den Vorstand sowie einer Geschäftsordnung für den Ausschuß,** erarbeitet vom Städte- und Gemeindebund Sachsen-Anhalt und vom Niedersächsischen Städte- und Gemeindebund (September 1990)

Zweckverbandssatzung

Muster

§ 1

Verbandsglieder, Name, Rechtsform, Sitz, Dienstsiegel, Aufgabe

(1) Die in der Anlage zur Satzung aufgeführten Gemeinden und Städte sind unter der Bezeichnung

".....verband....."
(z.B. Trinkwasserverband oder Zweckverband Großraum.....)

ein Zweckverband mit Sitz in .... Die Anlage ist Bestandteil der Satzung.

(2) Der Verband führt ein Dienstsiegel.
(3) Der Verband hat die Aufgabe, das Gebiet der Gliedgemeinden (Verbandsgebiet) ... (Aufgabe kurz beschreiben).

(4) Der Verband erläßt die zur Durchführung seiner Aufgaben erforderlichen Satzungen.

(5) Der Verband dient dem öffentlichen Wohl und hat keine Absicht, Gewinne zu erzielen. Er ist gemeinnützig.

§ 2

Organe

Organe des Verbandes sind:

1. der Verbandsausschuß
2. der Verbandsvorstand
3. die Verbandsgeschäftsführung

§ 3

Zusammensetzung des Verbandsausschusses

(1) Der Verbandsausschuß setzt sich aus den von den Verbandsgliedern entsandten Vertretern zusammen. Die Zahl der in den Verbandsausschuß zu entsendenden Vertreter richtet sich nach der Einwohnerzahl der Verbandsglieder, und zwar dergestalt, daß von jedem Verbandsglied je angefangene ... Einwohner ein Vertreter zu entsenden ist. Maßgebend sind die für die Wahl zur Gemeindevertretung festgestellten Einwohnerzahlen.

(2) Die Vertreter der Verbandsglieder werden von den Gemeindevertretungen der Verbandsglieder bestimmt. Für jeden Vertreter ist ein Stellvertreter zu bestimmen. Die Stellvertreter können sich untereinander gegenseitig vertreten.

(3) Die Vertreter und Stellvertreter werden von den Verbandsgliedern jeweils für eine Wahlperiode bestimmt. Sie deckt sich mit der Wahlperiode der Gemeindevertretungen. Die Vertreter und ihre Stellvertreter bleiben jedoch bis zur Bestimmung ihrer Nachfolger in der neuen Wahlperiode im Amt. Wiederbestimmung, auch mehrmalige, ist zulässig. Von den Verbandsgliedern können nur Personen bestimmt werden, die die Wählbarkeit zur Vertretungskörperschaft des entsendenden Verbandsgliedes besitzen und ihren Wohnsitz im Verbandsgebiet haben. § 22 Abs. 8 GO DDR findet keine Anwendung.

(4) Scheidet ein Vertreter bzw. Stellvertreter vorzeitig aus, so ist für den Rest der Wahlperiode von dem betreffenden Verbandsglied ein anderer Vertreter bzw. Stellvertreter zu bestellen.

(5) Jeder Vertreter hat im Verbandsausschuß eine Stimme.

§ 4

Aufgaben des Verbandsausschusses

Der Verbandsausschuß überwacht die Angelegenheiten des Verbandes und hat insbesondere folgende Angelegenheiten zu beschließen:

1. Festsetzung der Haushaltssatzung und des Wirtschaftsplanes (Erfolgs- und Vermögensplan) sowie der Stellenübersicht,

2. Festsetzung der Verbandsumlage nach § 18 dieser Satzung,

3. Feststellung des Jahresabschlusses (Bilanz, Gewinn- und Verlustrechnung, Anhang) und des Lageberichtes,

5. Erlaß, Änderung und Aufhebung von Satzungen,

6. Veräußerung und Erwerb von Grundstücken und sonstigen Vermögensteilen mit einem Wert im Einzelfall von mehr als ... DM, soweit es sich nicht um ein Geschäft der laufenden Verwaltung handelt,

7. Ernennung von Mitarbeitern, ihre Versetzung in den Ruhestand und Entlassung,

8. Geschäftsordnung des Verbandes,

9. Aufnahme neuer Verbandsglieder,

10. Austritt von Verbandsgliedern,

11. Auflösung des Verbandes und Aufteilung des Verbandsvermögens.

§ 5

Einberufung des Verbandsausschusses

Der Verbandsausschuß tritt nach Bedarf, mindestens aber ... (Vorschlag: einmal) im Jahr zusammen. Er muß zusammentreten, wenn es die Mehrheit der Vertreter im Verbandsausschuß, der Verbandsvorstand oder die Verbandsgeschäftsführung unter Angabe des Beratungsgegenstandes verlangen. Er wird vom Verbandsvorsteher unter Mitteilung der Tagesordnung einberufen. Die Ladungsfrist beträgt zwei Wochen. Die Geschäftsordnung kann für Eilfälle eine kürzere Ladungsfrist vorsehen; auf die Abkürzung ist in der Ladung hinzuweisen.

§ 6

Beschlußfähigkeit, Öffentlichkeit

(1) Der Verbandsausschuß ist beschlußfähig, wenn nach ordnungsgemäßer Ladung mehr als die Hälfte der Vertreter anwesend ist oder wenn alle Vertreter anwesend sind und keiner eine Verletzung der Vorschriften über die Einberufung rügt.

(2) Ist eine Angelegenheit wegen Beschlußunfähigkeit des Verbandsausschusses zurückgestellt worden und wird der Verbandsausschuß zur Verhandlung über den gleichen Gegenstand zum zweiten Mal einberufen, so ist er ohne Rücksicht auf die Zahl der anwesenden Vertreter beschlußfähig, wenn in der Ladung zur zweiten Sitzung ausdrücklich hierauf hingewiesen worden ist.

(3) Die Sitzungen des Verbandsausschusses sind öffentlich, soweit nicht das öffentliche Wohl oder berechtigte Interessen einzelner den Ausschluß der Öffentlichkeit erfordern.

§ 7

Beschlußfassung

(1) Beschlüsse werden, soweit durch Gesetz oder diese Satzung nicht anderes bestimmt ist, mit der Mehrheit der auf Ja oder Nein lautenden Stimmen gefaßt. Bei Stimmengleichheit gilt der Antrag als abgelehnt.

(2) Eine Mehrheit von zwei Dritteln der Vertreter ist bei Beschlüssen nach § 4 Nr. 9 - 11 dieser Satzung sowie zur Änderung dieser Satzung erforderlich.

§ 8

Wahlen

Gewählt wird, wenn niemand widerspricht, durch Zuruf; sonst durch Stimmzettel. Gewählt ist, wer die meisten Stimmen erhält. Bei Stimmengleichheit entscheidet das Los, das der Versammlungsleiter zieht.

§ 9

Beschlußprotokoll

(1) Die Beschlüsse des Verbandsausschusses sind in ein Protokollbuch einzutragen und vom Verbandsvorsteher zu bestimmenden Vertretern zu unterschreiben.

(2) Über den wesentlichen Inhalt der Verhandlungen ist eine Niederschrift zu fertigen. Sie ist vom Verbandsvorsteher und der Geschäftsführung zu unterzeichnen.

§ 10

Wahl des Verbandsvorstandes

(1) Der Verbandsausschuß wählt einen Verbandsvorsteher sowie zwei Stellvertreter. Der Verbandsvorsteher braucht nicht Mitglied des Verbandsausschusses zu sein. Wenn er aus der Mitte des Verbandsausschusses gewählt ist, bleibt er Mitglied des Verbandsausschusses und hat Stimmrecht im Verbandsausschuß. Eine Ersatzentsendung findet daher nicht statt. Die Stellvertreter müssen Mitglieder des Verbandsausschusses und des Vorstandes sein.

(2) Die Wahlzeit für den Verbandsvorsteher beträgt fünf Jahre. Wiederwahl, auch mehrmalige, ist zulässig. Die Wahlzeit der Stellvertreter deckt sich mit der Kommunalwahlperiode.

(3) Der erste Stellvertreter vertritt den Verbandsvorsteher bei dessen Verhinderung. Sind der Verbandsvorsteher und der erste Stellvertreter verhindert, so nimmt der zweite Stellvertreter die Vertretung wahr.

(4) Der Verbandsvorsteher ist Vorsitzender des Verbandsausschusses und des Verbandsvorstandes.

Anhang 3

§ 11

Zusammensetzung des Verbandsvorstandes

(1) Der Verbandsvorstand besteht aus dem Verbandsvorsteher als Vorsitzenden sowie aus weiteren ... (hier die Zahl der Verbandsglieder eintragen) Vorstandsmitgliedern. Für jedes Verbandsglied ist dann ein Vorstandsmitglied zu wählen. Die Geschäftsführung gehört dem Vorstand mit beratender Stimme an. Für jedes Vorstandsmitglied ist ein Stellvertreter zu wählen.

(2) Der Verbandsausschuß wählt aus seiner Mitte in der ersten Sitzung zu Beginn einer jeden Kommunalwahlperiode die Vorstandsmitglieder. Wiederwahl, auch mehrmalige, ist zulässig.

(3) Die Vorstandsmitglieder scheiden aus, wenn sie nicht mehr dem Verbandsausschuß angehören. Die Ersatzwahl erfolgt für die restliche Wahlzeit der Ausgeschiedenen.

(4) Die Vorstandsmitglieder bleiben bis zu ersten Sitzung des Verbandsausschusses nach den allgemeinen Kommunalwahlen im Amt.

§ 12

Aufgaben des Verbandsvorstandes

(1) Der Verbandsvorstand beschließt über die Angelegenheiten des Verbandes, für die weder der Verbandsausschuß noch die Geschäftsführung zuständig sind.

(2) Er bereitet die Beschlüsse des Verbandsausschusses vor.

(3) Er beschließt über

1. die Aufnahme von Darlehen im Rahmen des vom Verbandsausschuß beschlossenen Wirtschaftsplanes,

2. die Veräußerung und den Erwerb von Grundstücken und sonstigen Vermögensteilen mit einem Wert im Einzelfall vonmehr als ... DM, soweit es sich nicht um Geschäfte der laufenden Verwaltung handelt,

3. die Einstellung, Eingruppierung und Entlassung von Angestellten ab Vergütungsgruppe ...
und von Arbeitern ab der Lohngruppe ...,

4. Hingabe von Darlehen, Verzicht auf Ansprüche, Führung von Rechtsstreitigkeiten und Abschluß
von Vergleichen über Ansprüche, sowie im Einzelfall ein vom Verbandsvorstand festzulegender
Betrag überschritten wird,

5. Benennung des Abschlußprüfers.

§ 13

Einberufung des Verbandsvorstandes, Nichtöffentlichkeit

(1) Der Verbandsvorstand wird nach Bedarf, jedoch mindestens vierteljährlich vom Verbandsvorsteher
unter Mitteilung der Tagesordnung einberufen.

(2) Die Sitzungen des Verbandsvorstandes sind nicht öffentlich.

(3) Im übrigen gelten für das Verfahren des Verbandsvorstandes die Vorschriften nach §§ 5 und 7
dieser Satzung entsprechend.

§ 14

Geschäftsführung

(1) Der Verband hat eine hauptamtliche Geschäftsführung, die aus einem Geschäftsführer besteht.
Er wird vom Verbandsausschuß bestellt.

(2) Der Geschäftsführer hat

1. die Beschlüsse des Verbandsvorstandes vorzubereiten,

2. die Beschlüsse des Verbandsausschusses sowie des Verbandsvorstandes auszuführen,

3. die Geschäfte der laufenden Verwaltung zu führen.

(3) Der Geschäftsführer vertritt den Verband in Rechts- und Verwaltungsgeschäften sowie im gerichtlichen Verfahren.

(4) Erklärungen, durch die der Verband verpflichtet werden soll, kann der Geschäftsführer nur gemeinsam mit dem Verbandsvorsteher abgeben. Sie sind, sofern sie nicht gerichtlich oder notariell beurkundet werden, nur rechtsverbindlich, wenn sie handschriftlich unterzeichnet und mit dem Dienstsiegel versehen sind.

(5) Abs. (4) gilt nicht für Geschäfte der laufenden Verwaltung.

(6) Einzelheiten zur Geschäftsführung werden in einer Dienstanweisung geregelt.

(7) Für den Verhinderungsfall ist ein Stellvertreter zu bestellen.

§ 15

Rechte und Pflichten der Vertreter der Verbandsglieder

(1) Die Mitglieder des Verbandsausschusses und des Vorstandes sowie der Verbandsvorsteher und dessen Vertreter sind ehrenamtlich tätig. Für sie gilt § 33 Abs. 6 und 7 Gemeindeordnung.

(2) Sie haben Anspruch auf Sitzungsgeld bzw. Aufwandsentschädigung. Sitzungsgeld und Aufwandsentschädigung sind durch Satzung zu regeln.

§ 16

Mitarbeiter des Verbandes

(1) Der Verband kann haupt- oder nebenamtliche Mitarbeiter haben.

(2) Die Rechtsverhältnisse der Mitarbeiter des Verbandes bestimmen sich nach den einschlägigen geltenden Vorschriften.

(3) Dienstvorgesetzter der Mitarbeiter ist der Verbandsvorstand, höherer Dienstvorgesetzter ist der Verbandsausschuß.

§ 17

Verbandskasse, Rechnungswesen

(1) Für die Wirtschaftsführung sowie das Kassen- und Rechnungswesen des Verbandes gelten die Vorschriften für Eigenbetriebe sinngemäß.

(2) Die Kassengeschäfte werden durch die Verbandskasse erledigt.

(3) Die Kassenaufsicht führt die Geschäftsführung.

(4) Die Kassen- und Rechnungsprüfungen werden vom Rechnungsprüfungsamt der Rechtsaufsichtsbehörde durchgeführt.

§ 18

Verbandsauslagen

1. Z.B.Trinkwasserverband:

Die Kosten für die Verzinsung des Anlagekapitals und für die Unterhaltung der Wasserversorgungsanlagen und der Verwaltung sollen durch die Benutzungsgebühren gedeckt werden. Ein Fehlbetrag wird auf die Verbandsglieder nach dem Verhältnis der Zahl nach Hausanschlüsse umgelegt. Den Verbandsgliedern bleibt die Aufbringung derartiger Umlagen nach Maßgabe ihrer Verfassung vorbehalten.

2. Z.B. Zweckverband Großraum ...:

Die Kosten des Verbandes werden auf die Verbandsglieder nach dem Verhältnis der Einwohnerzahl umgelegt.

Anhang 3

§ 19

Öffentliche Bekanntmachung

(1) Bekanntmachungen erfolgen durch die Geschäftsführung.

(2) Satzungen des Verbandes werden im Amtsblatt für den Landkreis ... bekanntgemacht.

(3) Satzungen und sonstige Bekanntmachungen werden der Bevölkerung (örtliche Tageszeitung) nachrichtlich bekanntgegeben.

(4) Sind Pläne, ähnliche Unterlagen oder umfangreiche Texte bekanntzumachen, so ist die Ersatzbekanntmachung durch Auslegung im Dienstgebäude des Verbandes zulässig. Auf die Ersatzbekanntmachung ist unter Angabe des Ortes und der Dauer der Auslegung durch Bekanntmachung gemäß Abs. 3 hinzuweisen. Die Dauer der Auslegung beträgt eine Woche.

(5) Zeit, Ort und Tagesordnung öffentlicher Verbandsausschußsitzungen werden gemäß Abs. 3 bekanntgemacht.

§ 20

Anwendung von Rechtsvorschriften

Soweit Gesetz und diese Satzung keine Vorschriften treffen, finden die für Gemeinden geltenden Bestimmungen sinngemäß Anwendung.

§ 21

Abwicklung im Falle der Auflösung des Verbandes

(1) Im Falle der Auflösung des Zweckverbandes erfolgt die Verteilung des Vermögens und der Verbindlichkeiten auf die Verbandsglieder nach dem Verhältnis der Zahl der Hausanschlüsse.

(2) Etwaige Versorgungslasten, die sich aus der Abwicklung der Dienstverhältnisse und der Versorgungsverhältnisse der Dienstkräfte des Verbandes hierbei ergeben, werden nach Maßgabe des Abs. 1 auf die Verbandsglieder abgewälzt.

§ 22

Inkrafttreten

Diese Satzung tritt am ... in Kraft.

........................., den ....

Der Verbandsausschuß

....

Verbandsvorsteher   Verbandsausschußmitglieder

Anhang 3

Anlage zum § 1 der Satzung des ...verbandes ... (Zweckverband) vom ...

Verzeichnis der Verbandsglieder

Lfd. Nr.	Gemeinde/Stadt
1.	Stadt ...
2.	Gemeinde ...
3.	...
4.	...
5.	...
6.	...
7.	...
8.	...
9.	...
10.	...
11.	...
12.	...
...	...

<u>Geschäftsordnung für den Vorstand des ...verbandes ...</u>

(Muster)

Wird ein Amt oder ein Mandat von einer Frau ausgeübt, gilt die jeweilige Amts- oder Mandatsbezeichnung in der weiblichen Form.

§ 1

Sitzung des Vorstandes

(1) Der Vorstand muß mindestens einmal im Vierteljahr zusammenkommen.

(2) Die Vorstandsmitglieder werden mit mindestens zweiwöchiger Frist schriftlich durch den Verbandsvorsteher zu den Sitzungen eingeladen.

(3) In der Einladung sind Ort und Zeit der Sitzung sowie die Tagesordnung anzugeben.

(4) Die Sitzungen sind nicht öffentlich.

(5) Für Eilfälle kann die Ladungsfrist auf mindestens drei Tage verkürzt werden, wenn in der Einladung darauf hingewiesen wird.

§ 2

Tagesordnung

(1) Die Tagesordnung für die Sitzung des Vorstandes wird vom Verbandsvorsteher und von der Geschäftsführung aufgestellt.

(2) Änderungen oder Ergänzungen zu der Tagesordnung können nach Eröffnung der Sitzung vom Verbandsvorsteher, von den Vorstandsmitgliedern und von der Geschäftsführung beantragt werden. Sie bedürfen der einstimmigen Zustimmung der anwesenden Vorstandsmitglieder.

Anhang 3

§ 3

Leitung der Sitzung

(1) Der Verbandsvorsteher, im Verhinderungsfall sein jeweiliger Stellvertreter, leitet die Sitzung.

(2) Der Verbandsvorsteher eröffnet die Sitzung und stellt gleichzeitig die Ordnungsmäßigkeit der Ladung und die Beschlußfähigkeit fest.

(3) Wenn nichts anderes beschlossen wird, ist die Tagesordnung in der Reihenfolge, wie sie aufgestellt wurde, abzuhandeln.

(4) Wortmeldungen erfolgen durch Handaufheben. Das Wort erteilt der Verbandsvorsteher in der Reihenfolge der Wortmeldungen. Er kann das Wort entziehen und Ausführungen, die nicht zur Sache gehören, zurückweisen.

(5) Die Geschäftsführung nimmt an allen Sitzungen teil, soweit im Einzelfall nicht etwas anderes beschlossen wird. Sie hat auf Verlangen zu den einzelnen Punkten der Tagesordnung Stellung zu nehmen und über die Angelegenheiten des Verbandes zu berichten. Auf Antrag ist ihr das Wort zu erteilen.

§ 4

Abstimmung

(1) Jedes Vorstandsmitglied hat nur eine Stimme.

(2) Bei Stimmengleichheit gilt der Antrag als abgelehnt.

Anhang 3

§ 5

Ausschluß

Wird eine Angelegenheit beraten, die einzelne Vorstandsmitglieder oder ein Mitglied der Geschäftsführung betrifft, so beschließt der Vorstand in Abwesenheit der betreffenden Person darüber, ob die betreffende Person von der Teilnahme an der Beratung ausgeschlossen werden soll.

§ 6

Niederschrift

(1) Die Beschlüsse sind in ein Protokollbuch einzutragen. Das Protokoll ist vor Beendigung der Sitzung zu verlesen und vom Verbandsvorsteher sowie von zwei vom Verbandsvorsteher zu bestimmenden Vorstandsmitgliedern zu unterschreiben.

(2) Über die Beschlüsse und den wesentlichen Inhalt der Verhandlungen ist eine Niederschrift zu fertigen.

(3) Die Niederschrift ist vom Verbandsvorsteher und der Geschäftsführung zu unterschreiben.

(4) Eine Abschrift der Niederschrift wird innerhalb von 14 Tagen allen Vorstandsmitgliedern zugestellt.

(5) Die Niederschrift ist in der folgenden Sitzung zu genehmigen.

(6) Die genehmigte Niederschrift ist eine Urkunde und wird von der Geschäftsführung aufbewahrt.

§ 7

Schweigepflicht

Die Mitglieder des Vorstandes und der Geschäftsführung haben im Rahmen der ihnen obliegenden gesetzlichen Sorgfalt Stillschweigen über vertrauliche Angaben zu bewahren, die Ihnen in den Sitzungen des Vorstandes gemacht werden.

............................., den ....

....
Verbandsvorsteher

....
Ausschußmitglieder

....
Geschäftsführer

Anhang 3

<u>Geschäftsordnung für den Ausschuß des ...verbandes ...</u>

Muster

Wird ein Amt oder ein Mandat von einer Frau ausgeübt, gilt die jeweilige Amts- oder Mandatsbezeichnung in der weiblichen Form.

§ 1

Einberufung

(1) Der Verbandsvorsteher lädt die Mitglieder des Verbandsausschusses mit einer Frist von zwei Wochen zu der Sitzung ein.

(2) In der Einladung sind Ort und Zeit der Sitzung sowie die Tagesordnung anzugeben.

(3) Der Beschlußvorschlag des Vorstandes oder etwaiger Vorlagen sind der Einladung beizufügen.

(4) In Ausnahmefällen können sie nachgereicht werden.

(5) Für Eilfälle kann die Ladungsfrist auf mindestens drei Tage verkürzt werden, wenn in der Einladung darauf hingewiesen wird.

§ 2

Öffentlichkeit der Sitzung

Die Sitzungen des Verbandsausschusses sind öffentlich, soweit nicht das öffentliche Wohl oder berechtigte Interessen einzelner den Ausschluß der Öffentlichkeit erfordern.

Anhang 3

§ 3

Tagesordnung

(1) Der Verbandsvorsteher stellt gemeinsam mit der Geschäftsführung die Tagesordnung auf.

(2) Die Beratungspunkte sind so deutlich zu bezeichnen, daß die Mitglieder daraus den Gegenstand der Beratung erkennen können.

(3) Einzelne Beratungspunkte können nach entsprechender Beschlußfassung abgesetzt oder in der Reihenfolge geändert werden.

(4) Anträge der Mitglieder auf Behandlung einzelner Gegenstände durch den Verbandsausschuß sind spätestens eine Woche vor der Sitzung schriftlich beim Verbandsvorsteher zu stellen. Der Verbandsvorsteher teilt derartige Anträge den Mitgliedern unverzüglich noch vor der Verbandsausschußsitzung mit.

§ 4

Sitzungsverlauf

Der regelmäßige Sitzungsverlauf ist folgender:

a) Eröffnung der Sitzung

b) Feststellung der ordnungsgemäßen Ladung

c) Feststellen der Beschlußfähigkeit

d) Behandlung der Tagesordnungspunkte einschließlich etwaiger Anträge gemäß § 3 Abs. 4

e) Beantwortung von Anfragen und Mitteilungen

f) Schließung der Sitzung

Anhang 3

§ 5

Leitung

(1) Der Verbandsvorsteher, im Verhinderungsfall sein jeweiliger Stellvertreter, eröffnet, leitet und schließt die Sitzung.

(2) Der Verbandsvorsteher eröffnet über jeden Gegenstand, der auf der Tagesordnung steht, die Aussprache.

(3) Der Berichterstattet bzw. der Antragsteller erhält zunächst das Wort.

(4) Ist die Rednerliste erschöpft oder meldet sich niemand zu Wort, so erklärt der Verbandsvorsteher die Aussprache für geschlossen und eröffnet die Abstimmung.

§ 6

Redeordnung

(1) Ein Mitglied darf nur das Wort ergreifen, wenn es das Wort vom Verbandsvorsteher erhalten hat. Wortmeldungen erfolgen durch Handaufheben.

(2) Der Verbandsvorsteher erteilt das Wort in der Reihenfolge der Wortmeldungen. Melden sich mehrere Redner gleichzeitig, so entscheidet der Verbandsvorsteher über die Reihenfolge.

(3) Der Verbandsvorsteher kann zur Wahrnehmung der ihm obliegenden Befugnis jederzeit das Wort nehmen. Die Rededauer wird auf fünf Minuten beschränkt und kann auf Antrag vom Verbandsvorsteher verlängert werden. Zur Sache kann nur zweimal das Wort erteilt werden.

§ 7

Wortmeldungen zur Geschäftsordnung

(1) Zur Geschäftsordnung muß das Wort außerhalb der Reihe der Wortmeldungen unverzüglich erteilt werden. Eine Rede darf dadurch nicht unterbrochen werden.

(2) Die Ausführungen zur Geschäftsordnung dürfen nur das Verfahren betreffen.

§ 8

Beratung und Anträge

(1) Während der Beratung sind folgende Anträge zulässig:

a) auf Änderung der Vorlage oder des Antrages

b) auf Vertagung der Beratung

c) auf Unterbrechung der Versammlung

d) auf Abschluß der Rednerliste

e) auf Schluß der Aussprache und Abstimmung

f) auf Absetzung von der Tagesordnung

(2) Anträge können nur vom Antragsteller mit Zustimmung der Mitglieder, die den Antrag unterstützt haben, zurückgenommen werden.

(3) Schluß der Aussprache kann nur beantragen, wer nicht zur Sache gesprochen hat. Vor der Beschlußfassung über diesen Antrag hat der Verbandsvorsteher die Rednerliste mit den noch unerledigten Wortmeldungen zu verlesen.

(4) Wird geltend gemacht, daß ein Antrag unzulässig sei, so muß der Verbandsvorsteher vorweg über die Zulässigkeit abstimmen lassen.

§ 9

Abstimmung

(1) Nach Schluß der Beratung eröffnet der Verbandsvorsteher die Abstimmung. Während der Abstimmung können keine weiteren Anträge gestellt werden. Über jeden Antrag ist gesondert abzustimmen.

(2) Abgestimmt wird grundsätzlich durch Handzeichen. Der Verbandsvorsteher stellt die Frage so, daß die Mitglieder ihre Beschlüsse mit der Mehrheit der auf Ja oder Nein lautenden Stimmen fassen können. Stimmenthaltungen und ungültige Stimmen zählen bei der Feststellung des Abstimmungsergebnisses nicht mit. Bei Stimmengleichheit gilt der Antrag als abgelehnt.

§ 10

Ordnung in den Sitzungen

(1) Es darf nur zum Gegenstand der Beratung gesprochen werden. Weicht der Redner vom Beratungsgegenstand ab, kann er vom Verbandsvorsteher zur Sache und im Wiederholungsfall zur Ordnung gerufen werden.

(2) Bei einem weiteren Ordnungsruf kann der Verbandsvorsteher dem Redner das Wort entziehen, bis über den Tagesordnungspunkt abgestimmt ist.

§ 11

Niederschrift

(1) Die Beschlüsse sind ein Protokollbuch einzutragen. Das Protokoll ist vor Beendigung der Sitzung zu verlesen und von zwei vom Verbandsvorsteher zu bestimmenden Ausschußmitgliedern zu unterschreiben.

(2) Über die Beschlüsse und den wesentlichen Inhalt der Verhandlungen ist eine Niederschrift zu fertigen.

(3) Die Niederschrift ist vom Verbandsvorsteher und von der Geschäftsführung zu unterschreiben.

(4) Eine Abschrift der Niederschrift wird innerhalb von 14 Tagen allen Ausschußmitgliedern zugestellt.

(5) Die Niederschrift ist in der folgenden Ausschußsitzung zu genehmigen.

(6) Die genehmigte Niederschrift ist eine Urkunde und wird von der Geschäftsführung aufbewahrt.

...., den............................

....
Verbandsvorsteher   Ausschußmitglieder

....
Geschäftsführer

Anhang 4

678   **Muster einer Zweckverbandssatzung eines Wasserversorgungsverbandes nach nordrhein-westfälischem Recht**

V e r b a n d s s a t z u n g
_____

des

Wasserversorgungsverbandes
Tecklenburger Land

Aufgrund der Beschlüsse des

Kreistages des Kreises Steinfurt vom 03.09.1979

Rates der Stadt Hörstel vom   20.08.1979

Rates der Gemeinde Hopsten vom   09.08.1979

Rates der Stadt Ibbenbüren vom   04.09.1979

Rates der Gemeinde Ladbergen vom   29.08.1979

Rates der Stadt Lengerich vom   16.08.1979

Rates der Gemeinde Lienen vom   29.08.1979

Rates der Gemeinde Lotte vom   28.06.1979

Rates der Gemeinde Mettingen vom   29.08.1979

Rates der Gemeinde Recke vom   05.09.1979

Rates der Stadt Tecklenburg vom   25.07.1979

Rates der Gemeinde Westerkappeln vom 23.08.1979

sowie aufgrund des Gesetzes über die kommunale Gemeinschaftsarbeit vom 26. April 1961 (GV. NW S. 19o) – GkG –, in der
jeweils geltenden Fassung schließen sich der Kreis Steinfurt
und die genanten Städte und Gemeinden zum Zwecke der öffentlichen Wasserversorgung zu einem Zweckverband zusammen und
vereinbaren folgende Verbandssatzung:

§ 1

Verbandsmitglieder

Verbandsmitglieder sind der Kreis Steinfurt, die Stadt Hörstel,
Gemeinde Hopsten, Stadt Ibbenbüren, Gemeinde Ladbergen, Stadt
Lengerich, Gemeinde Lienen, Gemeinde Lotte, Gemeinde Mettingen,
Gemeinde Recke, Stadt Tecklenburg und die Gemeinde Westerkappel

212

§ 2
Name, Sitz, Dienstsiegel

(1) Der Zweckverband führt den Namen
"Wasserversorgungsverband Tecklenburger Land".

(2) Sitz des Zweckverbandes ist Ibbenbüren.

(3) Der Zweckverband führt ein Dienstsiegel mit dem Wappen
des früheren Kreises Tecklenburg und der Inschrift
"Wasserversorgungsverband Tecklenburger Land".

Das Wappen wird wie folgt beschrieben:

Schild gespalten und links geteilt; rechts in silber drei
rote pfahlweise gestellte Seeblätter, links oben in blau
ein stehender goldener Anker, unten in gold ein roter
Balken.

§ 3
Aufgaben

(1) Der Zweckverband hat die Aufgabe, die Versorgung mit
Trink- und Brauchwasser in den Mitgliedsgemeinden durchzuführen. Er hat hierzu

a) die erforderlichen Wassergewinnungs- und -speicher-
anlagen,

b) die Transportleitungen von den Gewinnungs- und
Speicheranlagen zu den Ortsnetzen sowie

c) die Ortsnetze in den Mitgliedsgemeinden

zu planen, zu errichten, zu betreiben und zu unterhalten.
Bei den Planungen für die Ortsnetze ist die jeweilige
Gemeinde zu beteiligen.

(2) Der Zweckverband erkundet weitere Wasservorkommen zur
langfristigen Sicherung des Wasserbedarfs.

(3) Der Zweckverband erwirbt und sichert die behördlichen Erlaubnisse und Bewilligungen zur Gewässerbenutzung.

(4) Der Zweckverband kann andere Versorgungsunternehmen mit Trink- und Brauchwasser beliefern, Wasserlieferungsverträge mit Dritten abschließen, sich an anderen Versorgungsunternehmen beteiligen und Versorgungsanlagen Dritter übernehmen.

(5) Die Verbandsmitglieder unterstützen den Zweckverband bei der Erfüllung seiner Aufgaben. Die Einzelheiten hierzu regeln sich nach den mit den Mitgliedern getroffenen vertraglichen Vereinbarungen.

§ 4
Verbandsorgane

(1) Organe des Zweckverbandes sind:

   a) die Verbandsversammlung,
   b) der Verbandsvorstand,
   c) der Verbandsvorsteher.

(2) Die Vertreter der Verbandsmitglieder in der Verbandsversammlung, die Mitglieder des Vorstandes und der Verbandsvorsteher sind ehrenamtlich tätig. Sie haben Anspruch auf Ersatz ihrer Auslagen und des entgangenen Arbeitsverdienstes.

§ 5
Verbandsversammlung

(1) Die Verbandsversammlung besteht aus den Vertretern der Verbandsmitglieder.

Von den Verbandsmitgliedern werden entsandt:

Kreis Steinfurt	3 Vertreter
Stadt Hörstel	4 Vertreter
Gemeinde Hopsten	2 Vertreter
Stadt Ibbenbüren	12 Vertreter
Gemeinde Ladbergen	2 Vertreter
Stadt Lengerich	6 Vertreter
Gemeinde Lienen	2 Vertreter
Gemeinde Lotte	3 Vertreter
Gemeinde Mettingen	3 Vertreter
Gemeinde Recke	2 Vertreter
Stadt Tecklenburg	2 Vertreter
Gemeinde Westerkappeln	2 Vertreter
Insgesamt:	43 Vertreter

Für jeden Vertreter ist für den Fall der Verhinderung ein Stellvertreter zu bestellen.

(2) Die Vertreter der Mitglieder in der Verbandsversammlung und deren Stellvertreter werden durch die Vertretungskörperschaften der Verbandsmitglieder für die Dauer der Wahlzeit der Vertretungskörperschaften aus ihrer Mitte oder den Dienstkräften der Verbandsmitglieder gewählt. Die Vertreter üben ihr Amt nach Ablauf der Zeit, für die sie bestellt sind, bis zur Wahl der neuen Vertreter aus. Die Neuwahl erfolgt innerhalb von 3 Monaten nach der Wahl der Vertretungskörperschaften.

Die Vertretung in der Verbandsversammlung erlischt, wenn die Voraussetzungen für die Wahl des Vertreters nicht mehr gegeben sind. Innerhalb von 3 Monaten erfolgt die Wahl eines neuen Vertreters durch die Vertretungskörperschaft des Verbandsmitglieds.

(3) Die Verbandsversammlung wählt aus ihrer Mitte den Vorsitzenden und seinen Stellvertreter. Auf die Wahl findet

§ 32 der Gemeindeordnung für das Land Nordrhein-Westfalen sinngemäße Anwendung.

§ 6
Aufgaben der Verbandsversammlung

Die Verbandsversammlung hat über die ihr durch Gesetz zugewiesenen Aufgaben zu beschließen. Insbesondere beschließt sie
über:

a) Erlaß der Wasserversorgungssatzung mit zugehöriger Bei-
   trags- und Gebührensatzung,

b) Wahl des Vorsitzenden und des stellvertretenden Vorsitzenden der Verbandsversammlung,

c) Wahl des Verbandsvorstehers, seiner Stellvertreter und
   der übrigen Mitglieder des Vorstandes,

d) Festsetzung des Wirtschaftsplanes, einschließlich Nachträge mit Stellenplan,

e) Feststellung des Jahresabschlusses,

f) Entlastung des Verbandsvorstehers und des Vorstandes,

g) Änderungen und Ergänzungen der Verbandssatzung.

§ 7
Sitzungen der Verbandsversammlung

(1) Die Einberufung der Verbandsversammlung erfolgt durch den
    Vorsitzenden der Verbandsversammlung im Einvernehmen mit
    dem Verbandsvorsteher in schriftlicher Form. Zur ersten
    Sitzung der Verbandsversammlung nach Bildung des Zweck-
    verbandes wird vom Verbandsvorsteher des Rechtsvorgängers
    des Zweckverbandes eingeladen. Die Ladungsfrist beträgt
    eine Woche; sie kann in dringenden Fällen bis auf drei
    Tage verkürzt werden.

(2) Die Verbandsversammlung ist beschlußfähig, wenn mehr als die Hälfte der Vertreter der Verbandsmitglieder anwesend sind. Wird die Verbandsversammlung wegen Beschlußunfähigkeit zum zweiten Mal zur Verhandlung über denselben Gegenstand einberufen, so ist sie ohne Rücksicht auf die Zahl der Erschienenen beschlußfähig, wenn in der zweiten Ladung hierauf hingewiesen wird.

(3) Die Beschlüsse der Verbandsversammlung werden mit einfacher Mehrheit der anwesenden Vertreter der Mitgliedsgemeinden gefaßt. Jeder Vertreter hat eine Stimme.

Änderungen der Verbandssatzung bedürfen einer Mehrheit von 2/3 der satzungsmäßigen Stimmenzahl der Verbandsversammlung. Beschlüsse zur Änderung der Aufgaben des Zweckverbandes müssen einstimmig gefaßt werden.

(4) Über die Beschlüsse der Verbandsversammlung ist eine Niederschrift anzufertigen. Sie ist vom Vorsitzenden, einem weiteren Vertreter eines Mitgliedes in der Verbandsversammlung und dem Schriftführer zu unterzeichnen. Der Schriftführer wird vom Verbandsvorsteher bestimmt.

(5) An den Sitzungen der Verbandsversammlung nehmen der Verbandsvorsteher, die nicht der Verbandsversammlung angehörenden Mitglieder des Vorstandes und die Geschäftsführer teil.

§ 8
Vorstand

(1) Der Vorstand besteht aus dem Verbandsvorsteher und acht Mitgliedern. Der Verbandsvorsteher hat einen ersten und einen zweiten Stellvertreter, die zugleich Vorstandsmitglieder sein müssen. Jedes Vorstandsmitglied hat einen Stellvertreter.

(2) Der Verbandsvorsteher und seine Stellvertreter werden aus dem Kreise der Hauptverwaltungsbeamten der Verbandsmitglieder gewählt. Die übrigen Vorstandsmitglieder werden aus dem Kreise der Mitglieder der Vertretungskörperschaften oder der Hauptverwaltungsbeamten der Verbandsmitglieder gewählt. Der Verbandsvorsteher und seine Stellvertreter dürfen nicht zugleich Vertreter eines Verbandsmitgliedes in der Verbandsversammlung sein.

(3) Für die Amtszeit des Vorstandes gilt § 5 Abs. (2) sinngemäß.

§ 9
Aufgaben des Vorstandes

Dem Vorstand obliegt die Aufgabe, den Verbandsvorsteher bei der Erfüllung der ihm obliegenden Aufgaben zu unterstützen. Er beschließt über:

a) Aufstellung des Wirtschaftsplanes einschließlich Nachträge mit Stellenplan,

b) Aufnahme von Darlehen,

c) Einstellung, Beförderung und Entlassung der Geschäftsführer, der Beamten sowie der Angestellten ab Vergütungsgruppe V b BAT, im Rahmen des Stellenplanes,

d) Auftragsvergaben sowie sonstige Verträge und Verpflichtungen mit einem Wert des Gegenstandes von mehr als 5o.ooo DM,

e) Genehmigung der Pläne über den Ausbau der Wasserversorgungsanlagen mit Ausbaukosten von mehr als 1oo.ooo DM,

f) Benennung des Prüfers für den Jahresabschluß.

Anhang 4

§ 1o
Sitzungen des Vorstandes

(1) Die Einberufung zur Vorstandssitzung erfolgt durch den Verbandsvorsteher in schriftlicher Form. Die Ladungsfrist beträgt eine Woche; sie kann in dringenden Fällen bis auf drei Tage verkürzt werden.

(2) Der Vorstand ist beschlußfähig, wenn mehr als die Hälfte seiner Mitglieder anwesend sind. Wird der Vorstand wegen Beschlußunfähigkeit zum zweiten Mal zur Verhandlung über denselben Gegenstand einberufen, so ist er ohne Rücksicht auf die Zahl der Erschienenen beschlußfähig, wenn in der zweiten Ladung hierauf hingewiesen wird.

(3) Die Beschlüsse des Vorstandes werden mit einfacher Mehrheit der anwesenden Vorstandsmitglieder gefaßt. In Fällen äußerster Dringlichkeit kann der Verbandsvorsteher mit einem weiteren Mitglied des Vorstandes entscheiden. Dringlichkeitsentscheidungen sind dem Vorstand in der nächsten Sitzung zur Genehmigung vorzulegen.

(4) Über die Beschlüsse des Vorstandes ist eine Niederschrift anzufertigen. Diese ist vom Verbandsvorsteher, einem Vorstandsmitglied und dem vom Verbandsvorsteher zu bestimmenden Schriftführer zu unterzeichnen.

(5) Die nicht im Vorstand vertretenen Hauptverwaltungsbeamten der Verbandsmitglieder können an den Sitzungen des Vorstandes teilnehmen. Die Geschäftsführer nehmen an den Vorstandssitzungen teil.

§ 11
Verbandsvorsteher

(1) Der Verbandsvorsteher führt die laufenden Geschäfte sowie nach Maßgabe der Gesetze, dieser Verbandssatzung und der

Beschlüsse der Verbandsversammlung und des Vorstandes die übrige Verwaltung des Zweckverbandes. Er vertritt den Zweckverband gerichtlich und außergerichtlich.

(2) Die Verbandsversammlung ist Dienstvorgesetzter des Verbandsvorstehers. Der Verbandsvorsteher ist Dienstvorgesetzter der Dienstkräfte des Zweckverbandes.

(3) Der Verbandsvorsteher stellt im Rahmen des Stellenplanes die Angestellten bis einschließlich Vergütungsgruppe V c BAT sowie die Arbeiter ein, befördert und entläßt sie.

(4) Der Verbandsvorsteher überträgt durch Geschäftsanweisung die laufende Geschäftsführung den Geschäftsführern zur ständigen eigenverantwortlichen Erledigung.

§ 12
Geschäftsführung

(1) Die Geschäftsführung besteht aus einem kaufmännischen Geschäftsführer und einem technischen Geschäftsführer.

(2) Die Geschäftsführer sind gleichberechtigt. Sie sind für die wirtschaftliche Führung des Verbandes verantwortlich.

(3) Einzelheiten der Geschäftsführung regelt die vom Verbandsvorsteher im Einvernehmen mit dem Vorstand zu erlassende Geschäftsanweisung.

§ 13
Dienstkräfte des Verbandes

(1) Der Zweckverband stellt zur ordnungsmäßigen Erledigung seiner Aufgaben die Geschäftsführer und das sonstige

ständig benötigte Personal als Beamte, Angestellte oder
Arbeiter hauptamtlich ein.

(2) Der Zweckverband hat das Recht, Beamte zu ernennen.

(3) Bei einer Auflösung des Zweckverbandes oder Änderung
seiner Aufgabe werden die Bediensteten vom Rechtsnachfolger übernommen. Wird der Verband ohne Rechtsnachfolger
aufgelöst, findet § 128 des Beamtenrechtsrahmengesetzes
sinngemäß Anwendung.

§ 14
Deckung des Finanzbedarfs

(1) Die zur Bestreitung der Verbandsaufgaben erforderlichen
Mittel werden aufgebracht durch:

a) Gebühren aus dem Verkauf von Trink- und Brauchwasser,

b) Anschlußbeiträge und Aufwandersatz,

c) Darlehen,

d) Beihilfen und Zuschüsse Dritter,

e) Einlagen der Mitglieder.

(2) Reichen die Mittel zur Deckung des Finanzbedarfs nicht
aus, wird gemäß § 19 GkG eine Umlage von den Mitgliedern
entsprechend dem Verhältnis der Wasserabgabe in der einzelnen Mitgliedsgemeinde zur gesamten Wasserabgabe im
Versorgungsgebiet erhoben.

§ 15
Satzungsrecht

Der Zweckverband erläßt über die öffentliche Wasserversorgung
und den Anschluß an die öffentliche Wasserversorgung eine
Satzung - Wasserversorgungssatzung - mit zugehöriger Beitrags-
und Gebührensatzung auf der Grundlage des Kommunalabgaben-
gesetzes Nordrhein-Westfalen.

§ 16
Wirtschaftsführung, Rechnungswesen

(1) Für die Wirtschaftsführung und das Rechnungswesen sind
    die Vorschriften der Eigenbetriebsverordnung Nordrhein-
    Westfalen sinngemäß anzuwenden.

(2) Wirtschaftsjahr ist das Kalenderjahr.

(3) Die Aufgaben des Werksausschusses werden von der Ver-
    bandsversammlung wahrgenommen.

§ 17
Bekanntmachungen

Öffentliche Bekanntmachungen erfolgen jeweils entsprechend den
Bekanntmachungsvorschriften nach den Hauptsatzungen aller Mitglieder. Erfolgt eine Bekanntmachung in den Veröffentlichungs-
organen nicht am selben Tag, so ist die Bekanntmachung mit Ablauf des Tages vollzogen, an dem das letzte Bekanntmachungs-
organ mit der Bekanntmachung erscheint.

Anhang 4

§ 18
Übergangsvorschriften

(1) Der Zweckverband ist Gesamtrechtsnachfolger des durch
Satzung vom 28. 12. 1959 gegründeten Wasser- und Bodenverband "Wasserversorgungsverband Tecklenburger Land".

(2) Der Zweckverband übernimmt die Vermögenswerte des Wasser-
und Bodenverbandes mit allen Aktiven und Passiven. Er
tritt in die Dienstverträge der Dienstkräfte des Wasser-
und Bodenverbandes ein. Ferner tritt er in alle vom
Wasser- und Bodenverband begründeten Rechte und Pflichten
ein.

§ 19
Inkrafttreten

Der Zweckverband entsteht am 1. Januar 1980.

679   Muster einer Wasserversorgungssatzung,
erarbeitet vom Deutschen Städte- und Gemeindebund,
Deutschen Städtetag und Verband kommunaler Unternehmen
(Mitt.NWStGB 1981, S. 177 ff.)

Muster

Satzung über den Anschluß an die öffentliche Wasserversorgungsanlage und die Versorgung der Grundstücke mit Wasser (Wasserversorgungssatzung) der Gemeinde ... vom ...

Aufgrund der §§ ... der Gemeindeordnung für ... hat der Gemeinderat die folgende Satzung beschlossen:

§ 1 Allgemeines

Die Gemeinde betreibt die Wasserversorgung als öffentliche Einrichtung zur Versorgung der Grundstücke ihres Gebiets mit Trink- und Betriebswasser. Art und Umfang der Wasserversorgungsanlagen bestimmt die Gemeinde.

§ 2 Grundstücksbegriff – Grundstückseigentümer

(1) Grundstück im Sinne dieser Satzung ist uanbhängig von der Eintragung im Liegenschaftskataster und im Grundbuch und ohne Rücksicht auf die Grundstücksbezeichnung jeder zusammenhängende Grundbesitz, der eine selbständige wirtschaftliche Einheit bildet.

(2) Die in dieser Satzung für Grundstückseigentümer erlassenen Vorschriften gelten auch für Erbbauberechtigte oder ähnlich zur Nutzung eines Grundstücks dinglich Berechtigte. Von mehreren dinglich Berechtigten ist jeder berechtigt und verpflichtet; sie haften als Gesamtschuldner.

§ 3 Anschluß- und Benutzungsrecht

(1) Jeder Eigentümer eines im Gebiet der Gemeinde liegenden Grundstücks ist berechtigt, den Anschluß seines Grundstücks an die Wasserversorgungsanlage und die Belieferung mit Trink- und Betriebswasser nach Maßgabe der Satzung zu verlangen.

(2) Das Anschluß- und Benutzungsrecht erstreckt sich nur auf solche Grundstücke, die durch eine Versorgungsleitung erschlossen werden. Die Grundstückseigentümer können nicht verlangen, daß eine neue Versorgungsleitung hergestellt oder eine bestehende Versorgungsleitung geändert wird.

(3) Der Anschluß eines Grundstücks an eine bestehende Versorgungsleitung kann versagt werden, wenn die Wasserversorgung wegen der Lage des Grundstücks oder aus sonstigen technischen oder betrieblichen Gründen der Gemeinde erhebliche Schwierigkeiten bereitet oder besondere Maßnahmen erfordert.

(4) Das Anschluß- und Benutzungsrecht besteht auch in den Fällen der Absätze 2 und 3, sofern der Grundstückseigentümer sich verpflichtet, die mit dem Bau und Betrieb zusammenhängenden Mehrkosten zu übernehmen und auf Verlangen Sicherheit zu leisten.

§ 4 Anschlußzwang

(1) Die Eigentümer von Grundstücken, auf denen Wasser verbraucht wird, sind verpflichtet, diese Grundstücke an die öffentliche Wasserversorgungsanlage anzuschließen, wenn sie an eine öffentliche Straße (Weg, Platz) mit einer betriebsfertigen Versorgungsleitung grenzen oder ihren unmittelbaren Zugang zu einer solchen Straße durch einen Privatweg haben. Befinden sich auf einem Grundstück mehrere Gebäude zum dauernden Aufenthalt von Menschen, so ist jedes Gebäude anzuschließen.

§ 5 Befreiung vom Anschlußzwang

Von der Verpflichtung zum Anschluß wird der Grundstückseigentümer auf Antrag befreit, wenn der Anschluß ihm aus besonderen Gründen auch unter Berücksichtigung der Erfordernisse des Gemeinwohls nicht zugemutet werden kann. Der Antrag auf Befreiung ist unter Angabe der Gründe schriftlich bei der Gemeinde einzureichen.

§ 6 Benutzungszwang

Auf Grundstücken, die an die öffentliche Wasserversorgungsanlage angeschlossen sind, ist der gesamte Bedarf an Wasser im Rahmen des Benutzungsrechts (§ 3) ausschließlich aus dieser Anlage zu decken (Benutzungszwang). Verpflichtet sind die Grundstückseigentümer und alle Benutzer der Grundstücke.

§ 7 Befreiung vom Benutzungszwang

(1) Von der Verpflichtung zur Benutzung wird der Grundstückseigentümer auf Antrag befreit, wenn die Benutzung ihm aus besonderen Gründen auch unter Berücksichtigung der Erfordernisse des Gemeinwohls nicht zugemutet werden kann.

(2) Die Gemeinde räumt dem Grundstückseigentümer darüber hinaus im Rahmen des ihr wirtschaftlich Zumutbaren auf Antrag die Möglichkeit ein, den Bezug auf einen von ihm gewünschten Verbrauchszweck oder auf einen Teilbedarf zu beschränken.

(3) Der Antrag auf Befreiung oder Teilbefreiung ist unter Angabe der Gründe schriftlich bei der Gemeinde einzureichen.

(4) Der Grundstückseigentümer hat an die Gemeinde vor Errichtung einer Eigengewinnungsanlage Mitteilung zu machen. Er hat durch geeignete Maßnahmen sicherzustellen, daß von seiner Eigenanlage keine Rückwirkungen in das öffentliche Wasserversorgungsnetz möglich sind.

§ 8 Art der Versorgung

(1) Das Wasser muß den jeweils geltenden Rechtsvorschriften und den anerkannten Regeln der Technik für die vereinbarte Bedarfsart (Trink- oder Betriebswasser) entsprechen. Die Gemeinde ist verpflichtet, das Wasser unter dem Druck zu liefern, der für eine einwandfreie Deckung des üblichen Bedarfs in dem betreffenden Versorgungsgebiet erforderlich ist. Sie ist berechtigt, die Beschaffenheit und den Druck des Wassers im Rahmen der gesetzlichen und behördlichen Bestimmungen sowie der anerkannten Regeln der Technik zu ändern, falls dies in besonderen Fällen aus wirtschaftlichen oder technischen Gründen zwingend notwendig ist; dabei sind die Belange des Grundstückseigentümers möglichst zu berücksichtigen.

(2) Stellt der Grundstückseigentümer Anforderungen an Beschaffenheit und Druck des Wassers, die über die vorgenannten Verpflichtungen hinausgehen, so obliegt es ihm selbst, die erforderlichen Vorkehrungen zu treffen.

§ 9 Umfang der Versorgung, Benachrichtigung bei Versorgungsunterbrechungen

(1) Die Gemeinde ist verpflichtet, das Wasser jederzeit am Ende der Anschlußleitung zur Verfügung zu stellen. Dies gilt nicht

1. soweit zeitliche Beschränkungen zur Sicherstellung der öffentlichen Wasserversorgung erforderlich oder sonst nach dieser Satzung vorbehalten sind,

2. soweit und solange die Gemeinde an der Versorgung durch höhere Gewalt oder sonstige Umstände, deren Beseitigung ihr wirtschaftlich nicht zugemutet werden kann, gehindert ist.

(2) Die Versorgung kann unterbrochen werden, soweit dies zur Vornahme betriebsnotwendiger Arbeiten erforderlich ist. Die Gemeinde hat jede Unterbrechung oder Unregelmäßigkeit unverzüglich zu beheben.

(3) Die Gemeinde hat die Grundstückseigentümer bei einer nicht nur für kurze Dauer beabsichtigten Unterbrechung der Versorgung rechtzeitig in geeigneter Weise zu unterrichten. Die Pflicht zur Benachrichtigung entfällt, wenn die Unterrichtung

1. nach den Umständen nicht rechtzeitig möglich ist und die Gemeinde diese nicht zu vertreten hat oder

2. die Beseitigung von bereits eingetretenen Unterbrechungen verzögern würde.

§ 10 Haftung bei Versorgungsstörungen

(1) Für Schäden, die ein Grundstückseigentümer durch Unterbrechung der Wasserversorgung oder durch Unregelmäßigkeiten in der Belieferung erleidet, haftet die Gemeinde aus dem Benutzungsverhältnis oder unerlaubter Handlung im Falle

1. der Tötung oder Verletzung des Körpers oder der Gesundheit des Grundstückseigentümers, es sei denn, daß der Schaden von der Gemeinde oder einem ihrer Bediensteten oder Verrichtungsgehilfen weder vorsätzlich noch fahrlässig verursacht worden ist,

2. der Beschädigung einer Sache, es sei denn, daß der Schaden weder durch Vorsatz noch durch grobe Fahrlässigkeit der Gemeinde oder eines ihrer Bediensteten oder eines Verrichtungsgehilfen verursacht worden ist,

3. eines Vermögensschadens, es sei denn, daß dieser weder durch Vorsatz noch durch grobe Fahrlässigkeit der Gemeinde oder eines vertretungsberechtigten Organs verursacht worden ist.

§ 831 Abs. 1 Satz 2 des Bürgerlichen Gesetzbuches ist nur bei vorsätzlichem Handeln von Verrichtungsgehilfen anzuwenden.

(2) Absatz 1 ist auch auf Ansprüche von Grundstückseigentümern anzuwenden, die diese gegen ein drittes Wasserversorgungsunternehmen aus unerlaubter Handlung geltend machen. Die Gemeinde ist verpflichtet, den Grundstückseigentümern auf Verlangen über die mit der Schadensverursachung durch ein drittes Unternehmen zusammenhängenden Tatsachen insoweit Auskunft zu geben, als sie ihr bekannt sind oder von ihr in

zumutbarer Weise aufgeklärt werden können und ihre Kenntnis zur Geltendmachung des Schadenersatzes erforderlich ist.

(3) Die Ersatzpflicht entfällt für Schäden unter 30,– DM.

(4) Ist der Grundstückseigentümer berechtigt, das gelieferte Wasser an einen Dritten weiterzuleiten, und erleidet dieser durch Unterbrechung der Wasserversorgung oder durch Unregelmäßigkeiten in der Belieferung einen Schaden, so haftet die Gemeinde dem Dritten gegenüber in demselben Umfange wie dem Grundstückseigentümer aus dem Benutzungsverhältnis.

(5) Leitet der Grundstückseigentümer das gelieferte Wasser an einen Dritten weiter, so hat er im Rahmen seiner rechtlichen Möglichkeiten sicherzustellen, daß dieser aus unerlaubter Handlung keine weitergehenden Schadensersatzansprüche erheben kann, als sie in den Absätzen 1 bis 3 vorgesehen sind. Die Gemeinde hat den Grundstückseigentümer hierauf bei Begründung des Benutzungsverhältnisses besonders hinzuweisen.

(6) Der Grundstückseigentümer hat den Schaden unverzüglich der Gemeinde oder, wenn dieses feststeht, dem ersatzpflichtigen Unternehmen mitzuteilen. Leitet der Grundstückseigentümer das gelieferte Wasser an einen Dritten weiter, so hat er diese Verpflichtung auch dem Dritten aufzuerlegen.

§ 11 Verjährung

(1) Schadensersatzansprüche der in § 10 bezeichneten Art verjähren in drei Jahren von dem Zeitpunkt an, in welchem der Ersatzberechtigte von dem Schaden, von den Umständen, aus denen sich eine Anspruchsberechtigung ergibt, und von dem ersatzpflichtigen Wasserversorgungsunternehmen Kenntnis erlangt, ohne Rücksicht auf diese Kenntnis in fünf Jahren von dem schädigenden Ereignis an.

(2) Schweben zwischen dem Ersatzpflichtigen und dem Ersatzberechtigten Verhandlungen über den zu leistenden Schadensersatz, so ist die Verjährung gehemmt, bis der eine oder andere Teil die Fortsetzung der Verhandlungen verweigert.

(3) § 10 Abs. 5 gilt entsprechend.

§ 12 Grundstücksbenutzung

(1) Die Grundstückseigentümer haben für Zwecke der örtlichen Versorgung das Anbringen und Verlegen von Leitungen einschließlich Zubehör zur Zu- und Fortleitung von Wasser über ihre im gleichen Versorgungsgebiet liegenden Grundstücke sowie erforderliche Schutzmaßnahmen unentgeltlich zuzulassen. Diese Pflicht betrifft nur Grundstücke, die an die Wasserversorgung angeschlossen sind, die vom Eigentümer in wirtschaftlichem Zusammenhang mit der Wasserversorgung genutzt werden oder für die die Möglichkeit der Wasserversorgung sonst wirtschaftlich vorteilhaft ist. Sie entfällt, wenn die Inanspruchnahme der Grundstücke den Eigentümer mehr als notwendig oder in unzumutbarer Weise belasten würde.

(2) Der Grundstückseigentümer ist rechtzeitig über Art und Umfang der beabsichtigte Inanspruchnahme des Grundstückes zu benachrichtigen.

(3) Der Grundstückseigentümer kann die Verlegung der Einrichtungen verlangen, wenn sie an der bisherigen Stelle für ihn nicht mehr zumutbar sind. Die Kosten der Verlegung hat die Gemeinde zu tragen. Dienen die Einrichtungen ausschließlich der

Versorgung des Grundstücks, so gelten die Bestimmungen der Beitrags- und Gebühren-satzung.

(4) Wird der Wasserbezug eingestellt, so hat der Grundstückseigentümer die Entfernung der Einrichtungen zu gestatten oder sie auf Verlangen der Gemeinde noch fünf Jahre unentgeltlich zu dulden, es sei denn, daß ihm dies nicht zugemutet werden kann.

(5) Die Absätze 1 bis 5 gelten nicht für öffentliche Verkehrswege und Verkehrsflächen sowie für Grundstücke, die durch Planfeststellung für den Bau von öffentlichen Verkehrswegen und Verkehrsflächen bestimmt sind.

§ 13 Hausanschluß

(1) Der Hausanschluß besteht aus der Verbindung des Verteilungsnetzes mit der Anlage des Grundstückseigentümers. Er beginnt an der Abzweigstelle des Verteilungsnetzes und endet mit der Hauptabsperrvorrichtung.

(2) Der Anschluß an die öffentliche Wasserversorgungsanlage und jede Änderung des Hausanschlusses ist vom Grundstückseigentümer unter Benutzung eines bei der Gemeinde erhältlichen Vordrucks für jedes Grundstück zu beantragen. Dem Antrag sind insbesondere folgende Unterlagen beizufügen, soweit sich die erforderlichen Angaben nicht bereits aus dem Antrag selbst ergeben:

1. Ein Lageplan nebst Beschreibung und Skizze der geplanten Anlage des Grundstückseigentümers (Wasserverbrauchsanlage),

2. der Name des Installationsunternehmens, durch das die Wasserverbrauchsanlage eingerichtet oder geändert werden soll,

3. eine nähere Beschreibung besonderer Einrichtungen (z. B. von Gewerbebetrieben usw.), für die auf dem Grundstück Wasser verwendet werden soll, sowie die Angabe des geschätzten Wasserbedarfs,

4. Angaben über eine etwaige Eigengewinnungsanlage,

5. eine Erklärung des Grundstückseigentümers, die anfallenden Kosten der Anschlußleitung einschließlich der Wiederherstellungskosten im öffentlichen Verkehrsraum und der Straßenoberfläche nach Maßgabe der Beitrags- und Gebührensatzung zu übernehmen und der Gemeinde den entsprechenden Betrag zu erstatten.

6. Im Falle des § 3 Abs. 2 und 3 die Verpflichtungserklärung zur Übernahme der mit dem Bau und Betrieb zusammenhängenden Mehrkosten.

(3) Art, Zahl und Lage der Hausanschlüsse sowie deren Änderung werden nach Anhörung des Grundstückseigentümers und unter Wahrung seiner berechtigten Interessen von der Gemeinde bestimmt.

(4) Hausanschlüsse gehören zu den Betriebsanlagen der Gemeinde und stehen vorbehaltlich abweichender Regelung in deren Eigentum. Sie werden ausschließlich von der Gemeinde hergestellt, unterhalten, erneuert, geändert, abgetrennt und beseitigt, müssen zugänglich und vor Beschädigung geschützt sein. Soweit die Gemeinde die Erstellung des Hausanschlusses oder Veränderungen des Hausanschlusses nicht selbst, sondern durch Nachunternehmer durchführen läßt, sind Wünsche des Grundstückseigentümers bei der Auswahl der Nachunternehmer zu berücksichtigen. Der Grundstückseigentümer

hat die baulichen Voraussetzungen für die sichere Errichtung des Hausanschlusses zu schaffen. Er darf keine Einwirkungen auf den Hausanschluß vornehmen oder vornehmen lassen.[*]

(5) Jede Beschädigung des Hausanschlusses, insbesondere das Undichtwerden von Leitungen sowie sonstige Störungen sind dem Wasserversorgungsunternehmen unverzüglich mitzuteilen.

§ 14 Meßeinrichtungen an der Grundstücksgrenze

(1) Die Gemeinde kann verlangen, daß der Grundstückseigentümer auf eigene Kosten nach seiner Wahl an der Grundstücksgrenze einen geeigneten Wasserzählerschacht oder Wasserzählerschrank anbringt, wenn

1. das Grundstück unbebaut ist oder

2. die Versorgung des Gebäudes mit Anschlußleitungen erfolgt, die unverhältnismäßig lang sind oder nur unter besonderen Erschwernissen verlegt werden können, oder

3. kein Raum zur frostsicheren Unterbringung des Wasserzählers vorhanden ist.

(2) Der Grundstückseigentümer ist verpflichtet, die Einrichtungen in ordnungsgemäßem Zustand und jederzeit zugänglich zu halten.

(3) Der Grundstückseigentümer kann die Verlegung der Einrichtungen auf seine Kosten verlangen, wenn sie an der bisherigen Stelle für ihn nicht mehr zumutbar sind und die Verlegung ohne Beeinträchtigung einer einwandfreien Messung möglich ist.

§ 15 Anlage des Grundstückseigentümers

(1) Für die ordnungsgemäße Errichtung, Erweiterung, Änderung und Unterhaltung der Anlage hinter dem Hausanschluß, mit Ausnahme der Meßeinrichtungen der Gemeinde, ist der Grundstückseigentümer verantwortlich. Hat er die Anlage oder Anlagenteile einem Dritten vermietet oder sonst zur Benutzung überlassen, so ist er neben diesem verantwortlich.

(2) Die Anlage darf nur unter Beachtung der Vorschriften dieser Satzung und anderer gesetzlicher oder behördlicher Bestimmungen sowie nach den anerkannten Regeln der Technik errichtet, erweitert, geändert und unterhalten werden. Die Errichtung der Anlage und wesentliche Veränderungen dürfen nur durch die Gemeinde oder ein in ein Installateurverzeichnis eines Wasserversorgungsunternehmens eingetragenes Insallationsunternehmen erfolgen. Die Gemeinde ist berechtigt, die Ausführung der Arbeiten zu überwachen.

(3) Anlagenteile, die sich vor den Meßeinrichtungen befinden, können plombiert werden. Ebenso können Anlagenteile, die zur Anlage des Grundstückseigentümers gehören, unter Plombenverschluß genommen werden, um eine einwandfreie Messung zu gewährleisten. Die dafür erforderliche Ausstattung der Anlage ist nach den Angaben der Gemeinde zu veranlassen.

---

[*] Soweit hinsichtlich des Eigentums am Hausanschluß und der daraus folgenden Pflichten zur Herstellung, Unterhaltung, Erneuerung, Änderung, Abtrennung und Beseitigung bestehende Satzungen von Absatz 4 abweichen, können diese Regelungen auch nach Inkrafttreten der AVBWasserV beibehalten werden.

(4) Es dürfen nur Materialien und Geräte verwendet werden, die entsprechend den anerkannten Regeln der Technik beschaffen sind. Das Zeichen einer anerkannten Prüfstelle (z. B. DIN-DVGW, DVGW- oder GS-Zeichen) bekundet, daß diese Voraussetzungen erfüllt sind.

Teile des Hausanschlusses, die im Eigentum des Grundstückseigentümers stehen und zu deren Unterhaltung er verpflichtet ist, sind Bestandteile der Anlage des Grundstückseigentümers·*)

§ 16 Inbetriebsetzung der Anlage des Grundstückseigentümers

(1) Die Gemeinde oder deren Beauftragte schließen die Anlage des Grundstückseigentümers an das Verteilungsnetz an und setzen sie in Betrieb.

(2) Jede Inbetriebsetzung der Anlage ist bei der Gemeinde über das Installationsunternehmen zu beantragen.

§ 17 Überprüfung der Anlage des Grundstückseigentümers

(1) Die Gemeinde ist berechtigt, die Anlage des Grundstückseigentümers vor und nach ihrer Inbetriebsetzung zu überprüfen. Sie hat den Grundstückseigentümer auf erkannte Sicherheitsmängel aufmerksam zu machen und kann deren Beseitigung verlangen.

(2) Werden Mängel festgestellt, welche die Sicherheit gefährden oder erhebliche Störungen erwarten lassen, so ist die Gemeinde berechtigt, den Anschluß oder die Versorgung zu verweigern; bei Gefahr für Leib und Leben ist sie hierzu verpflichtet.

(3) Durch Vornahme oder Unterlassung der Überprüfung der Anlage sowie durch deren Anschluß an das Verteilungsnetz übernimmt die Gemeinde keine Haftung für die Mängelfreiheit der Anlage. Dies gilt nicht, wenn sie bei einer Überprüfung Mängel festgestellt hat, die eine Gefahr für Leib oder Leben darstellen.

§ 18 Betrieb, Erweiterung und Änderung der Anlage und Verbrauchseinrichtungen des Grundstückseigentümers; Mitteilungspflichten

(1) Anlagen und Verbrauchseinrichtungen sind so zu betreiben, daß Störungen anderer Grundstückseigentümer, störende Rückwirkungen auf Einrichtungen der Gemeinde oder Dritter oder Rückwirkungen auf die Güte des Trinkwassers ausgeschlossen sind.

(2) Erweiterungen und Änderungen der Anlage sowie die Verwendung zusätzlicher Verbrauchseinrichtungen sind der Gemeinde mitzuteilen, soweit sich dadurch Größen für die Gebührenbemessung ändern oder sich die vorzuhaltende Leitung wesentlich erhöht.

§ 19 Zutrittsrecht

Der Grundstückseigentümer hat dem mit einem Ausweis versehenen Beauftragten der Gemeinde den Zutritt zu seinen Räumen und zu den in § 14 genannten Einrichtungen

---

*) Diese Regelung kommt nur für den Fall in Betracht, daß die Satzung von § 13 Abs. 4 abweichende Regelungen enthält.

zu gestatten, soweit dies für Prüfung der technischen Einrichtungen, zur Wahrnehmung sonstiger Rechte und Pflichten nach dieser Satzung, insbesondere zur Ablesung, oder zur Ermittlung der Grundlagen für die Gebührenbemessung erforderlich ist.

§ 20 Technische Anschlußbedingungen*)

Die Gemeinde ist berechtigt, weitere technische Anforderungen an den Hausanschluß und andere Anlagenteile sowie an den Betrieb der Anlage festzulegen, soweit dies aus Gründen der sicheren und störfreien Versorgung, insbesondere im Hinblick auf die Erfordernisse des Verteilungsnetzes notwendig ist. Diese Anforderungen dürfen den anerkannten Regeln der Technik nicht widersprechen. Der Anschluß bestimmter Verbrauchseinrichtungen kann von der vorherigen Zustimmung der Gemeinde abhängig gemacht werden. Die Zustimmung darf nur verweigert werden, wenn der Anschluß eine sichere und störungsfreie Versorgung gefährden würde.

§ 21 Messung

(1) Die Gemeinde stellt die vom Grundstückseigentümer verbrauchte Wassermenge durch Meßeinrichtungen fest, die den eichrechtlichen Vorschriften entsprechen müssen. Bei öffentlichen Verbrauchseinrichtungen kann die gelieferte Menge auch rechnerisch ermittelt oder geschätzt werden, wenn die Kosten der Messung außer Verhältnis zur Höhe des Verbrauchs stehen.

(2) Die Gemeinde hat dafür Sorge zu tragen, daß eine einwandfreie Messung der verbrauchten Wassermenge gewährleistet ist. Sie bestimmt Art, Zahl und Größe sowie Anbringungsort der Meßeinrichtung. Ebenso ist die Lieferung, Anbringung, Überwachung, Unterhaltung und Entfernung der Meßeinrichtung Aufgabe der Gemeinde. Sie hat den Grundstückseigentümer anzuhören und dessen berechtigte Interessen zu wahren. Sie ist verpflichtet, auf Verlangen des Grundstückseigentümers die Meßeinrichtungen zu verlegen, wenn dies ohne Beeinträchtigung einer einwandfreien Messung möglich ist; der Grundstückseigentümer ist verpflichtet, die Kosten zu tragen.

(3) Der Grundstückseigentümer haftet für das Abhandenkommen und die Beschädigung der Meßeinrichtung, soweit ihn hieran ein Verschulden trifft. Er hat den Verlust, Beschädigungen und Störungen dieser Einrichtungen der Gemeinde unverzüglich mitzuteilen. Er ist verpflichtet, die Einrichtungen vor Abwasser, Schmutz- und Grundwasser sowie vor Frost zu schützen.

§ 22 Nachprüfung von Meßeinrichtungen

(1) Der Grundstückseigentümer kann jederzeit die Nachprüfung der Meßeinrichtungen durch eine Eichbehörde oder eine staatlich anerkannte Prüfstelle im Sinne des § 6 Abs. 2 des Eichgesetzes verlangen. Stellt der Grundstückseigentümer den Auftrag auf Prüfung nicht bei der Gemeinde, so hat er diese vor Antragstellung zu benachrichtigen.

(2) Die Kosten der Prüfung fallen der Gemeinde zur Last, falls die Abweichung die gesetzlichen Verkehrsfehlergrenzen überschreitet, sonst dem Grundstückseigentümer.

---

*) Die technischen Anschlußbedingungen sind der zuständigen Behörde anzuzeigen.

§ 23 Ablesung

(1) Die Meßeinrichtungen werden vom Beauftragten der Gemeinde möglichst in gleichen Zeitabständen oder auf Verlangen der Gemeinde vom Grundstückseigentümer selbst abgelesen. Dieser hat dafür Sorge zu tragen, daß die Meßeinrichtungen leicht zugänglich sind.

(2) Solange der Beauftragte der Gemeinde die Räume des Grundstückseigentümers nicht zum Zwecke der Ablesung betreten kann, darf die Gemeinde den Verbrauch auf der Grundlage der letzten Abmessung schätzen; die tatsächlichen Verhältnisse sind angemessen zu berücksichtigen.

§ 24 Verwendung des Wassers

(1) Das Wasser wird nur für die eigenen Zwecke des Grundstückseigentümers, seiner Mieter und ähnlich berechtigter Personen zur Verfügung gestellt. Die Weiterleitung an sonstige Dritte ist nur mit schriftlicher Zustimmung der Gemeinde zulässig. Die muß erteilt werden, wenn dem Interesse an der Weiterleitung nicht überwiegende versorgungswirtschaftliche Gründe entgegenstehen.

(2) Das Wasser darf für alle Zwecke verwendet werden, soweit nicht in dieser Satzung oder aufgrund sonstiger gesetzlicher oder behördlicher Vorschriften Beschränkungen vorgesehen sind. Die Gemeinde kann die Verwendung für bestimmte Zwecke beschränken, soweit dies zur Sicherstellung der allgemeinen Wasserversorgung erforderlich ist.

(3) Der Anschluß von Anlagen zum Bezug von Bauwasser ist bei der Gemeinde vor Beginn der Bauarbeiten zu beantragen. Entsprechendes gilt für Anschlüsse zu sonstigen vorübergehenden Zwecken.

(4) Soll Wasser aus öffentlichen Hydranten nicht zum Feuerlöschen, sondern zu anderen vorübergehenden Zwecken entnommen werden, sind hierfür Hydrantenstandrohre der Gemeinde mit Wasserzählern zu benutzen.

(5) Sollen auf einem Grundstück besondere Feuerlöschanschlüsse eingerichtet werden, sind über ihre Anlegung, Unterhaltung und Prüfung besondere Vereinbarungen mit der Gemeinde zu treffen.

§ 25 Heranziehungsbescheide

Vordrucke für Heranziehungsbescheide müssen verständlich sein. Die für die Forderung maßgeblichen Berechnungsfaktoren sind vollständig und in allgemein verständlicher Form auszuweisen.

§ 26 Laufzeit des Versorgungsverhältnisses

(1) Will ein Grundstückseigentümer, der zur Benutzung der Wasserversorgungsanlagen nicht verpflichtet ist, den Wasserbezug vollständig einstellen, so hat er dies mindestens zwei Wochen vor der Einstellung der Gemeinde schriftlich mitzuteilen.

(2) Will ein zum Anschluß oder zur Benutzung Verpflichteter den Wasserbezug einstellen, so hat er bei der Gemeinde Befreiung nach den Bestimmungen dieser Satzung zu beantragen.

(3) Jeder Wechsel des Grundstückseigentümers ist der Gemeinde unverzüglich schriftlich mitzuteilen.

(4) Wird der Wasserverbrauch ohne schriftliche Mitteilung im Sinne von Abs. 1 oder vor Erteilung der Befreiung eingestellt, so haftet der Grundstückseigentümer der Gemeinde für die Erfüllung sämtlicher sich aus der Satzung ergebenden Verpflichtungen.

(5) Der Grundstückseigentümer kann eine zeitweilige Absperrung seines Anschlusses verlangen, ohne damit das Benutzungsverhältnis aufzulösen.

§ 27 Einstellung der Versorgung

(1) Die Gemeinde ist berechtigt, die Versorgung fristlos einzustellen, wenn der Grundstückseigentümer den Bestimmungen dieser Satzung zuwiderhandelt und die Einstellung erforderlich ist, um

1. eine unmittelbare Gefahr für die Sicherheit von Personen oder Anlagen abzuwehren,

2. den Verbrauch von Wasser unter Umgehung, Beeinflussung oder vor Anbringung der Meßeinrichtungen zu verhindern oder

3. zu gewährleisten, daß Störungen anderer Grundstückseigentümer, störende Rückwirkungen auf Einrichtungen der Gemeinde oder Dritter oder Rückwirkungen auf die Güte des Trinkwassers ausgeschlossen sind.

(2) Bei anderen Zuwiderhandlungen, insbesondere bei Nichtzahlung einer fälligen Abgabenschuld, ist die Gemeinde berechtigt, die Versorgung zwei Wochen nach Androhung einzustellen. Dies gilt nicht, wenn der Grundstückseigentümer darlegt, daß die Folgen der Einstellung außer Verhältnis zur Schwere der Zuwiderhandlung stehen und hinreichende Aussicht besteht, daß der Grundstückseigentümer seinen Verpflichtungen nachkommt.

(3) Die Gemeinde hat die Versorgung unverzüglich wieder aufzunehmen, sobald die Gründe für ihre Einstellung entfallen sind und der Grundstückseigentümer die Kosten der Einstellung und Wiederaufnahme der Versorgung ersetzt hat.

§ 28 Ordnungswidrigkeiten, Zwangsmittel

Ordnungswidrig im Sinne von § ... der Gemeindeordnung für ... handelt, wer vorsätzlich oder fahrlässig einem Gebot oder Verbot dieser Satzung (§§ 4, 6, 7 Abs. 4, 13 Abs. 5, 15 Abs. 2 und 4, 18 Abs. 1 und 2, 24 Abs. 1 und 2) oder einer aufgrund dieser Satzung ergangenen vollziehbaren Anordnung zuwiderhandelt. Die Ordnungswidrigkeit kann mit einer Geldbuße bis zu der in § ... der Gemeindeordnung für ... festgelegten Höhe geahndet werden.

§ 29 Aushändigung der Satzung

Die Gemeinde händigt jedem Grundstückseigentümer, mit dem erstmals ein Versorgungsverhältnis begründet wird, ein Exemplar dieser Satzung und der dazu erlassenen Beitrags- und Gebührensatzung unentgeltlich aus. Den bereits versorgten Grundstückseigentümern werden diese Satzungen auf Verlangen ausgehändigt.

§ 30 Inkrafttreten

Diese Satzung tritt am ... in Kraft. Gleichzeitig tritt die Satzung vom ... außer Kraft.

Das vorstehende Satzungsmuster bedarf noch folgender Erläuterung (Mitt NWStGB 1981, S. 177):

„Gem. § 35 Abs. 1 der rückwirkend zum 1. 4. 1980 in Kraft getretenen Verordnung über allgemeine Bedingungen für die Versorgung mit Wasser (AVBWasserV) vom 20. 6. 1980 (BGBI. I S. 750, berichtigt BGBI. I S. 1067) sind Rechtsvorschriften, die das Versorgungsverhältnis öffentlich-rechtlich regeln, den Bestimmungen dieser Verordnung entsprechend zu gestalten; unberührt bleiben die Regelungen des Verwaltungsverfahrens sowie gemeinderechtliche Vorschriften zur Regelung des Abgabenrechts. Bei Inkrafttreten dieser Verordnung geltende Rechtsvorschriften, die das Versorgungsverhältnis öffentlich-rechtlich regeln, sind gem. § 35 Abs. 2 AVBWasserV bis zum 1. Januar 1982 anzupassen.

Der Deutsche Städtetag, der Verband kommunaler Unternehmen und der Deutsche Städte- und Gemeindebund haben eine diesbezügliche Anregung des Unterausschusses „Kommunale Wirtschaft" des Arbeitskreises III der Arbeitsgemeinschaft der Innenministerien der Bundesländer aufgegriffen und ein Muster einer § 35 AVBWasserV entsprechenden Wasserversorgungssatzung erarbeitet. Dieses Muster einer Wasserversorgungssatzung bedarf noch der nachstehenden Hinweise:

1. Nach dem Willen des Verordnungsgebers, in diesem Falle des Bundesrates, der die vom Bundesminister für Wirtschaft vorgeschlagene sog. Artikellösung verworfen und die nunmehr in Kraft getretene Fassung vorgeschlagen hat, soll durch die jetzt vorliegende Ausgestaltung des § 35 Abs. 1 AVBWasserV vermieden werden, auch nur den Anschein zu erwecken, der Verordnungsgeber wolle zu Gunsten von Betrieben der öffentlichen Hand öffentlich-rechtliche Versorgungsverhältnisse weniger verbraucherfreundlich gestalten als privatrechtliche Versorgungsverhältnisse (vgl. Bundesratsdrucksache 196/80, Seite 10, Begründung zu § 35). Nach der Auffassung des Bundesrates sind die für öffentlich-rechtliche Versorgungsverhältnisse sachlich unabwendbaren Abweichungen von der AVBWasserV in der vorgeschlagenen Fassung berücksichtigt. Unter Berücksichtigung des vorbezeichneten gesetzgeberischen Willens ist demnach durch § 35 Abs. 1 AVBWasserV im Grundsatz eine generelle Anpassungspflicht für öffentlich-rechtlich ausgestaltete Versorgungsverhältnisse an die Regelungen der AVBWasserV statuiert worden. Das Satzungsmuster trägt diesem Aspekt dadurch Rechnung, daß sich die vorgelegten Formulierungsvorschläge – sofern eine Anpassungspflicht an die Bestimmungen der AVBWasserV zu bejahen ist – weitmöglichst an den durch die AVBWasserV vorgegebenen Wortlaut anlehnen bzw. diesen übernehmen. Diese Verfahrensweise soll im übrigen auch dem Gedanken der Vereinfachung und Übersichtlichkeit Rechnung tragen.

2. Die generelle Anpassungspflicht der öffentlich-rechtlich ausgestalteten Versorgungsverhältnisse an die Regelungen der AVBWasserV erfährt eine wesentliche Einschränkung: Gem. § 35 Abs. 1 AVBWasserV bleiben die Regelungen des Verwaltungsverfahrens sowie gemeinderechtliche Vorschriften zur Regelung des Abgabenrechts durch die Bestimmungen der AVBWasserV unberührt. Für Satzungsbestimmungen, die ihre Rechtsgrundlage im Verwaltungsverfahrensrecht oder im gemeindlichen Abgabenrecht haben, besteht demzufolge keine Anpassungspflicht. Die aus kommunaler Sicht besonders bedeutsame Erhebung von Beiträgen und Gebühren soll auch künftig allein und ausschließlich nach den jeweiligen Kommunalabgabengesetzen der Bundesländer beurteilt werden. Daraus folgt, daß die Vorschriften der AVBWasserV lediglich Auswirkungen auf die dem Versorgungsverhältnis zugrunde liegende grundsätzliche Wasserversorgungssatzung, nicht jedoch auf die entsprechende Beitrags- und Gebührensatzung zur Wasserversorgungssatzung haben. Die Formulierungsvorschläge der Spitzenverbände beschränken sich daher auf die dem Versorgungsverhältnis zugrunde liegende allgemeine Wasserversorgungssatzung.

3. Gem. § 3 Abs. 1 Satz 1 AVBWasserV hat das Versorgungsunternehmen dem Kunden im Rahmen des wirtschaftlich Zumutbaren die Möglichkeit einzuräumen, den Bezug auf den von ihm gewünschten Verbrauchszweck oder auch einen Teilbedarf zu beschränken. Diese Bestimmung läßt zwar den Anschlußzwang in dem bislang bestehenden Umfang unberührt, beeinflußt jedoch die neu zu bestimmenden Grenzen des Benutzungszwangs dergestalt, daß zukünftig im Verhältnis zum bisherigen Recht weitergehende Befreiungstatbestände im Hinblick auf den Benutzungszwang satzungsrechtlich vorgehalten werden müssen. Das vorgelegte Muster übernimmt den Wortlaut des § 3 Abs. 1 Satz 1 AVBWasserV und normiert einen diesbezüglichen speziellen Befreiungstatbestand in § 7 Abs. 2 des Arbeitsmusters. Denkbar erscheint es auch, daß die auszuarbeitende Wasserversorgungssatzung auf die spezielle Alternative des § 7 Abs. 2 des Musters verzichtet und diesen Tatbestand als Unterfall des § 7 Abs. 1 des Satzungsmusters ansieht. Rechtfertigen ließe sich diese Konstruktion mit der Überlegung, daß es nicht darauf ankommt, ob die teilweise Bedarfsdeckung dem Wasserversorgungsunternehmen zumutbar ist, sondern ob die unbeschränkte Bezugspflicht den einzelnen Kunden unzumutbar ist (vgl. Ludwig-Cordt-Stech, Anm. 3 zu § 4 AVBFernwärmeV bzw. AVBWasserV). Ob auch die letztgenannte Auslegung des § 3 Abs. 1 Satz 1 AVBWasserV den Intentionen des Verordnungsgebers gerecht wird, wird letztlich der Entscheidung der Verwaltungsgerichte vorbehalten bleiben.

4. Gem. § 35 Abs. 2 AVBWasserV sind die das Wasserversorgungsverhältnis ausgestaltenden Rechtsvorschriften, mithin die Wasserversorgungssatzungen, bis zum 1. Januar 1982 an die Regelungen der AVBWasserV anzupassen."

680   **Muster eines Betriebsführungsvertrages
für die Versorgungssparte Wasser,**
abgestimmt zwischen dem Nordrhein-Westfälischen Städte- und
Gemeindebund und einem nordrhein-westfälischen Energie- und
Wasserversorgungsunternehmen der Regionalstufe

Zwischen der

Stadt ....
- nachstehend "Stadt" genannt -

vertreten durch den Rat der Stadt, dieser vertreten durch

und der

- nachstehend "Betriebsführerin" genannt -

vertreten durch den Vorstand

wird folgender Betriebsführungsvertrag geschlossen.

§ 1

Gegenstand des Vertrages

1. Die Stadt überträgt der Betriebsführerin und diese übernimmt die verantwortliche Betriebs- und Geschäftsführung des Stadtwasserwerkes im Namen und für Rechnung der Stadt. Sie führt die kaufmännische Verwaltung nach den für die Eigenbetriebe geltenden Rechtsvorschriften, insbesondere den insoweit geltenden Vorschriften der Gemeindeordnung, der Eigenbetriebsverordnung des Landes Nordrhein-Westfalen und der Betriebssatzung der Stadt. Dazu gehört die Vorlage des Wirtschaftsplanes,
bestehend aus Erfolgs- und Finanzplan (einschließlich Bauplan) und Stellenübersicht, des Jahresabschlusses und des Jahresberichts.

2. Die gesamten Wasserversorgungsanlagen mit den dazugehörigen Grundstücken und Vorräten und mit
allem sonstigen Zubehör werden der Betriebsführerin zur Verwaltung übergeben; sie verbleiben im
Eigentum der Stadt. Bei der Übergabe wird ein von beiden Seiten zu unterzeichnendes Verzeichnis aller überlassenen Gegenstände aufgestellt.

236

3. Die Stadt kann die Anlagen jederzeit nach rechtzeitiger Anmeldung und in Gegenwart eines Vertreters der Betriebsführerin besichtigen.

§ 2

Unterhaltung der Wasserversorgungsanlagen

Die Betriebsführerin hat die Wasserversorgungsanlagen in ihrem jeweiligen Umfang dauernd pfleglich zu behandeln, sie laufend ordnungsgemäß zu unterhalten und nach wirtschaftlichen Bedürfnissen bzw. technischen Erfordernissen zu erneuern.

§ 3

Erweiterung und Erneuerung der Wasserversorgungsanlagen

1. Die Betriebsführerin hat alle für die Wasserversorgung der Stadt erforderlichen Erweiterungen und Erneuerungen (Neuanlagen) entsprechend dem Wirtschaftsplan und den für ihn maßgebenden Vorschriften der Eigenbetriebsverordnung auszuführen.

2. Neuanlagen gehen mit ihrer Errichtung in das Eigentum der Stadt über.

§ 4

Wasseranschlußleitungen

Die Betriebsführerin übernimmt die Herstellung, Erneuerung und Unterhaltung der Wasseranschlußleitungen gemäß den Allgemeinen Versorgungsbedingungen für Wasser (AVBWasserV) und den dazugehörenden Anlagen. Falls die Kosten vom Abnehmer entsprechend den Wasserversorgungsbedingungen zu erstatten sind, werden sie zu den jeweils üblichen Preisen des Installateur-Handwerks berechnet.

§ 5

Haftung der Betriebsführerin

Für Schäden, die Dritten durch die Anlagen selbst oder durch deren Betrieb entstehen, haftet die Betriebsführerin im Rahmen der gesetzlichen Bestimmungen einschließlich Haftung nach dem Haftpflichtgesetz vom 04. Januar 1978.

§ 6

Benutzung der städtischen Verkehrsräume

1. Die Betriebsführerin benutzt bei der Erfüllung der von ihr in diesem Vertrag übernommenen Aufgaben die städtischen Verkehrsräume (öffentliche Straßen, Wege, Plätze, Brücken usw.). Die Inanspruchnahme sonstiger Grundstücke, über die die Stadt verfügt, bedarf im Einzelfall der Zustimmung der Stadt.

2. Falls für die Benutzung des Grundstückes eines Dritten eine Genehmigung erforderlich ist, wird die Stadt die Betriebsführerin mit den ihr zur Verfügung stehenden Mitteln zur Erlangung der Genehmigung unterstützen. Ist die Genehmigung nicht zu erreichen, so ruht die betreffende Verpflichtung der Betriebsführerin für die Dauer der Behinderung.

§ 7

Entscheidungsrecht der Stadt

Über alle Angelegenheiten des Stadtwasserwerkes, die nicht durch gesetzliche oder behördliche Vorschriften zwingend geregelt sind, entscheidet allein die Stadt. Sie setzt insbesondere die Wassertarife sowie die Anlagen und sonstigen Wasserversorgungsbedingungen im Rahmen der AVBWasserV fest.

Anhang 6

§ 8

Abrechnung mit der Stadt

1. Die Lieferungen und Leistungen, gemäß §§ 2 und 3, für das Stadtwasserwerk werden der Stadt zu Selbstkosten berechnet.

2. Die Selbstkosten im Sinne des Absatzes 1 sind:

a) <u>Für Material:</u>
Die Materialeinkaufskosten zuzüglich eines Gemeinkostenzuschlages von 25 %.

b) Für Löhne:
Die gezahlten Tabellenlöhne einschließlich zu zahlende Zulagen und Zeitzuschläge zuzüglich eines Aufschlages zur Abgeltung der gesetzlichen, tarifvertraglichen und sonstigen Sozialleistungen.

Der Aufschlag für Sozialleistungen wird jeweils im Verhältnis zum gezahlten Lohn nach den Vorjahreszahlen laut besonderem Nachweis errechnet.

c) Läßt die Betriebsführerin Arbeiten durch Dritte ausführen, so werden die reinen Rechnungsbeträge zuzüglich eines angemessenen Aufschlages für die Bauaufsicht, die Bauabrechnung und die sonstigen mit den Arbeiten im Zusammenhang stehenden Leistungen eingesetzt. Als angemessen gilt im allgemeinen ein Aufschlag von 10 %.

3. Die Stadt erstattet der Betriebsführerin:

a) die dem Stadwasserwerk unmittelbar zuzuordnenden Kosten. Diese sind in gleicher Weise wie die Einnahmen von der Betriebsführerin nach den Grundsätzen ordnungsmäßiger Buchführung nachzuweisen. Diese Kosten setzen sich zusammen aus den direkten Ausgaben für Sach- und Personalaufwand einschließlich aller Sozialleistungen;

b) zur Abgeltung aller übrigen persönlichen und sachlichen Verwaltungskosten des Versorgungsbetriebes einschließlich der Kosten des Ablese- und Hebedienstes, des Fuhrparks, der allgemeinen Verwaltung und des Kapitaldienstes für die gemeinsam genutzten Anlagen eine anteilige jährliche Vergütung nach einem Verteilungsschlüssel, der nach Anzahl der Zähler, der Abnehmer und der Länge der Hauptrohrnetze im Jahresmittel errechnet wird.

Die gesamten gemeinsamen Kosten und die geschlüsselten anteiligen Kosten werden jährlich nachgewiesen.

Auf diese Vergütung zahlt das Stadtwasserwerk an die Betriebsführerin monatlich 1/12 des Vorjahresbetrages. Die Abrechnung des Jahresbetrages erfolgt jeweils zum Jahresabschluß.

Beiden Vertragspartnern bleibt vorbehalten, eine Neufestsetzung der Vergütung zu beantragen, wenn sich die vereinbarte Regelung als unangemessen erweist.

4. Die Umsatzsteuer, die der Betriebsführerin durch Leistungen für das Stadtwasserwerk entsteht, wird gesondert in Rechnung gestellt.

5. Der Betriebsführerin werden von der Stadt Betriebsmittel in Höhe von zwei Monatseinnahmen aus dem Wasserverkauf, die als Arbeitskapital kontenmäßig bei der Betriebsführerin gesondert erfaßt werden, zur Verfügung gestellt.

Der gesamte übrige Geld- und Rechnungsverkehr des Stadtwasserwerkes wird von der Betriebsführerin über ein Verrechnungskonto abgewickelt. Ein Saldo ist vom Stadtwasserwerk bzw. von der Betriebsführerin mit 3 3/4 % über Bundesbankdiskont zu verzinsen.

Wird vom Stadtwasserwerk vorübergehend ein größerer Saldo als von zwei Monatseinnahmen aus dem Wasserverkauf in Anspruch genommen, so sind zwischen der Stadt und der Betriebsführerin eventuell erforderlich werdende Kreditbedingungen jeweils zu vereinbaren.

Ein Haben-Saldo über zwei Monatseinnahmen hinaus ist von der Betriebsführerin an die Stadtkasse abzuführen, soweit er nicht für von der Stadt genehmigte Erneuerungen und Erweiterungen kurzfristig benötigt wird.

§ 9

Prüfungsrecht der Stadt

1. Die für das Stadtwasserwerk geführten Bücher und Schriften können von der Stadt eingesehen werden, jedoch nur nach rechtzeitiger Anmeldung und in Gegenwart eines Vertreters der Betriebsführerin.

Dies gilt auch im Hinblick auf die Wahrnehmung der Rechte des gemeindlichen Rechnungsprüfungsamtes gem. § 102 GO NW.

2. Die Betriebsführerin ist verpflichtet, den Jahresabschluß des Eigenbetriebs unter Einbeziehung der Buchführung und des Jahresberichts gem. § 103 a GO NW prüfen zu lassen.

§ 10

Vertragsdauer

1. Der Vertrag tritt mit seiner Unterzeichnung in Kraft.

2. Der Vertrag läuft auf unbestimmte Zeit. Er kann erstmals zum .... und alsdann jeweils auf das Ende eines 10jährigen Zeitraumes gekündigt werden. Die Kündigungsfrist beträgt 2 Jahre, die Kündigung hat durch eingeschriebenen Brief zu erfolgen.

§ 11

Personalüberleitung

Die Betriebsführerin schließt mit der Stadt einen Personalüberleitungsvertrag ab, durch den der volle Besitzstand im Zeitpunkt der Betriebsübernahme für die zu übernehmenden Betriebsangehörigen gewährleistet wird.

§ 12

Rechtsnachfolge

Die Betriebsführerin kann die Rechte und Pflichten aus dem Vertrag auf einen anderen ganz oder teilweise nur mit Zustimmung der Stadt übertragen.

Anhang 6

§ 13

Loyalitäts-, Unwirksamkeits- und Revisionsklausel

1. Die Vertragsschließenden sichern sich gegenseitig loyale Erfüllung dieses Vertrages zu.

2. Sollten einzelne Bestimmungen des Vertrages rechtsunwirksam sein oder werden, soll daraus nicht die Rechtsunwirksamkeit des ganzen Vertrages hergeleitet werden können. Die Vertragspartner verpflichten sich vielmehr, die rechtsunwirksamen Bestimmungen durch im beabsichtigten wirtschaftlichen und technischen Erfolg gleichwertige rechtsgültige Vereinbarungen zu ersetzen.

3. Zusätzliche Vereinbarungen zu diesem Vertrag bedürften der Schriftform.

§ 14

Schlußbestimmungen

1. Durch den Abschluß dieses Vertrages etwa entstehende Kosten und Steuern trägt die Stadt.

2. Gerichtsstand ist ....

....
Ort/Datum   Ort/Datum

....
Unterschrift/en   Unterschrift/en

Anhang 7

Muster eines Konzessionsvertrages über die öffentliche Versorgung mit elektrischer Energie
abgestimmt zwischen dem Städte- und Gemeindebund Brandenburg und der Märkischen Energieversorgung AG (MEVAG), Potsdam (Mai 1991)

Die Gemeinde/Stadt..........

Kreis..........

- nachstehend Gemeinde -

und

die Märkische Energieversorgung AG

- nachstehend MEVAG -

schließen folgenden

Konzessionsvertrag

über die öffentliche Versorgung mit elektrischer Energie.

§ 1

Versorgungsaufgabe

1. Die MEVAG betreibt innerhalb des Gebietes der Gemeinde die öffentliche Versorgung mit elektrischer Energie. Sie ist verpflichtet, jedermann nach Maßgabe der gesetzlichen Bestimmungen an ihr Versorgungsnetz anzuschließen und zu versorgen.

2. Im Fall unvermeidbarer Betriebseinschränkungen genießt die Gemeinde zur Aufrechterhaltung ihrer der Allgemeinheit dienenden Einrichtungen bei der Versorgung mit elektrischer Energie, soweit betriebstechnisch möglich und rechtlich zulässig, vor anderen Abnehmern innerhalb des Vertragsgebietes den Vorzug.

Anhang 7

§ 2

Wegerecht

1. Die Gemeinde räumt im Rahmen ihrer privatrechtlichen Befugnis der MEVAG das ausschließliche Recht ein, Anlagen und deren Zubehör (Leitungsträger, Schalt- und Umschaltstationen, Kabelverteilerkästen und dergl.) für die öffentliche Versorgung von Letztverbrauchern mit Elektrizität im Gebiet der Gemeinde auf oder unter öffentlichen Straßen, Wegen und Plätzen zu errichten und zu betreiben.

Die MEVAG ist berchtigt, auch solche Anlagen zu errichten und zu betreiben, die nicht der unmittelbaren Versorgung von Letztverbrauchern im Gebiet der Gemeinde dienen. Sollte der Vertrag nach seinem Ablauf zwischen den Vertragspartnern nicht verlängert oder erneuert werden, so bleiben die von der MEVAG aufgrund dieses Vertrages ausgeübten Benutzungsrechte für vorhandene Durchgangsleitungen nebst -anlagen während eines Zeitraumes von 20 Jahren, beginnend an dem Tage, an dem die Versorgung des Gemeindegebietes durch die MEVAG endet, bestehen. Während dieses Zeitraumes werden der MEVAG auch für neu zu errichtende Durchgangsleitungen nebst -anlagen die erforderlichen Rechte zur Benutzung der Verkehrsräume eingeräumt. Für sämtliche Durchgangsleitungen verpflichtet sich die MEVAG zur Zahlung eines angemessenen Entgeltes, sofern dieses gesetzlich zulässig ist. Wird die Umlegung oder Änderung derartiger Durchgangsleitungen notwendig, trägt die insoweit entstehenden Folgekosten die MEVAG.

Das Benutzungsrecht der MEVAG erstreckt sich auch auf die Errichtung und den Betrieb von der öffentlichen Stromversorgung im weitesten Sinne dienenden Fernmelde- und Fernwirkeinrichtungen der MEVAG.

2. Die Gemeinde ist grundsätzlich bereit, der MEVAG die Benutzung sonstiger gemeindeeigener Grundstücke, die nicht öffentliche Straßen, Wege und Plätze im Sinne der Ziff. 1 sind, für Zwecke der öffentlichen Versorgung zu gestatten. Grundlage ist insoweit ein gesondert abzuschließender Gestattungsvertrag: In diesem Vertrag wird die MEVAG entsprechend den Entschädigungsgrundsätzen für die Inanspruchnahme privater Grundstücke an die Gemeinde eine angemessene einmalige Entschädigung zahlen sowie etwaige Folgekosten übernehmen. Auf Verlangen der MEVAG ist die Gemeinde verpflichtet, zugunsten des Energieversorgungsunternehmens eine beschränkte persönliche Dienstbarkeit zu bewilligen und zu beantragen. Die Kosten der grundbuchlichen Eintragung übernimmt die MEVAG. Sofern die Grundstücksflächen nicht mehr für Versorgungsanlagen benötigt werden, erteilt die MEVAG auf Anforderung Entlastung.

3. Die Gemeinde wird der MEVAG bei der Beschaffung von Grundstücken zur Errichtung von Ortsnetzen im Rahmen ihrer Möglichkeiten Unterstützung gewähren.

4. Die Gemeinde wird Dritten die Nutzung ihrer Grundstücke für die Errichtung von Leitungen zur Durchleitung von elektrischer Energie durch ihr Gebiet nur gestatten, wenn aus diesen Leitungen im Gemeindegebiet weder unmittelbar noch mittelbar elektrische Energie abgegeben wird und die MEVAG Gelegenheit zur Stellungnahme hatte. Soweit möglich und gesetzlich zulässig wird die Gemeinde nach Bekanntwerden des Vorhabens der MEVAG eine Beschreibung dieses Vorhabens zur Verfügung stellen.

§ 3

Baumaßnahmen

1. Die MEVAG wird die Gemeinde über Baumaßnahmen oder Veränderungen von Versorgungsanlagen auf Gemeindegrundstücken frühzeitig unterrichten, soweit nicht Störungen zu beseitigen sind.

Die MEVAG ist verpflichtet, Änderungen, die die Gemeinde vor Baubeginn verlangt, zu berücksichtigen, wenn diese im öffentlichen Interesse (insbesondere des Verkehrs und des Städtebaus) der Gemeinde erforderlich sind.

2. Die MEVAG verpflichtet sich, in Anspruch genommene Flächen der Gemeinde nach Fertigstellung ihrer Anlagen ordnungsgemäß wiederherzurichten. Sollten nach Wiederherstellung der öffentlichen Flächen innerhalb von 3 Jahren Mängel auftreten, die auf die Arbeiten der MEVAG zurückzuführen sind, so ist die MEVAG verpflichtet, diese Mängel umgehend zu beheben oder eine angemessene Entschädigung zu leisten. Soweit keine Abnahme der Bauarbeiten erfolgt ist, beginnt die Frist am 01.01. des auf die Arbeiten folgenden Jahres.

3. Die MEVAG wird ihre Anlagen stets in ordnungsgemäßen Zustand erhalten.

4. Wir die Umlegung oder Änderung auf Veranlassung der MEVAG erforderlich, so gilt folgendes:

a. Erfolgt die Umlegung oder Änderung auf Veranlassung der MEVAG, so trägt die MEVAG die entstehenden Kosten.

b. Erfolgt die Umlegung oder Änderung auf Wunsch der Gemeinde oder auf Grund von Maßnahmen, die von der Gemeinde veranlaßt werden, so teilen sich MEVAG und Gemeinde die entstehenden Kosten je zur Hälfte. Erfolgt innerhalb von 10 Jahren eine erneute Umlegung oder Änderung auf Wunsch der Gemeinde, so trägt die Gemeinde 75 % und die MEVAG 25 % der insoweit entstehenden Kosten. Staatliche Zuschüsse, die die Gemeinde für die Baumaßnahmen erhält, werden bei der Kostenteilung berücksichtigt.

§ 4

Konzessionsabgabe

1. Soweit die vereinbarte Konzessionsabgabe als Kostenfaktor nach der Bundestarifordnung Elektrizität anerkannt wird, zahlt die MEVAG im Rahmen der gesetzlichen Vorschriften eine Konzessionsabgabe an die Gemeinde in der in Ziffer 3 geregelten Höhe. Beide Vertragsparteien sind verpflichtet, im Rahmen ihrer Möglichkeiten darauf hinzuwirken, daß die vereinbarte Konzessionsabgabe als Kostenfaktor nach der Bundestarifordnung Elektrizität anerkannt wird.

2. Die Konzessionsabgabe wird ermittelt vom Entgelt aus der Lieferung elektrischer Energie innerhalb des Konzessionsgebietes nach § 1 Abs. 1. Für den Begriff Entgelt im Sinne dieser Bestimmung gilt die Definition gemäß § 2 Abs. 1 KAE vom 04.03.1941 einschließlich deren Änderungen und Ergänzungen.

3. Die Konzessionsabgabe beträgt

1,5 % des Entgeltes aus der Stromlieferung, die nicht zu den Allgemeinen Tarifen erfolgt und

10 % des Entgeltes aus der Stromlieferung zu den Allgemeinen Tarifen. Diese Festlegung erfolgt in der Kenntnis der laufenden Vorbereitungen zur Änderung der Konzessionsabgabenregelung. Mit dem Tag der Gültigkeit der neuen Konzessionsabgabenregelung ersetzen die dort festgelegten Prozentsätze der Konzessionsabgabe die vorgenannten Sätze.

Die Zahlungen erfolgen nur für die Laufzeit des Vertrages.

Außer Ansatz bleiben Stromlieferungen für den Eigenbedarf der Gemeinde und der MEVAG. Soweit in einer Neuregelung des Konzessionsabgaberechts ein Grenzpreis festgelegt wird, bleiben die insoweit betroffenen Stromlieferungen an letztverbrauchende Sonderkunden im Gebiet der Gemeinde ebenfalls außer Ansatz.

4. Auf die Konzessionsabgabe erfolgen vierteljährige Abschlagszahlungen. Die endgültige Abrechnung erfolgt 5 Monate nach Schluß eines jeden Kalenderjahres.

§ 5

Strompreisnachlaß

1. Die MEVAG gewährt der Gemeinde auf das Entgelt für ihren eigenen Stromverbrauch, soweit er nach Allgemeinen Tarifen abgerechnet wird, einen Nachlaß von 10 %.

2. Die MEVAG ist bereit, für Straßenbeleuchtungszwecke einen Sondervertrag anzubieten.

§ 6

Übertragung von Rechten und Pflichten

Die MEVAG kann die Rechte und Pflichten aus diesem Vertrag ganz oder teilweise im Einverständnis mit der Gemeinde auf einen anderen übertragen. Die Gemeinde kann der Übertragung nur widersprechen, wenn der andere nicht genügend Sicherheit für die Erfüllung der Vertragspflichten bietet oder wenn begründete Bedenken, insbesondere gegen die technische und wirtschaftliche Leistungsfähigkeit des Rechtsnachfolgers, bestehen. Das Einverständnis gilt als erteilt, wenn die Gemeinde nicht innerhalb eines Monats nach Mitteilung der beabsichtigten Übertragung widerspricht.

§ 7

Energieerzeugungsanlagen der Gemeinde

Die Gemeinde ist berechtigt, für ihren eigenen Bedarf Energieerzeugungsanlagen zu errichten. Überschußstrom aus Kraft-Wärme-Kopplung wird entsprechend den Bestimmungen zur Stromaufnahme der jeweiligen Grundsätze der Intensivierung der stromwirtschaftlichen Zusammenarbeit zwischen öffentlicher Elektrizitätsversorgung und industrieller Kraftwirtschaft (sog. "Verbändevereinbarung" zwischen VDEW, BDI und VIK) übernommen und vergütet.

Soweit die Einspeisung aus regenerativen Energien erfolgt, erfolgt die Vergütung durch die MEVAG auf der Grundlage des Gesetzes über die Einspeisung von Strom aus erneuerbaren Energien in das öffentliche Netz (Stromeinspeisungsnetz) vom 07.12.1990 (BGBL. I S. 2633).

§ 8

Netzübertragung

1. Erlischt der Vertrag und wird zwischen der Gemeinde und der MEVAG kein neuer Konzessionsvertrag abgeschlossen, so ist die Gemeinde berechtigt und auf Verlangen der MEVAG verpflichtet, die im Gemeindegebiet vorhandenen Anlagen der MEVAG, soweit sie ausschließlich der Verteilung der elektrischen Energie im Gemeindegebiet dienen, zu erwerben. Die übrigen Anlagen, im folgenden Durchgangsleitungen nebst -anlagen genannt, verbleiben bei der MEVAG. Sollten auf Grund des Anlagenerwerbs Entflechtungsmaßnahmen (Maßnahmen zur Trennung der Netze und zur Wiederherstellung der Versorgungssicherheit) erforderlich werden, so sind die hierdurch in den bei der MEVAG verbleibenden Netzen anfallenden Kosten von der Gmeinde zu 75 % und von der MEVAG zu 25 % und die übrigen Kosten von der Gemeinde in vollem Umfang zu tragen. Der Erwerb der Anlagen durch die Gemeinde gemäß vorstehendem Absatz kann erst erfolgen, wenn die Gemeinde die Versorgung ihres Gebietes mit elektrischer Energie technisch und vertraglich sichergestellt hat. Die Übernahme des für diese Anlagen beschäftigten Personals in die Dienste der Gemeinde erfolgt mit dem Erwerb der Anlagen gemäß den gesetzlichen Bestimmungen.

2. Der Erwerb erfolgt zum Sachzeitwert. Jeder der beiden Vertragspartner bestellt einen Sachverständigen, und diese bestellen, sofern sie über den Kaufpreis keine Einigung erzielen, gemeinsam einen Obmann.

Können die Sachverständigen sich innerhalb 6 Wochen nach Antrag über die Person des Obmanns nicht einigen, so soll der Präsident des Oberlandesgerichts in Potsdam um die Ernennung des Obmannes ersucht werden. Der Obmann muß Wirtschaftsprüfer sein; er entscheidet für beide Vertragspartner verbindlich, sofern sich die beiden Sachverständigen nicht einigen können. Bis zum Tage der Übernahme nicht aufgelöste Anschlußkostenbeiträge der Kunden werden von der MEVAG auf die Gemeinde übertragen.

3. Die Gemeinde kann 3 Jahre vor Vertragsablauf von der MEVAG die Vorlage eines technischen Mengengerüstes mit Angaben des Wertes der Anlagen verlangen. Die MEVAG ist berechtigt, eine eigene Sachzeitwertberechnung zum gleichen Zeitpunkt der Gemeinde vorzulegen.

Anhang 7

§ 9

Energieversorgungskonzept

Die MEVAG erklärt sich bereit, bei der Aufstellung und Umsetzung eines örtlichen Energieversorgungskonzeptes mitzuwirken.

§ 10

Loyalitätsklausel

1. Gemeinde und MEVAG werden bei der Erfüllung dieses Vertrages vertrauensvoll zusammenwirken, gegenseitig auf ihre Interessen Rücksicht nehmen und sich nach Kräften unterstützen.

2. Sollte in diesem Vertrag irgendeine Bestimmung rechtsungültig sein oder werden, so sind sich die Partner darüber einig, daß die Gültigkeit der übrigen Bestimmungen hierdurch nicht berührt wird. Die Partner verpflichten sich, die ungültige Bestimmung durch eine im wirtschaftlichen Erfolg ihr nach Möglichkeit gleichkommende Bestimmung zu ersetzen.

3. Soweit sich die bei Vertragsabschluß geltenden wirtschaftlichen Rahmenbedingungen für Konzessionsverträge wesentlich ändern, insbesondere die Zahlung einer Konzessionsabgabe nicht mehr zulässig sein sollte, werden die Parteien über Vertragsanpassungen mit dem Ziel verhandeln, ein ausgewogenes Verhältnis von Leistung und Gegenleistung herbeizuführen.

§ 11

Gerichtsstand

1. Streitigkeiten zwischen den Vertragsschließenden aus diesem Vertrag werden von den ordentlichen Gerichten entschieden, sofern die Parteien sich nicht im Einzelfall auf die Entscheidung durch ein Schiedsgericht einigen.

2. Gerichtsstand ist Potsdam.

§ 12

Laufzeit

Der Vertrag tritt am .... in Kraft und wird auf die Dauer von 20 Jahren abgeschlossen. Gleichzeitig treten alle mit der Gemeinde bestehenden Konzessions-, Wegerechts- o. ä. Verträge, soweit sie die Stromversorgung betreffen, außer Kraft.

............................, den ....
Für die Gemeinde/Stadt

....

....

(Siegel)

............................., den ....
MEVAG

....

Anhang 8

Muster einer Zweckverbandssatzung   682
für die Bündelung der gemeindlichen Beteiligung an
Energieversorgungsunternehmen der Regional- und Verbundstufe
(Verbandssatzung des Zweckverbandes
„Neckar-Elektrizitätsverband")

I. Allgemeines

§ 1 Verbandsmitglieder, Name, Aufgaben, Sitz

(1)   Die in der Anlage zu dieser Satzung aufgeführten Städte und Gemeinden, die mit der Neckarwerke-Elektrizitätsversorgungs AG, Esslingen a. N., oder der Kraftwerk-Altwürttemberg AG, Ludwigsburg, oder durch Vermittlung des Verbands mit anderen Elektrizitätsversorgungsunternehmen Konzessionsverträge abgeschlossen haben, sowie die in der Anlage aufgeführten Landkreise bilden unter dem Namen

„Neckar-Elektrizitätsverband

einen öffentlich-rechtlichen Zweckverband.

(2)   Der Verband hat die Aufgabe, die Interessen der zu seinem Bereich gehörenden Städte, Gemeinden und Landkreise auf dem Gebiet der Elektrizitätsversorgung gegenüber den in Abs. 1 genannten Werken, anderen Elektrizitätsversorgungsunternehmen, sowie Ministerien und sonstigen Behörden zu vertreten, insbesondere auf eine einheitliche, zweckmäßige, wirtschaftliche und umweltschonende Elektrizitätsversorgung der Gemeinden und aller Abnehmerkreise des Verbandsgebiets hinzuwirken. Um einer fortschrittlichen, insbesondere von umweltschonenden und abnehmerorientierten Gesichtspunkten bestimmten Gesamtentwicklung der Elektrizitätswirtschaft zu dienen, ist der Verband auch zur Zusammenarbeit mit anderen, nicht zu seinem Verbandsgebiet gehörenden Städten, Gemeinden, Landkreisen, Zweckverbänden und Elektrizitätsversorgungsunternehmen bereit. Seine Geschäftsstelle steht allen Städten, Gemeinden, Landkreisen, Behörden und Stromabnehmerverbänden zur Beratung zur Verfügung.

(3)   Der Verband erstrebt keinen Gewinn.

(4)   Der Verband hat seinen Sitz in Esslingen.

§ 2 Besondere Pflichten der Verbandsmitglieder

(1)   Die Verbandsmitglieder haben den Verband über alle ihnen bekanntgewordenen bedeutsamen Vorgänge in der Elektrizitätsversorgung zu unterrichten.

(2)   Die Verbandsmitglieder dürfen Verhandlungen grundsätzlicher Art in Fragen der Elektrizitätsversorgung nur im Benehmen mit dem Verband führen. Die Einheitlichkeit der Konzessionsverträge muß dabei gewahrt bleiben.

(3)   Über den Verband erworbene Aktien der in § 1 genannten Werke kann ein Verbandsmitglied nur mit Zustimmung einer Mehrheit von drei Vierteln der satzungsmäßigen Stimmenzahl der Verbandsmitglieder veräußern.

Wird diese Zustimmung der Verbandsversammlung erreicht, dann muß das Verbandsmitglied diese Aktien zunächst dem Verband zum Erwerb anbieten. Der Verband muß sich über den Erwerb innerhalb von 3 Monaten erklären. Kommt über den Erwerbspreis keine Einigung zustande, ist der Durchschnittskurs an der Stuttgarter Börse der letzten 12 Monate vor dem Tag maßgebend, an dem das Angebot beim Verband eingegangen ist.

(4)   Kommt ein Verbandsmitglied seinen Verpflichtungen aus Abs. 1 bis 3 nicht nach, kann die Verbandsversammlung beschließen, das Mitglied bei Ausschüttung von Vermögensteilen unberücksichtigt zu lassen (§ 12 Abs. 2).

II. Organe

§ 3 Organe

(1)   Organe des Verbands sind die Verbandsversammlung, der Verwaltungsrat und der Verbandsvorsitzende. Außerdem besteht eine Geschäftsstelle.

(2)   Die Mitglieder des Verwaltungsrats sowie der Verbandsvorsitzende und seine Stellvertreter führen nach dem Ablauf ihrer Amtszeit die Geschäfte bis zur Durchführung von Neuwahlen weiter; § 5 Abs. 2 und § 6 Abs. 2 bleiben unberührt.

(3)   Gehören Mitglieder des Verwaltungsrats oder der Verbandsvorsitzende dem Aufsichtsrat oder Beirat eines der in § 1 genannten Werke an, sind sie verpflichtet, dieses Mandat beim Ausscheiden aus dem Verwaltungsrat oder aus dem Amt des Verbandvorsitzenden niederzulegen. Den Zeitpunkt bestimmt der Verwaltungsrat.

§ 4 Verbandsversammlung

(1)   Die Verbandsversammlung besteht aus je einem Vertreter eines jeden Verbandsmitglieds. Eine Gemeinde wird in der Verbandsversammlung durch den Bürgermeister, ein Landkreis durch den Landrat vertreten; im Falle der Verhinderung tritt an ihre Stelle ihr allgemeiner Stellvertreter oder ein beauftragter Bediensteter nach § 53 Abs. 1 der Gemeindeordnung oder nach § 43 Abs. 1 der Landkreisordnung.

(2)   Für das Stimmrecht in der Verbandsversammlung gilt folgendes:

a) 1. Die Städte und Gemeinden haben in der Verbandsversammlung für die ersten 10 Mio kWh der zuletzt festgestellten Jahresstromabnahme 1 Stimme und für jede angefangene weitere 5 Mio kWh 2 Stimmen.

2. Zusätzlich erhalten diejenigen Städte und Gemeinden, die im Besitz von Aktien der in § 1 genannten Werke sind, für je angefangene 1.000 Stück im Nominalwert von DM 50,– 1 Stimme.

b) Die Landkreise haben in der Verbandsversammlung insgesamt ein Drittel der Stimmenzahl der Städte und Gemeinden gem. Buchstabe a). Diese Stimmen werden auf die Landkreise entsprechend der zuletzt festgestellten Jahresstromabnahme in ihrem Bereich aufgeteilt.

Als Jahresstromabnahme gilt der Strombezug von den in § 1 genannten Werken aufgrund eines gemeinsamen Konzessionsvertrages. Die maßgebliche Stimmenzahl wird vom Verwaltungsrat vor der Verbandsversammlung festgelegt.

(3)   Die Verbandsversammlung ist zur Entscheidung in folgenden Angelegenheiten zuständig:

a) Änderung der Verbandssatzung,

b) Erlaß von Satzungen,

c) Wahl des Verbandsvorsitzenden und seiner Stellvertreter,

d) Wahl der Mitglieder des Verwaltungsrats,

e) Bestellung und Abberufung des Geschäftsführers,

f) Erlaß der Haushaltssatzung, der Nachtragssatzungen sowie Feststellung des Ergebnisses der Jahresrechnung, Entgegennahme des Geschäftsberichts des Verbandsvorsitzenden und des Geschäftsführers,

g) Erwerb oder Veräußerung von Grundstücken und Errichtung oder Änderung von Werksanlagen, soweit der Wert im Einzelfall den Betrag von 500.000 DM übersteigt,

h) Aufnahme von Krediten über 5 Mio DM im Einzelfall, Begründung von Zahlungsverpflichtungen, die wirtschaftlich einer Kreditaufnahme gleichkommen, Bestellung von Sicherheiten, Übernahme von Bürgschaften und Verpflichtungen aus Gewährverträgen,

i) Beteiligung an Elektrizitätsversorgungsunternehmen,

k) Übernahme der Elektrizitätsversorgung in eigenen Betrieb,

l) Beitritt zu anderen Zweckverbänden und Austritt aus diesen,

m) Aufnahmen weiterer Verbandsmitglieder und Festlegung der hierfür geltenden Bedingungen,

n) Festlegung der bei Ausscheiden von Verbandsmitgliedern im Einzelfall geltenden Bedingungen,

o) Entscheidung über Streitigkeiten aus § 2 Abs. 4,

p) Beschlußfassung über die Auflösung des Verbands.

(4)   Die Verbandsversammlung kann auch Angelegenheiten an sich ziehen, für die der Verwaltungsrat zuständig ist.

(5)   Der Verbandsvorsitzende beruft die Verbandsversammlung zu Sitzungen schriftlich mit einer Frist von mindestens einer Woche unter Mitteilung der Verhandlungsgegenstände ein. Die Verbandsversammlung ist jährlich mindestens einmal einzuberufen. Sie muß unverzüglich einberufen werden, wenn dies unter Angabe des Verhandlungsgegenstandes von Verbandsmitgliedern beantragt wird, die nach der letzten Feststellung über mindestens ein Viertel der Stimmen nach Abs. 2 verfügen.

Zeit, Ort und Tagesordnung der öffentlichen Sitzungen der Verbandsversammlung sind rechtzeitig durch den Verband im Staatsanzeiger für Baden-Württemberg öffentlich bekanntzumachen.

(6)   Im übrigen gelten für den Geschäftsgang und die Beschlußfassung in der Verbandsversammlung die Vorschriften der Gemeindeordnung über den Gemeinderat sinngemäß. Zur Änderung der Verbandssatzung, zur Aufnahme weiterer Verbandsmitglieder und zur Festlegung der bei Ausscheiden von Verbandsmitgliedern im Einzelfall geltenden Bedingungen ist eine Mehrheit von zwei Dritteln der satzungsmäßigen Stimmenzahl der Verbandsversammlung erforderlich.

Zu einer Beschränkung des Kreises der Verbandsmitglieder bedarf es jedoch einer Mehrheit von vier Fünfteln der satzungsmäßigen Stimmenzahl der Verbandsversammlung.

§ 5   Verwaltungsrat

(1)   Der Verwaltungsrat besteht aus dem Verbandsvorsitzenden und 15 Mitgliedern, die von der Verbandsversammlung jeweils für 5 Jahre gewählt werden.

Zu wählen sind 6 Oberbürgermeister, 6 Bürgermeister und 4 Landräte. Der Verbandsvorsitzende ist dabei anzurechnen.

(2)   Scheidet ein Gewählter aus seinem Hauptamt aus, endet auch sein Amt als Mitglied des Verwaltungsrats. § 3 Abs. 3 bleibt unberührt. Die Verbandsversammlung kann für die Restdauer der Amtszeit einen Ersatzmann wählen.

(3)   Als beratende Mitglieder kann der Verwaltungsrat sachkundige Personen der Abnehmerkreise zu seinen Sitzungen und zu der Verbandsversammlung hinzuziehen.

(4)   Der Verwaltungsrat entscheidet über alle Angelegenheiten des Verbands, sofern nicht die Verbandsversammlung oder der Verbandsvorsitzende zuständig ist oder die Verbandsversammlung eine Angelegenheit an sich gezogen hat. Angelegenheiten, die zur Zuständigkeit der Verbandsversammlung gehören, hat der Verwaltungsrat vorzuberaten.

(5)   Der Verwaltungsrat ist beschlußfähig, wenn mehr als die Hälfte der Mitglieder anwesend sind.

(6)   In Angelegenheiten, die keinen Aufschub dulden, kann der Verwaltungsrat anstelle der Verbandsversammlung entscheiden. Er hat dieser die Gründe für die Eilentscheidung und die Art der Erledigung alsbald mitzuteilen.

(7)   Der Verbandsvorsitzende beruft den Verwaltungsrat zu Sitzungen schriftlich mit einer Frist von mindestens einer Woche unter Mitteilung der Verhandlungsgegenstände ein. Der Verwaltungsrat ist einzuberufen, wenn es die Geschäftslage erfordert. Er muß unverzüglich einberufen werden, wenn es ein Viertel seiner Mitglieder unter Angabe des Verhandlungsgegenstandes beantragt.

(8)   Für den Geschäftsgang des Verwaltungsrats finden die für die Verbandsversammlung geltenden Vorschriften entsprechende Anwendung.

§ 6   Verbandsvorsitzender

(1)   Die Verbandsversammlung wählt auf die Dauer der Amtszeit des Verwaltungsrats aus ihrer Mitte den Verbandsvorsitzenden und aus der Mitte des Verwaltungsrats den ersten und zweiten Stellvertreter des Verbandsvorsitzenden. Die Wahlen werden geheim mit Stimmzettel vorgenommen. Es kann offen gewählt werden, wenn kein Mitglied widerspricht.

(2)   Scheidet ein Gewählter aus seinem Hauptamt aus, endet auch sein Amt als Verbandsvorsitzender oder als Stellvertreter des Verbandsvorsitzenden. § 5 Abs. 3 bleibt unberührt. Die Verbandsversammlung kann für die Restdauer der Amtszeit einen Ersatzmann wählen.

(3)   Der Verbandsvorsitzende ist Vorsitzer der Verbandsversammlung und des Verwaltungsrats. Er leitet die Verbandsverwaltung, erledigt die Geschäfte der laufenden Verwaltung und vertritt den Verband. Sofern diese Satzung nichts anders bestimmt, gelten die Vorschriften der Gemeindeordnung über die Rechtsstellung und die Aufgaben des Bürgermeisters sinngemäß.

III. Verbandsverwaltung

§ 7   Geschäftsstelle, Beamte

(1)   Die Geschäftsstelle des Verbandes unterstützt und entlastet den Verbandsvorsitzenden in der Besorgung der laufenden Angelegenheiten, sie berät die Verbandsmitglieder in Energiefragen.

(2)   Der Geschäftsführer ist Bediensteter auf Zeit. Die Amtszeit beträgt acht Jahre; es kann auch eine kürzere Amtszeit festgesetzt werden.

(3)   Die Geschäftsstelle kann mit hauptamtlichen Beamten besetzt werden.

§ 8   Wirtschaftsführung

(1)   Auf die Wirtschaftsführung des Zweckverbandes finden die Vorschriften über die Gemeindewirtschaft nach Maßgabe von § 18 des Gesetzes über kommunale Zusammenarbeit Anwendung.

(2)   Übernimmt der Verband die Elektrizitätsversorgung in eigenen Betrieb, so finden von diesem Zeitpunkt an auf die Wirtschaftsführung des Verbands die für die Wirtschaftsführung und das Rechnungswesen der Eigenbetriebe geltenden Vorschriften sinngemäß Anwendung.

§ 9   Deckung des Finanzbedarfs

(1)   Der Verband erhebt von den Verbandsmitgliedern eine Umlage, soweit seine sonstigen Einnahmen nicht ausreichen, um seinen Finanzbedarf zu decken. Die Umlage wird entsprechend der im vorangegangenen Jahr im Gebiet der einzelnen Verbandsmitglieder erzielten Stromgeldeinnahmen der in § 1 genannten Werke von den Verbandsmitgliedern aufgebracht. Bei den Landkreisen werden nur diejenigen Städte und Gemeinden berücksichtigt, die von den in § 1 genannten Werken versorgt werden, jedoch nicht selbst Verbandsmitglieder sind.

(2)   Die Höhe der Umlage ist in der Haushaltssatzung für jedes Rechnungsjahr getrennt für den Verwaltungshaushalt und den Vermögenshaushalt festzusetzen.

(3)   Als Schulden an die dem Verband angehörenden Städte und Gemeinden sind in der Verbandsrechnung die Beträge zu führen, die der Verband als Vertragsabgaben von den in § 1 genannten Werken erhält. Soweit die Städte und Gemeinden nicht unmittelbar Mitglieder des Zweckverbands sind, werden die Beträge als Schulden an die Landkreise für die beteiligten Gemeinden geführt.

IV. Öffentliche Bekanntmachungen

§ 10   Öffentliche Bekanntmachungen

Öffentliche Bekanntmachungen erfolgen im Staatsanzeiger für Baden-Württemberg.

V. Ausscheiden von Mitgliedern
Auflösung des Verbands

§ 11   Ausscheiden von Verbandsmitgliedern

(1)   Ein Verbandsmitglied scheidet auf das Ende des folgenden Kalenderjahres aus dem Verband aus, wenn keine Einwohner des Mitgliedsgebiets mehr auf Grund eines Gemeinde-Konzessionsvertrages mit den in § 1 genannten Werken mit Elektrizität versorgt werden.

2) Die Verbandversammlung beschließt, zu welchem Zeitpunkt die Forderung des ausscheidenden Mitglieds nach § 9 Abs. 4 erfüllt wird. Die Schulden sind jedoch spätestens nach 12 Jahren zurückzuzahlen. Einen Anspruch am Verbandsvermögen kann das ausscheidende Mitglied erst nach Auflösung des Verbands geltend machen, soweit die Voraussetzungen des § 12 vorliegen.

(3) Will das ausscheidende Verbandsmitglied ihm gehörende Aktien der in § 1 genannten Werke, die es über den Verband bezogen hat, veräußern, dann muß es diese zunächst dem Verband zum Erwerb anbieten. Der Verband muß sich über den Erwerb innerhalb von 3 Monaten erklären. Kommt über den Erwerbspreis keine Einigung zustande, ist der Durchschnittskurs an der Stuttgarter Börse der letzten 12 Monate vor dem Tag maßgebend, an dem das Angebot beim Verband eingegangen ist.

Kommt das ausgeschiedene Mitglied der Verpflichtung nach Satz 1 nicht nach, dann bleibt es bei einer Ausschüttung von Vermögensteilen unberücksichtigt (§ 12 Abs. 2). Sonstige Rechte des Verbands bleiben vorbehalten.

§ 12 Auflösung des Verbands

(1) Der Verband kann nur mit einer Mehrheit von vier Fünfteln der satzungsmäßigen Stimmenzahl der Verbandsversammlung auf das Ende des nächsten, dieser Verbandsversammlung folgenden Kalenderjahres aufgelöst werden.

(2) Für die Liquidierung des Verbandsvermögens zur Befriedigung der Verbandsgläubiger und Verteilung an die Verbandsmitglieder gilt im Fall der Auflösung folgendes:

a) Sämtliche Verbindlichkeiten des Verbands gegen Dritte sind vorweg zu erfüllen. Reicht hierzu sein Vermögen nicht aus, so ist der Fehlbetrag von den Verbandsmitgliedern nach Maßgabe des § 9 Abs. 1 zu decken. Für die Berechnung der Umlage sind jedoch die Stromgeldeinnahmen der letzten 10 Jahre zugrundezulegen.

b) Fortlaufende Verpflichtungen des Verbands, insbesondere solche aus Dienstverhältnissen, werden, soweit sie aus dem Verbandsvermögen nicht gedeckt werden können, von den Verbandsmitgliedern im Verhältnis der von den in § 1 genannten Werken erzielten Stromgeldeinnahmen der letzten 10 Jahre getragen.

c) Ist nach Tilgung der nach den Buchstaben a) und b) vorweg zu erfüllenden Verbindlichkeiten noch ein Restvermögen vorhanden, so werden die nach Maßgabe des § 9 Abs. 4 in der Verbandsrechnung als Schulden geführten Vertragsabgaben vor allen anderen Zahlungen an die berechtigten Verbandsmitglieder gezahlt.

Die Zahlung kann durch Übertragung von Aktien erfolgen. Das Anrechnungsverhältnis wird von der Verbandsversammlung bestimmt.

d) Im Verbandsvermögen befindliche Aktien der in § 1 genannten Werke, deren Verkaufserlöse zur Deckung von Verbindlichkeiten des Verbandes benötigt werden, sind zunächst den von den einzelnen Werken versorgten Mitglieds-Städten und -Gemeinden sowie den Landkreisen für die übrigen versorgten Städte und Gemeinden zum Erwerb anzubieten.

Geht die Nachfrage über die Zahl der zum Verkauf stehenden Aktien hinaus, wird erforderlichenfalls die Erwerbsberechtigung im Verhältnis der Stromgeldeinnahmen der letzten 10 Jahre eingeschränkt.

e) Die restlichen im Verbandsvermögen befindlichen Aktien der in § 1 genannten Werke sind an die von den einzelnen Werken versorgten Mitglieds-Städte und -Gemeinden sowie für die übrigen versorgten Städte und Gemeinden an die Landkreise im Verhältnis der Stromgeldeinnahmen der letzten 10 Jahre zu verteilen.

VI. Übergangs- und Schlußvorschriften

§ 13 Übergangsvorschriften für die Zusammensetzung der Organe

(1) Die Verbandsversammlung hat in ihrer Sitzung nach dem Inkrafttreten der Neufassung der Verbandssatzung die Mitglieder des Verwaltungsrats, den Verbandsvorsitzenden und seine beiden Stellvertreter zu wählen.

(2) Die bisherigen Stelleninhaber führen bis dahin ihre Geschäfte weiter.

§ 14 Rechtsstellung der dem Verband nicht beitretenden Städte und Gemeinden

(1) Für die Städte und Gemeinden des bisherigen Verbandsgebiets, die mit den in § 1 genannten Werken Konzessionsverträge abgeschlossen haben und dem Verband nicht als Mitglieder beitreten, bleiben die bisherigen Bindungen gegenüber dem Verband auf dem Wege über die Rechtsnachfolgekreise der Landkreise Backnang, Böblingen, Esslingen, Göppingen, Heilbronn, Leonberg, Ludwigsburg, Nürtingen, Reutlingen, Schwäbisch Gmünd, Vaihingen, Waiblingen bis zum Erwerb der eigenen Verbandsmitgliedschaft bestehen.

(2) Diese Bindungen fallen unter den gleichen Voraussetzungen und mit den gleichen Wirkungen weg, wie sie für das Ausscheiden von Verbandsmitgliedern in § 11 geregelt sind.

§ 15 Inkrafttreten

Die Neufassung der Verbandssatzung tritt am 1.1.1973 in Kraft. Gleichzeitig tritt die bisherige Fassung vom 13.11.1966 außer Kraft.*

---

* Betrifft das Inkrafttreten der Verbandssatzung in ihrer ursprünglichen Fassung.

Literaturverzeichnis

Bellefontaine, Klemens: Abwasserbeseitigung nach dem niedersächsischen Betreibermodell, GHH 1988, S. 265 ff.

Bogner, Walter: Mehrstufige kommunale Organisationsakte, StGB 1980, S. 226 ff.

Bolsenkötter, Heinz: Rechnungslegung und Prüfung kommunaler Unternehmen, in HKWP, Bd. V, S. 220 ff.

Braun, Günther E./Jacobi, Klaus-Otto: Die Geschichte des Querverbundes in der kommunalen Versorgungswirtschaft, Köln, 1990

Broich, Reinhard: Das THÜGA-Modell in der kommunalen Versorgungswirtschaft der neuen Länder, StT 1991, S. 655 ff.

Brüggemeier, Gert/Damm, Reinhard: Kommunale Einwirkung auf gemischtwirtschaftliche Energieversorgungsunternehmen, Baden-Baden, 1988

Burmeister, Joachim: Selbstverwaltungsgarantie und wirtschaftliche Betätigung der Gemeinden, in HKWP, Bd. V, S. 3 ff.

Carl, Dieter: Zusammenfassung von Beteiligungen im kommunalem Bereich, ZKF, 1989, S. 194 ff.

Christ, Egon: Das Modell: Abwasserbeseitigung als Betriebszweig der Stadtwerke, StGR 1986, S. 415 ff.

Cronauge, Ulrich: Örtliche Versorgungskonzepte verabschieden – Neue Bewährungsprobe für gemeindliche Selbstverwaltung –, StGR 1982, S. 168 ff.

Cronauge, Ulrich: Einzelfallentscheidungen notwendig – Möglichkeiten und Grenzen der Privatisierung im kommunalen Bereich –, SGK-Forum 1985 (Nr. 12), S. 1 ff.

Cronauge, Ulrich: Zur Laufzeit von Konzessionsverträgen, StGB 1986, S. 517 ff.

Cronauge, Ulrich: Die unendliche Geschichte – Der aktuelle Vorstoß der Länderwirtschaftsministerkonferenz zu einer Neuregelung des Konzessionsabgabenrechts –, StGB 1989, S. 484 ff.

Cronauge, Ulrich: Wasserversorgung als Bestandteil gemeindlicher Daseinsvorsorge, StGR 1990, S. 344 ff.

Cronauge, Ulrich: Die Kommunalisierung von Betrieben der Wasserversorgung und Abwasserbehandlung (WAB) in den neuen Bundesländern, KA 1991, S. 476 ff.

Cronauge, Ulrich: Die Kreiskonzessionsabgabe – „Ein auslaufendes Modell" –, STuG 1991, S. 264 ff.

Cronauge, Ulrich: Die zukünftige Struktur der Energie- und Wasserversorgung in den neuen Bundesländern, GHH 1992, S. 1 ff.

Literaturverzeichnis

Cronauge, Ulrich: Kreiskonzessionsverträge und Kreiskonzessionsabgabe, NST-N 1992, S. 25 ff.

Dettmer, Harald: Buchführung und Kostenrechnung gemeindlicher Wirtschaftsbetriebe, Bad Homburg v. d. H., 1988

Deutscher Städte- und Gemeindebund: Die künftige Struktur der Energie- und Wasserversorgung in der DDR – Handlungsmöglichkeiten der Gemeinde –, Sachsenland-Kurier 1990, S. 50 ff.

Emmerich, Volker: Das Wirtschaftsrecht der öffentlichen Unternehmen, Bad Homburg v. d. H., 1969

Erichsen, Hans-Uwe: Gemeinde und Private im wirtschaftlichen Wettbewerb, Heidelberg, 1987

Erichsen, Hans-Uwe: Kommunalrecht des Landes Nordrhein-Westfalen, Siegburg, 1988

Erichsen, Hans-Uwe: Die Vertretung der Kommunen in den Mitgliedsorganen von juristischen Personen des Privatrechts, Köln, 1990

Forsthoff, Ernst: Lehrbuch des Verwaltungsrechts, 1. Bd.: Allgemeiner Teil, 1. Aufl., München, 1950 (jetzt: 9. Aufl., München und Berlin, 1966)

Gesellschaft für öffentliche Wirtschaft (Hrsg.): Öffentliche Unternehmen und soziale Marktwirtschaft – Aktueller Handlungsbedarf im Umstrukturierungsprozeß der DDR –, Gutachten des Wissenschaftlichen Beirats der Gesellschaft für öffentliche Wirtschaft, Berlin, 1990

Giebler, Peter: Die wirtschaftliche Betätigung der Gemeinden, KStZ 1991, S..185 ff., 201 ff.

Handbuch der kommunalen Wissenschaft und Praxis (HKWP): – Hrsg.: Püttner, Günter, 2. Aufl., Bd. I: Berlin, 1981; Bd. II: Berlin, 1982; Bd. III: Berlin, 1983; Bd. IV: Berlin, 1983; Bd. V: Berlin, 1984; Bd. VI: Berlin, 1985

Hauser, Werner: Die Wahl der Organisationsform kommunaler Einrichtungen, Köln, 1987

Heidemann, Otto: Steuerliche Aspekte zur Wahl der Organisationsform kommunaler Einrichtungen, ZKF 1989, S. 57 ff., 83 ff., 107 ff., 152 ff.

Hidien, Jürgen: Gemeindliche Betätigungen rein erwerbswirtschafticher Art und „öffentlicher Zweck" kommunaler wirtschaftlicher Unternehmen, Berlin, 1981

Janson, Bernd: Die Rechtsformen kommunaler Unternehmen – Zur Frage einer neuen Rechtsform –, in HKWP, Bd. V, S. 194 ff.

Kamphausen/Veelken/Schmeken: Abfallentsorgung und Abwasserbeseitigung, das niedersächsische Betreibermodell – Modell auch in Nordrhein-Westfalen? –, StGR 1988, S..215 ff.

KGST-Bericht: Nr. 8/1985, Kommunale Beteiligungen I: Steuerung und Kontrolle der Beteiligungen, Köln, 1985

KGST-Bericht: Nr. 9/1985, Kommunale Beteiligungen II: Organisation der Beteiligungsverwaltung, Köln, 1985

KGST-Bericht: Nr. 7/1986, Kommunale Beteiligungen III: Verselbständigung kommunaler Einrichtungen? (Entscheidungshilfen), Köln, 1986

KGST-Bericht: Nr. 8/1986, Kommunale Beteiligungen IV: Verselbständigung kommunaler Einrichtungen? (Arbeitshilfen), Köln, 1986 zum **Hauptpersonalrat**

ngestellten

enn, Claus Angestellter	Angestellter	◯
er, Gertrud terin	Angestellte	
ert, Gerhard chbearbeiter	Angestellter	⊘
, Michael ofleger	Angestellter	
ner, Klaus er	Arbeiter	◯
Giesela r-Leiterin	Angestellte	

eine Vorschlagsliste angekreuzt ist.

Literaturverzeichnis

Kimminich, Otto: Der Schutz kommunaler Unternehmen gegen konfiskatorische Eingriffe, Köln, Berlin, Bonn, München, 1982

Kluth, Winfried: Grenzen kommunaler Wettbewerbsteilnahme, Köln, Berlin, Bonn, München, 1988

Kommunale Umwelt-Aktion U.A.N. (Hrsg.): Privatisierung öffentlicher Aufgaben?, Informationen zu einem aktuellen Thema am Beispiel Abwasserbeseitigung, Heft 2 der U.A.N.-Schriftenreihe, Hannover, 1990

Kommunale Umwelt-Aktion U.A.N. (Hrsg.): Gemeinden und Energieversorgung, Heft 7 der U.A.N.-Schriftenreihe, Hannover, 1991

Krähmer, Rolf: Die Vorschriften zum Haushaltswesen und zur Gemeindewirtschaft in der neuen Kommunalverfassung der DDR, GHH 1990, S. 217 ff.

Kraft, Thomas: Eigengesellschaften, in HKWP, Bd. V, S. 168 ff.

Lätsch, Roland: Konzernstrukturierung zur Ergebnispoolung bei Wirtschaftsbetrieben der öffentlichen Hand, ZKF 1991, S. 218 ff.

Leonhardt/Klopfleisch/Jochum: Kommunales Energiehandbuch, Karlsruhe, 1989

Ludwig, Wolfgang/Schauwecker, Heinz: Strukturen und Probleme der Wasserversorgung, in HKWP, Bd. V, S. 275 ff.

Ludwig, Wolfgang: Das System der kommunalen Energieversorgung, in HKWP, Bd. V, S. 241 ff.

Ludwig, Wolfgang/Odenthal, Hans: Lexikon des Rechts der Energie- und Wasserversorgung, Loseblattausgabe, Neuwied, 1991

Menking, Carsten: Musterkonzessionsverträge mit Energieversorgungsunternehmen, StGB 1989, S. 494 ff.

Münch, Paul: Konzessionsverträge und Konzessionsabgaben, Wiesbaden, 1985

Nesselmüller, Günther: Rechtliche Einwirkungsmöglichkeiten der Gemeinden auf ihre Eigengesellschaften, Siegburg, 1977.

Nienhaus, Karl-Heinz: Kommunale Wohnungsunternehmen, in HKWP, Bd. IV, S.597 ff.

Oebbecke, Janbernd: Gemeindeverbandsrecht Nordrhein-Westfalen, Köln, 1984

Ottmann, Peter: Abwasserbeseitigung – Ein neuer Bereich für Privatisierungen? –, StT 1988, S. 584 ff.

Pappermann, Ernst: Öffentliche Einrichtungen nach nordrhein-westfälischem Gemeinderecht, VR 1981, S. 84 ff.

Petzold, Siegfried: Zur neuen Kommunalverfassung in der DDR, DÖV 1990, S. 816 ff.

Praxis der Kooperation: Handbuch für kommunale Versorgungsunternehmen, Hrsg.: VKU, Loseblattausgabe, 1979 ff.

Püttner, Günter: Die öffentlichen Unternehmen, Stuttgart, 1985

Püttner, Günter: Die Rechtsformen kommunaler Unternehmen – Überblick über die Rechtsformen –, in HKWP, Bd. V, S. 119 ff.

Püttner, Günter: Mitbestimmung in kommunalen Unternehmen, in HKWP, Bd..V, S..184 ff.

Püttner, Günter: Die kommunale Wirtschaft – Grundpfeiler der kommunalen Selbstverwaltung in Deutschland –, StT 1990, S. 877 ff.

Literaturverzeichnis

Püttner, Günter: Zur Rückgewinnung der Stadtwerke in den neuen Ländern, Köln, 1991

Rehn, Erich/Cronauge, Ulrich: Gemeindeordnung für das Land Nordrhein-Westfalen, 10. Aufl., Loseblattausgabe, Siegburg, 1972 ff., 1990

Rengeling, Hans-Werner: Formen interkommunaler Zusammenarbeit, in HKWP, Bd. II, S. 385 ff.

Rohm, Bernd: Energie- und Wasserversorgung der Gemeinden, in: Kommunalpolitisches Handbuch, Hrsg.: Kommunalpolitische Vereinigung der CDU des Landes Nordrhein-Westfalen, Recklinghausen, 1989, S. 153 ff.

Sander, Otfried/Weiblen, Willi: Kommunale Wirtschaftsunternehmen, Köln 1982

Schäfer, Ralf: Mitbestimmung in kommunalen Eigengesellschaften, Berlin, 1988

Schauwecker, Heinz: Zweckverbände in Baden-Württemberg, Stuttgart, 1990

Schlempp, Dieter: Kommentar zur Kommunalverfassung für die Länder Brandenburg, Mecklenburg-Vorpommern, Sachsen, Sachsen-Anhalt und Thüringen, Loseblattausgabe, Wiesbaden, 1990

Schmeken, Werner: Die Abfallwirtschaft und ihre Organisationsformen, StT 1989, S. 239 ff.

Schmidt-Aßmann, Eberhard: Kommunalrecht, in Besonderes Verwaltungsrecht, Hrsg.: von Münch, Berlin, 1988, S. 97 ff.

Schmidt-Eichstaedt/Petzold/Melzer/Penig/Pate/Richter: Gesetz über die Selbstverwaltung der Gemeinden und Landkreise in der DDR (Kommunalverfassung), Köln, 1990

Schmidt-Jortzig, Edzard: Die Zulässigkeit kommunaler wirtschaftlicher Unternehmen im einzelnen, in HKWP, Bd. V, S. 50 ff.

Schmitt/Jacobi/Steinhauer/Weigt: Kooperation zwischen west- und ostdeutschen kommunalen Versorgungsunternehmen, Köln, 1991

Schneider, Bernd: Verselbständigung von Verwaltungseinheiten – Möglichkeiten und Probleme –, VR 1988, S. 189 ff.

Scholz, Rupert: Neue Entwicklungen im Gemeindewirtschaftsrecht – Strukturfragen und Verfassungskritik –, DÖV 1976, S. 441 ff.

Scholz, Rupert/Pitschas, Rainer: Die Rechtsformen kommunaler Unternehmen – Kriterien für die Wahl der Rechtsform –, in HKWP, Bd. V, S. 128 ff.

Schweisfurth, Tilmann: Privatwirtschaftliche Formen kommunaler Investitionsfinanzierung, DST-Beiträge zur Finanzpolitik, Reihe 6, Heft 11, Köln, 1991

Steinaecker, Hans-Christian, Freiherr von: Bildung neuer Organisationsstrukturen im Bereich der Wasserwirtschaft in den neuen Bundesländern, Mitteilungen des Wasserverbandstages Bremen, Niedersachsen, Sachsen-Anhalt, 1991, (Nr. 73), S. 7 ff.

Stern, Klaus/Püttner, Günter: Die Gemeindewirtschaft, Recht und Realität, Stuttgart, 1965

Stuber, Gerhard: Aufgaben und gesetzliche Grundlagen kommunaler Betriebe, in Kommunale Betriebe, Arbeitshefte zur Kommunalpolitik 4, Hrsg.: Institut für Kommunalwissenschaften der Konrad-Adenauer-Stiftung e.V., Düsseldorf, 1990, S. 7 ff.

Stumpf, Hans: Modelle für die Gründung von Stadtwerken, StT 1991, S. 845 ff.

Tiemann, Jürgen: Organisation der Abwasserbeseitigung, StGR 1991, S. 77 ff.

Treder, Reinhold: Weisungsgebundenheit und Verschwiegenheitspflicht eines von der Gemeinde entsandten Aufsichtsratsmitgliedes in den Aufsichtsrat einer der Gemeinde gehörenden GmbH, GHH 1986, S. 145 ff.

Trzeciak, Ralph: Rechtsformen und Grenzen kommunalen Handelns bei der Energieversorgung, Köln, 1990

VKU: Überlegungen für eine Zusammenfassung der Energie und Wasserversorgung mit der Entsorgung von Abfall und Abwasser, Beiträge zur kommunalen Versorgungswirtschaft, Heft 72, Köln, 1989

Vogelgesang/Lübking/Jahn: Kommunale Selbstverwaltung, Berlin, 1991

Wagener, Frido: Gemeindeverbandsrecht in Nordrhein-Westfalen, Köln, Berlin, Bonn, München, 1967

Weigt, Norbert: Rechtspositionen der Städte und Gemeinden der DDR bei der Gründung von Stadtwerken, Anlage zum VKU-ND Folge 502

Weigt, Norbert: Kommunale Energieversorgung, STuG 1991, S. 95 ff.

Wolff/Bachof/Stober: Verwaltungsrecht II, 5. Aufl., München, 1987

Zeiss, Friedrich: Das Eigenbetriebsrecht der gemeindlichen Betriebe, 3. Aufl., Loseblattausgabe, Stuttgart, 1982

Zeiss, Friedrich: Eigenbetriebe, in HKWP, Bd. V, S. 153 ff.

Stichwortverzeichnis

(Die Zahlen bezeichnen die Randziffern)

Kommunale Selbstverwaltung

Rechtsgrundlagen - Organisation - Aufgaben

von **Dr. Klaus Vogelgesang,** Richter am Bundesverwaltungsgericht, **Uwe Lübking,** Referent beim Deutschen Städte- und Gemeindebund, und **Helga Jahn,** Referentin in der Staatskanzlei des Landes Brandenburg

253 Seiten 15,5 × 23,5 cm, fester, folienkasch. Einband, DM 76,–.
ISBN 3 503 03209 6

Die Beschäftigten in der Kommunalverwaltung in den fünf neuen Bundesländern müssen nach Jahrzehnten der sozialistischen Planwirtschaft die kommunale Selbstverwaltung unter schwierigsten Bedingungen aufbauen. Die „Kommunale Selbstverwaltung" erleichtert durch eine leicht verständliche und praxisorientierte Darstellung den Einstieg in die komplexe Materie des Kommunalrechts.

Das Buch ist nicht nur ein Leitfaden für Beschäftigte und Behörden der Kommunalverwaltung in den neuen Bundesländern. Es wendet sich auch an alle, die an den vielfältigen Problemen des Kommunalrechts interessiert sind. Neben der Erörterung der für die tägliche Arbeit „vor Ort" anfallenden Fragen werden die entscheidenden, von der Rechtsprechung und Lehre entwickelten Grundsätze dargestellt. Nach einem allgemeinen Überblick über Grundlagen, Organisation und Rechtsstellung der kommunalen Selbstverwaltung folgt die Erläuterung des Satzungsrechts und der Staatsaufsicht. Der Rechtsschutz der Kommunen gegen staatliche Eingriffe wird ebenso abgehandelt wie mögliche Formen kommunaler Zusammenarbeit. Hier werden wichtige Hinweise anhand von einprägsamen Beispielen und Mustern für die Praxis gegeben. Die wirtschaftliche Betätigung der Gemeinden, die einen immer größeren Raum insbesondere in der Leistungsverwaltung und der Daseinsvorsorge einnimmt, wird im Zusammenhang erläutert. Die Anwendungsmöglichkeiten sowie Gefahren und Grenzen des wirtschaftlichen Handelns der Kommunen werden im einzelnen dargestellt. In einem besonderen Kapitel werden die aktuellen Probleme der Kommunalverwaltung in den neuen Bundesländern behandelt.

Die Verfasser verfügen über langjährige praktische Erfahrungen in der Verwaltung, der Verwaltungsgerichtsbarkeit und in der täglichen Arbeit der Kommunen.

Erich Schmidt Verlag
Berlin · Bielefeld · München

Datenschutz in der Kommunalverwaltung

Rechtsgrundlagen – Organisation – Datensicherung

Von UWE LÜBKING, Referent beim Deutschen Städte- und Gemeindebund

373 Seiten, 15,5×23,5 cm, fester folienkaschierter Einband, DM 128,–,
ISBN 3 503 03276 2

Das Buch verfolgt das Ziel, allen jenen, die sich in die schwierige und komplexe Materie des Datenschutzrechts einarbeiten, eine einfache, aber dennoch umfassende und praxisorientierte Darstellung zu geben. Neben den notwendigen Definitionen der datenschutzrechtlichen Begriffe werden die von der Rechtsprechung entwickelten Grundsätze dargestellt und ein Überblick über die Rechte der Betroffenen und die allgemeinen Schutzbestimmungen gegeben. Ein Schwergewicht legt der Autor auf die Darstellung der allgemeinen Rechtsgrundlagen für den Umgang mit personenbezogenen Daten einschließlich einiger für die kommunale Praxis wichtiger bereichsspezifischer Gesetze, z. B. das Sozialdatenschutzrecht, das Ausländergesetz, das Meldegesetz oder den Umgang mit Daten von Beschäftigten. Auch wird die schwierige Frage des Datenschutzes im Verhältnis zu den kommunalen Vertretungskörperschaften erörtert. Ein weiterer Schwerpunkt liegt in der Darstellung der notwendigen und zum Teil auch gesetzlich verlangten Datensicherungsmaßnahmen. Abgerundet wird das Werk durch einen Überblick über die datenschutzrechtlichen Normen bei nicht-öffentlichen (privaten) Stellen und einen Ausblick auf den Datenschutz bei der Vollendung des europäischen Binnenmarktes.

Baurecht für die kommunale Praxis

Planung, Genehmigung und Auftragsvergabe bei Bau- und Sanierungsvorhaben

Von Norbert Portz, Referent beim Deutschen Städte- und Gemeindebund und Dr. Peter Runkel, Ministerialrat im Bundesministerium für Raumordnung, Bauwesen und Städtebau

401 Seiten, 15,5×23,5 cm, fester, folienkaschierter Einband, DM 128,–,
ISBN 3 503 03256 8

Die durch das Grundgesetz gewährleistete kommunale Planungshoheit beinhaltet als einen wesentlichen Bestandteil die Vorbereitung und Steuerung baulicher Investitionen durch die Kommunen. Als Mittel zur Förderung und Lenkung der Bautätigkeit bedienen sich die Kommunen auf der Grundlage ihrer Planungshoheit des öffentlichen und des privaten Baurechts.

Das Buch bietet als verständlicher und praxisorientierter Leitfaden eine anschauliche Darstellung und hilfreiche Unterstützung beim Umgang mit der gesamten Materie des Baurechts. Durch das Aufzeigen der jeweiligen Verfahrensschritte ist der Leitfaden besonders auch zur Benutzung in den neuen Bundesländern geeignet.

Das Buch wendet sich sowohl an Behörden und Beschäftigte der Kommunalverwaltung als auch an alle, die etwa als Planer, Investor, engagierter Bürger oder Bauherr am Baurecht interessiert sind.

 Erich Schmidt Verlag
Berlin · Bielefeld · München